“十二五”普通高等教育本科国家级规划教材配套参考书

经济数学——线性代数(第3版)学习辅导与习题选解

Jingji Shuxue ——Xianxing Daishu(Di-san Ban)
Xuexi Fudao yu Xiti Xuanjie

主编　吴传生
编者　吴传生　黄小为
陈晓江　周　俊

高等教育出版社·北京

内容提要

本书是与吴传生主编的“十二五”普通高等教育本科国家级规划教材《经济数学——线性代数》(第3版)相配套的辅导教材,主要面向使用该教材的教师和学生,同时也可供报考经济管理类专业研究生的学生作复习之用。

本书的内容按章编写,基本与教材同步。每章包括教学基本要求、典型方法与范例、习题选解、补充习题等四个部分,书后附有补充习题参考答案。典型方法与范例部分是本书的重心所在,它是教师上习题课和学生自学的极好材料。通过对内容和方法进行归纳总结,把基本理论、基本方法、解题技巧、释疑解难、数学应用等多方面的教学要求,融于典型方法与范例之中,注重对教材的内容作适当的扩展和延伸,注重数学与应用有机结合。习题选解部分选取教材中的部分习题,给出了习题解法提要,对一些富有启发性的习题,给出了较详细的分析和解答。补充习题大多数选自与各章节内容相关的历年硕士研究生入学考试的典型试题,并给出了相应的参考答案,供学生作为自测和复习之用。

本书内容丰富,思路清晰,例题典型,注重分析解题思路,揭示解题规律,引导读者思考问题,有利于培养和提高学生的学习兴趣以及分析问题和解决问题的能力。它是经济管理类专业学生学习线性代数课程的一本很好的参考书。

图书在版编目(CIP)数据

经济数学.线性代数(第3版)学习辅导与习题选解/吴传生主编.--北京:高等教育出版社,2015.12(2019.5重印)
ISBN 978-7-04-044070-6

Ⅰ.①经… Ⅱ.①吴… Ⅲ.①经济数学-高等学校-教学参考资料②线性代数-高等学校-教学参考资料
Ⅳ.①F224.0②O151.2

中国版本图书馆CIP数据核字(2015)第253391号

策划编辑 张彦云　责任编辑 李冬莉　封面设计 刘晓翔　版式设计 范晓红
责任校对 吕红颖　责任印制 刘思涵

出版发行	高等教育出版社	咨询电话	400-810-0598
社　　址	北京市西城区德外大街4号	网　　址	http://www.hep.edu.cn
邮政编码	100120		http://www.hep.com.cn
印　　刷	山东鸿君杰文化发展有限公司	网上订购	http://www.landraco.com
开　　本	787mm×960mm　1/16		http://www.landraco.com.cn
印　　张	13.5	版　　次	2015年12月第1版
字　　数	240千字	印　　次	2019年5月第5次印刷
购书热线	010-58581118	定　　价	25.00元

物 料 号　44070-00

前言

本书是与吴传生主编的“十二五”普通高等教育本科国家级规划教材《经济数学——线性代数》(第3版)相配套的辅导教材,主要面向使用该教材的教师和学生,同时也可供报考经济管理类专业研究生的学生作复习之用。

我国的高等教育已经完成了从精英教育阶段向大众化教育阶段的转变,教育界和社会各方面对加强素质教育,提高教育质量十分关注。我们编写该配套教材,主要是为了适应新的形势,一方面满足广大学生学习线性代数课程的需要,期望对保证和提高线性代数课程的教学质量,对广大学生掌握线性代数的教学基本要求起到一定的辅导作用;另一方面也是为了满足不同层次的学生的学习需要,利用辅导教材这一比较灵活的形式,对教材的内容作适当的扩展和延伸,对在新形势下如何培养具有创新精神和创新能力的人才做出有益的探讨。

本书的内容按章编写,基本与教材的章节同步。每章包括教学基本要求、典型方法与范例、习题选解、补充习题等四个部分,书后附有补充习题参考答案。

教学基本要求部分主要是根据教育部高等学校大学数学课程教学指导委员会制订的经济和管理类本科线性代数课程的教学基本要求确定的,同时也根据教学实际做了适当的修改。沿用惯例,按“理解”“了解”或“掌握”“会”的次序表示程度上的差异。

典型方法与范例部分是本书的重心所在,它是教师上习题课和学生自学的极好材料。其特色是:对内容和方法进行归纳总结,力图把基本理论、基本方法、解题技巧、释疑解难、数学应用等多方面的教学要求融于典型方法与范例之中。范例具有典型性、示范性,有助于读者举一反三;范例的选取注重数学与实际应用(尤其是经济应用)相结合,注重对教材的内容做适当的扩展和延伸。范例中注重分析解题思路,揭示解题规律,引导读者思考问题,培养读者的理性思维能力以及分析问题和解决问题的能力。大多数例题后都有分析和评注,以开拓思路。

习题选解部分选取了教材中的部分习题并给出了解法提示,每章的总习题是为了学有余力的学生和准备考研的学生的需要而编写的,它们大多数是一些富有启发性的习题,书中给出了较详细的分析和解答。需要指出的是,我们希望读者认真学习课程的基本内容,先自行思考,自己解题,再与题解进行对照、比较,达到对问题的更深刻和更透彻的理解。如果不独立思考,不亲自动手做题,而是照抄,那是绝对无益的。

补充习题大多数选自与各章节内容相关的历年硕士研究生入学考试的典型试题,并给出了相应的参考答案,供学生作为复习和自测之用。

本书由吴传生主编,本次修订工作主要由吴传生、黄小为、朱慧颖、周俊等完成。

本书在编写过程中,参考了众多的国内外教材;高等教育出版社的领导和编辑对本书的出版给予了热情的支持和帮助,尤其是李艳馥、马丽、张彦云、李冬莉等为本书各版的出版付出了辛勤的劳动。在此一并致谢!

由于编者水平有限,书中难免有不妥之处,恳请读者继续批评指正!

编　者

2015 年 3 月

目　录

第 一 章

线性方程组的消元法和矩阵的初等变换

Ⅰ 教学基本要求

1. 理解线性方程组及其相关概念.
2. 理解矩阵的概念.
3. 熟练掌握求解线性方程组的消元法.
4. 理解初等变换的概念,会用初等行变换将矩阵化为行阶梯形矩阵、行最简形矩阵,会用初等变换将矩阵化为标准形.

Ⅱ 典型方法与范例

一、用消元法求解线性方程组

1. 用消元法求解线性方程组,一般是将非齐次线性方程组的增广矩阵(或齐次线性方程组的系数矩阵)经过初等行变换化为行阶梯形矩阵或行最简形矩阵,然后求它们所对应的方程组的解,此方程组与原方程组同解.

2. 下面的三种变换称为矩阵的**初等行变换**:

(1) 对调矩阵的两行(对调第 i,j 两行,记作 $r_i \leftrightarrow r_j$);

(2) 以非零常数 k 乘矩阵某一行的各元(第 i 行乘 k,记作 $r_i \times k$);

(3) 把某一行所有的元的 k 倍加到另一行对应的元上去(第 j 行的 k 倍加到第 i 行上,记作 $r_i + kr_j$).

把上述的“行”变成“列”,即得矩阵的**初等列变换**(所用记号是把“r”换成“c”).

矩阵的初等行变换与初等列变换,统称为**初等变换**.

例 1 下列 4 个 3×4 的矩阵中,哪些是行最简形矩阵?

(1) $\boldsymbol{A}_1=\begin{pmatrix}0&1&0&1\\0&0&1&1\\0&0&0&0\end{pmatrix}$;　(2) $\boldsymbol{A}_2=\begin{pmatrix}1&1&0&1\\0&1&1&1\\0&0&0&0\end{pmatrix}$;

(3) $\boldsymbol{A}_3=\begin{pmatrix}1&0&0&1\\0&1&0&1\\0&1&1&1\end{pmatrix}$;　(4) $\boldsymbol{A}_4=\begin{pmatrix}1&1&0&1\\0&0&1&1\\0&0&0&0\end{pmatrix}$.

解　由行最简形矩阵的定义,矩阵 $\boldsymbol{A}_1$ 和 $\boldsymbol{A}_4$ 是行最简形矩阵(即非零行的第一个非零元为 1,非零行的第一个非零元所在的列的其他元都为零,这时也称非零行的非零首元所在的列是单位坐标列向量);矩阵 $\boldsymbol{A}_2$ 不是行最简形矩阵,因为它的第 2 行的非零首元所在的列不是单位坐标列向量;但在求解线性方程组以及在以后遇到的一些其他问题中,$\boldsymbol{A}_2$ 这种形式的矩阵和行最简形矩阵具有相似的功能;$\boldsymbol{A}_3$ 不是行最简形矩阵,因为它首先不是阶梯形矩阵.

例 2　试述一个非零矩阵的行阶梯形矩阵和行最简形矩阵的区别和联系,它们在功能上有什么不同?

解　一个非零矩阵的行阶梯形矩阵和行最简形矩阵都是矩阵作初等行变换后的在一定意义上的"标准形",任一个非零矩阵总可以经过有限次初等行变换先化成行阶梯形矩阵再化成行最简形矩阵;由定义可知,行最简形矩阵一定是行阶梯形矩阵,但行阶梯形矩阵不一定是行最简形矩阵;行阶梯形矩阵不是唯一的,但行最简形矩阵是唯一的,它是一个非零矩阵经初等行变换后能得到的"最简单"的形状.

矩阵的初等行变换直接源于求解线性方程组的消元法,将一个非齐次线性方程组的增广矩阵(或齐次线性方程组的系数矩阵)利用初等行变换化成行阶梯形矩阵后,求解对应的同解的线性方程组,一般还需要有一个"回代过程",但是化成行最简形矩阵后,求解对应的同解线性方程组,几乎不需要"回代过程"就可以直接写出解.因此,在求解线性方程组时,一般总是将增广矩阵(或系数矩阵)化成行最简形矩阵后求解,这一过程称为解线性方程组的"标准程序".当然,将一个非齐次线性方程组的增广矩阵作初等行变换化成行阶梯形矩阵后,若发现其无解,则不必再将其化成行最简形矩阵.

另外,在第三章和第四章,我们将会进一步看到,利用矩阵 $\boldsymbol{A}$ 的行阶梯形矩阵,可以求矩阵 $\boldsymbol{A}$ 的秩,求矩阵 $\boldsymbol{A}$ 的列向量组的最大无关组;而利用行最简形矩阵,不仅可以求矩阵 $\boldsymbol{A}$ 的秩,求矩阵 $\boldsymbol{A}$ 的列向量组的最大无关组,还可以求矩阵 $\boldsymbol{A}$ 的列向量组的线性关系,求线性方程组的基础解系,以及求逆矩阵和解矩阵方程.

总之,在开始学习线性代数时,我们就必须十分重视矩阵的初等行变换,并熟练掌握矩阵的初等行变换将矩阵化成行阶梯形矩阵和行最简形矩阵.

例 3 求解齐次线性方程组

$$\begin{cases} x_1 + 2x_2 + 2x_3 + x_4 = 0, \\ 2x_1 + x_2 - 2x_3 - 2x_4 = 0, \\ x_1 - x_2 - 4x_3 - 3x_4 = 0. \end{cases}$$

解 这是一个齐次线性方程组,对系数矩阵 $\boldsymbol{A}$ 施行初等行变换化为行最简形矩阵:

$$\boldsymbol{A} = \begin{pmatrix} 1 & 2 & 2 & 1 \\ 2 & 1 & -2 & -2 \\ 1 & -1 & -4 & -3 \end{pmatrix} \xrightarrow[r_3 - r_1]{r_2 - 2r_1} \begin{pmatrix} 1 & 2 & 2 & 1 \\ 0 & -3 & -6 & -4 \\ 0 & -3 & -6 & -4 \end{pmatrix}$$

$$\xrightarrow[r_2 \times \left(-\frac{1}{3}\right)]{r_3 - r_2} \begin{pmatrix} 1 & 2 & 2 & 1 \\ 0 & 1 & 2 & \frac{4}{3} \\ 0 & 0 & 0 & 0 \end{pmatrix} \xrightarrow{r_1 - 2r_2} \begin{pmatrix} 1 & 0 & -2 & -\frac{5}{3} \\ 0 & 1 & 2 & \frac{4}{3} \\ 0 & 0 & 0 & 0 \end{pmatrix},$$

因此原方程组的同解方程组为

$$\begin{cases} x_1 - 2x_3 - \frac{5}{3}x_4 = 0, \\ x_2 + 2x_3 + \frac{4}{3}x_4 = 0, \end{cases}$$

即

$$\begin{cases} x_1 = 2x_3 + \frac{5}{3}x_4, \\ x_2 = -2x_3 - \frac{4}{3}x_4 \end{cases} \quad (x_3, x_4 \text{ 可任意取值}).$$

令 $x_3 = c_1, x_4 = c_2$,将它写成参数形式

$$\begin{cases} x_1 = 2c_1 + \frac{5}{3}c_2, \\ x_2 = -2c_1 - \frac{4}{3}c_2, \\ x_3 = c_1, \\ x_4 = c_2; \end{cases}$$

写成向量形式

$$\begin{pmatrix} x_1 \\ x_2 \\ x_3 \\ x_4 \end{pmatrix} = \begin{pmatrix} 2c_1 + \frac{5}{3}c_2 \\ -2c_1 - \frac{4}{3}c_2 \\ c_1 \\ c_2 \end{pmatrix} \quad (c_1, c_2 \in \mathbf{R}).$$

例 4　求解非齐次线性方程组

$$\begin{cases} x_1 + x_2 - 3x_3 - x_4 = 1, \\ 3x_1 - x_2 - 3x_3 + 4x_4 = 4, \\ x_1 + 5x_2 - 9x_3 - 8x_4 = 0. \end{cases}$$

解　对增广矩阵 $\boldsymbol{B}$ 施行初等行变换化为行最简形矩阵

$$\boldsymbol{B} = \begin{pmatrix} 1 & 1 & -3 & -1 & 1 \\ 3 & -1 & -3 & 4 & 4 \\ 1 & 5 & -9 & -8 & 0 \end{pmatrix} \xrightarrow[r_3 - r_1]{r_2 - 3r_1} \begin{pmatrix} 1 & 1 & -3 & -1 & 1 \\ 0 & -4 & 6 & 7 & 1 \\ 0 & 4 & -6 & -7 & -1 \end{pmatrix}$$

$$\xrightarrow[r_2 \times \left(-\frac{1}{4}\right)]{r_3 + r_2} \begin{pmatrix} 1 & 1 & -3 & -1 & 1 \\ 0 & 1 & -\frac{3}{2} & -\frac{7}{4} & -\frac{1}{4} \\ 0 & 0 & 0 & 0 & 0 \end{pmatrix} \xrightarrow{r_1 - r_2} \begin{pmatrix} 1 & 0 & -\frac{3}{2} & \frac{3}{4} & \frac{5}{4} \\ 0 & 1 & -\frac{3}{2} & -\frac{7}{4} & -\frac{1}{4} \\ 0 & 0 & 0 & 0 & 0 \end{pmatrix},$$

因此原方程组的解为

$$\begin{pmatrix} x_1 \\ x_2 \\ x_3 \\ x_4 \end{pmatrix} = \begin{pmatrix} \frac{3}{2}c_1 - \frac{3}{4}c_2 + \frac{5}{4} \\ \frac{3}{2}c_1 + \frac{7}{4}c_2 - \frac{1}{4} \\ c_1 \\ c_2 \end{pmatrix} \quad (c_1, c_2 \in \mathbf{R}).$$

注:(1) 在求解线性方程组的时候,可能得出解的不同的表达形式,这是完全可以的.但这种情况的发生往往是因为没有将增广矩阵(或系数矩阵)化成行最简形矩阵所致.

(2) 开始学习解线性方程组的时候,应该遵循例 3、例 4 的“标准程序”的示范,并熟练掌握,在此基础上,再灵活求解后继内容中遇到的各种线性方程组.

例 5　解线性方程组

$$\begin{cases} x_1 - 2x_2 + 3x_3 - x_4 = 1, \\ 3x_1 - x_2 + 5x_3 - 3x_4 = 2, \\ 2x_1 + x_2 + 2x_3 - 2x_4 = 3. \end{cases}$$

解 $\boldsymbol{B} = \begin{pmatrix} 1 & -2 & 3 & -1 & 1 \\ 3 & -1 & 5 & -3 & 2 \\ 2 & 1 & 2 & -2 & 3 \end{pmatrix} \xrightarrow[r_3 - 2r_1]{r_2 - 3r_1} \begin{pmatrix} 1 & -2 & 3 & -1 & 1 \\ 0 & 5 & -4 & 0 & -1 \\ 0 & 5 & -4 & 0 & 1 \end{pmatrix}$

$$\xrightarrow{r_3 - r_2} \begin{pmatrix} 1 & -2 & 3 & -1 & 1 \\ 0 & 5 & -4 & 0 & -1 \\ 0 & 0 & 0 & 0 & 2 \end{pmatrix}$$

其中第三行所表示的方程 $0x_1 + 0x_2 + 0x_3 + 0x_4 = 2$ 显然无解,故原线性方程组无解.

由例 5 可知,若已发现方程组无解,则不必将增广矩阵 $\boldsymbol{B}$ 化为行最简形.

二、化矩阵为行最简形和标准形

例 6 设矩阵

$$\boldsymbol{A} = \begin{pmatrix} 2 & -4 & 5 & 3 \\ 3 & -6 & 4 & 2 \\ 4 & -8 & 17 & 11 \end{pmatrix},$$

试求(1) $\boldsymbol{A}$ 的行最简形矩阵;(2) $\boldsymbol{A}$ 的标准形.

解 (1) 对矩阵 $\boldsymbol{A}$ 作初等行变换:

$$\boldsymbol{A} = \begin{pmatrix} 2 & -4 & 5 & 3 \\ 3 & -6 & 4 & 2 \\ 4 & -8 & 17 & 11 \end{pmatrix} \xrightarrow{r_2 - r_1} \begin{pmatrix} 2 & -4 & 5 & 3 \\ 1 & -2 & -1 & -1 \\ 4 & -8 & 17 & 11 \end{pmatrix} \xrightarrow{r_1 \leftrightarrow r_2} \begin{pmatrix} 1 & -2 & -1 & -1 \\ 2 & -4 & 5 & 3 \\ 4 & -8 & 17 & 11 \end{pmatrix}$$

$$\xrightarrow[r_3 - 4r_1]{r_2 - 2r_1} \begin{pmatrix} 1 & -2 & -1 & -1 \\ 0 & 0 & 7 & 5 \\ 0 & 0 & 21 & 15 \end{pmatrix} \xrightarrow[\substack{r_3 - 21r_2 \\ r_1 + r_2}]{r_2 \times \frac{1}{7}} \begin{pmatrix} 1 & -2 & 0 & -\frac{2}{7} \\ 0 & 0 & 1 & \frac{5}{7} \\ 0 & 0 & 0 & 0 \end{pmatrix},$$

此即为 $\boldsymbol{A}$ 的行最简形矩阵.

(2) 对 $\boldsymbol{A}$ 的行最简形矩阵作初等列变换:

$$\boldsymbol{A} \rightarrow \begin{pmatrix} 1 & -2 & 0 & -\frac{2}{7} \\ 0 & 0 & 1 & \frac{5}{7} \\ 0 & 0 & 0 & 0 \end{pmatrix} \xrightarrow{c_2 \leftrightarrow c_3} \begin{pmatrix} 1 & 0 & -2 & -\frac{2}{7} \\ 0 & 1 & 0 & \frac{5}{7} \\ 0 & 0 & 0 & 0 \end{pmatrix}$$

$$\xrightarrow[c_4+\frac{2}{7}c_1-\frac{5}{7}c_2]{c_3+2c_1}\begin{pmatrix}1&0&0&0\\0&1&0&0\\0&0&0&0\end{pmatrix}=\begin{pmatrix}\boldsymbol{E}_2&\boldsymbol{0}\\\boldsymbol{0}&\boldsymbol{0}\end{pmatrix},$$

此即为 $\boldsymbol{A}$ 的标准形.

Ⅲ 习题选解

习题 1-1　线性方程组的消元法

1. 用消元法解线性方程组：

(1) $\begin{cases}x_1+2x_2+x_3=3,\\-2x_1+x_2-x_3=-3,\\x_1-4x_2+2x_3=-5.\end{cases}$

解　消去第 2,3 个方程的 x_1，得

$$\begin{cases}x_1+2x_2+x_3=3,\\5x_2+x_3=3,\\-6x_2+x_3=-8;\end{cases}$$

消去第 1,3 个方程的 x_3，得

$$\begin{cases}x_1-3x_2=0,\\5x_2+x_3=3,\\-11x_2=-11;\end{cases}$$

第 3 个方程两边乘 $-\frac{1}{11}$，得

$$\begin{cases}x_1-3x_2=0,\\5x_2+x_3=3,\\x_2=1;\end{cases}$$

消去第 1,2 个方程的 x_2，得

$$\begin{cases}x_1=3,\\x_3=-2,\\x_2=1,\end{cases}$$

即

$$\begin{pmatrix}x_1\\x_2\\x_3\end{pmatrix}=\begin{pmatrix}3\\1\\-2\end{pmatrix}.$$

（2）$\begin{cases} x_1 + x_2 + 2x_3 + 4x_4 = 3, \\ 3x_1 + x_2 + 6x_3 + 2x_4 = 3, \\ -x_1 + 2x_2 - 2x_3 + x_4 = 1. \end{cases}$

解 消去第 2,3 个方程的 x_1,得

$$\begin{cases} x_1 + x_2 + 2x_3 + 4x_4 = 3, \\ -2x_2 - 10x_4 = -6, \\ 3x_2 + 5x_4 = 4; \end{cases}$$

第 3 个方程乘以 2,加到第 2 个方程上去,有

$$\begin{cases} x_1 + x_2 + 2x_3 + 4x_4 = 3, \\ 4x_2 = 2, \\ 3x_2 + 5x_4 = 4; \end{cases}$$

第 2 个方程乘以$\frac{1}{4}$,得

$$\begin{cases} x_1 + x_2 + 2x_3 + 4x_4 = 3, \\ x_2 = \frac{1}{2}, \\ 3x_2 + 5x_4 = 4; \end{cases}$$

消去第 1,3 个方程的 x_2,得

$$\begin{cases} x_1 + 2x_3 + 4x_4 = \frac{5}{2}, \\ x_2 = \frac{1}{2}, \\ 5x_4 = \frac{5}{2}; \end{cases}$$

第 3 个方程乘以$\frac{1}{5}$,有

$$\begin{cases} x_1 + 2x_3 + 4x_4 = \frac{5}{2}, \\ x_2 = \frac{1}{2}, \\ x_4 = \frac{1}{2}; \end{cases}$$

消去第 1 个方程的 x_4，得

$$\begin{cases} x_1 + 2x_3 = \dfrac{1}{2}, \\ x_2 = \dfrac{1}{2}, \\ x_4 = \dfrac{1}{2}; \end{cases}$$

取 $x_3 = c$，则

$$\begin{cases} x_1 = \dfrac{1}{2} - 2c, \\ x_2 = \dfrac{1}{2}, \\ x_3 = c, \\ x_4 = \dfrac{1}{2}, \end{cases}$$

即方程组的解为

$$\begin{pmatrix} x_1 \\ x_2 \\ x_3 \\ x_4 \end{pmatrix} = \begin{pmatrix} \dfrac{1}{2} - 2c \\ \dfrac{1}{2} \\ c \\ \dfrac{1}{2} \end{pmatrix} \quad (c \text{ 为任意实数}).$$

习题 1-2　矩阵的初等变换

1. 用矩阵的初等行变换解下列线性方程组：

(3) $\begin{cases} x_1 + x_2 - 2x_3 = 0, \\ 2x_1 - 3x_2 + x_3 = 0. \end{cases}$

解

$$\begin{pmatrix} 1 & 1 & -2 \\ 2 & -3 & 1 \end{pmatrix} \to \begin{pmatrix} 1 & 1 & -2 \\ 0 & -5 & 5 \end{pmatrix} \to \begin{pmatrix} 1 & 0 & -1 \\ 0 & 1 & -1 \end{pmatrix},$$

故 $(x_1, x_2, x_3)^{\mathrm{T}} = (k, k, k)^{\mathrm{T}}, k \in \mathbf{R}$.

(4) $\begin{cases} x_1+3x_2-2x_3=4, \\ 3x_1+2x_2-5x_3=11, \\ x_1-4x_2-x_3=3, \\ -2x_1+x_2+3x_3=-7. \end{cases}$

解 $$\begin{pmatrix} 1 & 3 & -2 & 4 \\ 3 & 2 & -5 & 11 \\ 1 & -4 & -1 & 3 \\ -2 & 1 & 3 & -7 \end{pmatrix} \to \begin{pmatrix} 0 & 7 & -1 & 1 \\ 0 & 14 & -2 & 2 \\ 1 & -4 & -1 & 3 \\ 0 & -7 & 1 & -1 \end{pmatrix} \to \begin{pmatrix} 0 & 0 & 0 & 0 \\ 0 & 0 & 0 & 0 \\ 1 & -4 & -1 & 3 \\ 0 & -7 & 1 & -1 \end{pmatrix}$$

$$\to \begin{pmatrix} 0 & 0 & 0 & 0 \\ 0 & 0 & 0 & 0 \\ 1 & -11 & 0 & 2 \\ 0 & -7 & 1 & -1 \end{pmatrix},$$

故 $(x_1,x_2,x_3)^{\mathrm{T}}=(2+11k,k,-1+7k)^{\mathrm{T}},k\in\mathbf{R}$.

(5) $\begin{cases} x_1-2x_2+3x_3-x_4=1, \\ 3x_1-x_2+5x_3-3x_4=2, \\ 2x_1+x_2+2x_3-2x_4=3. \end{cases}$

解 参见例5.

2. 将下列矩阵化为行最简形矩阵：

(2) $\begin{pmatrix} 2 & 3 & 1 & -3 & -7 \\ 1 & 2 & 0 & -2 & -4 \\ 3 & -2 & 8 & 3 & 0 \\ 2 & -3 & 7 & 4 & 3 \end{pmatrix}$.

解 $$\begin{pmatrix} 2 & 3 & 1 & -3 & -7 \\ 1 & 2 & 0 & -2 & -4 \\ 3 & -2 & 8 & 3 & 0 \\ 2 & -3 & 7 & 4 & 3 \end{pmatrix} \to \begin{pmatrix} 1 & 2 & 0 & -2 & -4 \\ 0 & -1 & 1 & 1 & 1 \\ 0 & -8 & 8 & 9 & 12 \\ 0 & -7 & 7 & 8 & 11 \end{pmatrix}$$

$$\to \begin{pmatrix} 1 & 0 & 2 & 0 & -2 \\ 0 & 1 & -1 & -1 & -1 \\ 0 & 0 & 0 & 1 & 4 \\ 0 & 0 & 0 & 1 & 4 \end{pmatrix} \to \begin{pmatrix} 1 & 0 & 2 & 0 & -2 \\ 0 & 1 & -1 & 0 & 3 \\ 0 & 0 & 0 & 1 & 4 \\ 0 & 0 & 0 & 0 & 0 \end{pmatrix}.$$

3. 一投资者想把 10 万元投给 A_1,A_2,A_3 三个企业,所得利润率分别是 12%,15%,22%.如果投给 A_2 的钱是投给 A_1 的钱的 2 倍,他想得到 2 万元的利润,那么应当分别给 A_1,A_2,A_3 投资多少?

解　设投资给 A_1,A_2,A_3 的钱分别为 x_1,x_2,x_3(单位:万元),则由题意

$$\begin{cases} x_1+x_2+x_3=10, \\ 2x_1-x_2=0, \\ 0.12x_1+0.15x_2+0.22x_3=2, \end{cases}$$

解得

$$(x_1,x_2,x_3)^{\mathrm{T}}=\left(\frac{5}{6},\frac{5}{3},7.5\right)^{\mathrm{T}},$$

即投资给 A_1,A_2,A_3 的钱分别为 $\frac{5}{6}$ 万元,$\frac{5}{3}$ 万元,7.5 万元.

第一章总习题

1. 将矩阵 $\boldsymbol{B}=\begin{pmatrix} 0 & -2 & 1 & 1 & 0 & 0 \\ 3 & 0 & -2 & 0 & 1 & 0 \\ -2 & 3 & 0 & 0 & 0 & 1 \end{pmatrix}$ 化为行最简形矩阵.

解
$$\begin{pmatrix} 0 & -2 & 1 & 1 & 0 & 0 \\ 3 & 0 & -2 & 0 & 1 & 0 \\ -2 & 3 & 0 & 0 & 0 & 1 \end{pmatrix}\to\begin{pmatrix} 1 & 1 & -1 & 1 & 1 & 1 \\ 3 & 0 & -2 & 0 & 1 & 0 \\ -2 & 3 & 0 & 0 & 0 & 1 \end{pmatrix}$$

$$\to\begin{pmatrix} 1 & 1 & -1 & 1 & 1 & 1 \\ 0 & -3 & 1 & -3 & -2 & -3 \\ 0 & 5 & -2 & 2 & 2 & 3 \end{pmatrix}\to\begin{pmatrix} 1 & -2 & 0 & -2 & -1 & -2 \\ 0 & -3 & 1 & -3 & -2 & -3 \\ 0 & -1 & 0 & -4 & -2 & -3 \end{pmatrix}$$

$$\to\begin{pmatrix} 1 & 0 & 0 & 6 & 3 & 4 \\ 0 & 0 & 1 & 9 & 4 & 6 \\ 0 & 1 & 0 & 4 & 2 & 3 \end{pmatrix}\to\begin{pmatrix} 1 & 0 & 0 & 6 & 3 & 4 \\ 0 & 1 & 0 & 4 & 2 & 3 \\ 0 & 0 & 1 & 9 & 4 & 6 \end{pmatrix}.$$

2. (物资调运问题)　有三个生产同一产品的工厂 A_1,A_2,A_3,其年产量(单位:t)分别为 40,20 和 10,该产品每年有两个用户 B_1 和 B_2,其用量(单位:t)分别为 45 和 25,由各产地 A_i 到各用户 B_j 的距离(单位:km)如下表所示 ($i=1,2,3$; $j=1,2$),不妨假设每吨货物每千米的运费为 1 元,问各厂的产品如何调配才能使总运费最少?

	A_1	A_2	A_3
B_1	45	58	92
B_2	58	72	36

解 假设各厂运到各用户的产品数量如下表所示

	A_1	A_2	A_3
B_1	x_1	x_2	x_3
B_2	x_4	x_5	x_6

则总运费为 $S = 45x_1 + 58x_2 + 92x_3 + 58x_4 + 72x_5 + 36x_6$，且

$$\begin{cases} x_1 + x_4 = 40, \\ x_2 + x_5 = 20, \\ x_3 + x_6 = 10, \\ x_1 + x_2 + x_3 = 45, \\ x_4 + x_5 + x_6 = 25 \end{cases} \qquad (x_i \geqslant 0, i = 1,2,3,4,5,6).$$

$$\begin{pmatrix} 1 & 0 & 0 & 1 & 0 & 0 & 40 \\ 0 & 1 & 0 & 0 & 1 & 0 & 20 \\ 0 & 0 & 1 & 0 & 0 & 1 & 10 \\ 1 & 1 & 1 & 0 & 0 & 0 & 45 \\ 0 & 0 & 0 & 1 & 1 & 1 & 25 \end{pmatrix} \to \begin{pmatrix} 1 & 0 & 0 & 1 & 0 & 0 & 40 \\ 0 & 1 & 0 & 0 & 1 & 0 & 20 \\ 0 & 0 & 1 & 0 & 0 & 1 & 10 \\ 0 & 1 & 1 & -1 & 0 & 0 & 5 \\ 0 & 0 & 0 & 1 & 1 & 1 & 25 \end{pmatrix}$$

$$\to \begin{pmatrix} 1 & 0 & 0 & 1 & 0 & 0 & 40 \\ 0 & 1 & 0 & 0 & 1 & 0 & 20 \\ 0 & 0 & 1 & 0 & 0 & 1 & 10 \\ 0 & 0 & 1 & -1 & -1 & 0 & -15 \\ 0 & 0 & 0 & 1 & 1 & 1 & 25 \end{pmatrix} \to \begin{pmatrix} 1 & 0 & 0 & 0 & -1 & -1 & 15 \\ 0 & 1 & 0 & 0 & 1 & 0 & 20 \\ 0 & 0 & 1 & 0 & 0 & 1 & 10 \\ 0 & 0 & 0 & 1 & 1 & 1 & 25 \\ 0 & 0 & 0 & 0 & 0 & 0 & 0 \end{pmatrix},$$

故 $(x_1,x_2,x_3,x_4)^{\mathrm{T}} = (15 + x_5 + x_6, 20 - x_5, 10 - x_6, 25 - x_5 - x_6)^{\mathrm{T}}$，从而

$$S = 4\,205 + x_5 - 69x_6 \quad (0 \leqslant x_5 \leqslant 20, 0 \leqslant x_6 \leqslant 10, 0 \leqslant x_5 + x_6 \leqslant 25).$$

显然当 $x_5 = 0, x_6 = 10$ 时，S 最小，此时

$$(x_1,x_2,x_3,x_4,x_5,x_6)^{\mathrm{T}} = (25,20,0,15,0,10)^{\mathrm{T}}.$$

3. λ 取何值时，非齐次线性方程组

$$\begin{cases} \lambda x_1 + x_2 + x_3 = 1, \\ x_1 + \lambda x_2 + x_3 = \lambda, \\ x_1 + x_2 + \lambda x_3 = \lambda^2 \end{cases}$$

(1) 有唯一解；(2) 无解；(3) 有无穷多解.

解 $\begin{pmatrix} \lambda & 1 & 1 & 1 \\ 1 & \lambda & 1 & \lambda \\ 1 & 1 & \lambda & \lambda^2 \end{pmatrix} \to \begin{pmatrix} 1 & 1 & \lambda & \lambda^2 \\ 1 & \lambda & 1 & \lambda \\ \lambda & 1 & 1 & 1 \end{pmatrix} \to \begin{pmatrix} 1 & 1 & \lambda & \lambda^2 \\ 0 & \lambda - 1 & 1 - \lambda & \lambda - \lambda^2 \\ 0 & 1 - \lambda & 1 - \lambda^2 & 1 - \lambda^3 \end{pmatrix}$

$$\to \begin{pmatrix} 1 & 1 & \lambda & \lambda^2 \\ 0 & \lambda - 1 & 1 - \lambda & \lambda - \lambda^2 \\ 0 & 0 & (1 - \lambda)(2 + \lambda) & (1 - \lambda)(1 + \lambda)^2 \end{pmatrix}$$

(1) $\lambda \neq 1$ 且 $\lambda \neq -2$ 时，方程组有唯一解；

(2) $\lambda = -2$ 时，方程组无解；

(3) $\lambda = 1$ 时，方程组有无穷多解.

Ⅳ 补充习题

1. 化下列矩阵为行最简形矩阵：

(1) $\begin{pmatrix} 1 & 0 & 2 & -1 \\ 2 & 0 & 3 & 1 \\ 3 & 0 & 4 & 3 \end{pmatrix}$；　(2) $\begin{pmatrix} 1 & -1 & 3 & -4 & 3 \\ 3 & -3 & 5 & -4 & 1 \\ 2 & -2 & 3 & -2 & 0 \\ 3 & -3 & 4 & -2 & -1 \end{pmatrix}$.

2. 问 λ 为何值时，线性方程组

$$\begin{cases} x_1 + x_3 = \lambda, \\ 4x_1 + x_2 + 2x_3 = \lambda + 2, \\ 6x_1 + x_2 + 4x_3 = 2\lambda + 3 \end{cases}$$

有解，并求解.

第　二　章

行列式　克拉默法则

Ⅰ　教学基本要求

1. 了解行列式的概念，掌握行列式的基本性质.
2. 会应用行列式的定义、性质和有关定理计算行列式.
3. 了解克拉默法则.

Ⅱ　典型方法与范例

一、行列式的计算

1. n 阶行列式的定义

n 阶矩阵

$$\boldsymbol{A}=(a_{ij})_{n\times n}=\begin{pmatrix} a_{11} & a_{12} & \cdots & a_{1n} \\ a_{21} & a_{22} & \cdots & a_{2n} \\ \vdots & \vdots & & \vdots \\ a_{n1} & a_{n2} & \cdots & a_{nn} \end{pmatrix}$$

的行列式记作

$$|\boldsymbol{A}|=\begin{vmatrix} a_{11} & a_{12} & \cdots & a_{1n} \\ a_{21} & a_{22} & \cdots & a_{2n} \\ \vdots & \vdots & & \vdots \\ a_{n1} & a_{n2} & \cdots & a_{nn} \end{vmatrix},$$

它表示如下形式的一个代数和

$$|\boldsymbol{A}|=\sum_{p_1p_2\cdots p_n}(-1)^{\tau(p_1p_2\cdots p_n)}a_{1p_1}a_{2p_2}\cdots a_{np_n},$$

这里，$\sum$ 表示对 $1,2,\cdots,n$ 这 n 个数的所有排列 $p_1p_2\cdots p_n$ 求和，$\tau(p_1p_2\cdots p_n)$ 表示排列 $p_1p_2\cdots p_n$ 的逆序数.

n 阶行列式也可定义为

$$|\boldsymbol{A}| = \sum (-1)^{\tau_1+\tau_2} a_{p_1q_1}a_{p_2q_2}\cdots a_{p_nq_n},$$

其中 τ_1 为行标排列 $p_1p_2\cdots p_n$ 的逆序数，τ_2 为列标排列 $q_1q_2\cdots q_n$ 的逆序数.

2. 行列式的性质

(1) 行列式的转置及行列式三种变换对行列式的值的影响

① $D^{\mathrm{T}} = D$（说明了行列式的性质对行成立，则对列也成立，反之亦然）；

② 交换行列式中的某两行（列）（不妨称为对行列式作第一种初等变换），行列式的值的符号改变；

③ 用某个数 k 乘以行列式中的某一行（列）（不妨称为对行列式作第二种初等变换），行列式的值变为以前的 k 倍；

④ 用某个数乘以行列式中的某一行（列）加到另外一行（列）上去（不妨称为对行列式作第三种初等变换），行列式的值不变.

对行列式作初等变换，第三种初等变换使得行列式中的元变化最大，而恰恰是这种变换反而对行列式的值没有任何影响，这个性质对于行列式的计算非常重要.同时，由这些性质还可以得到如下推论：行列式中某两行（列）成比例，其值为零.

(2) 行列式的拆项

$$\begin{vmatrix} a_{11} & a_{12} & \cdots & a_{1n} \\ \vdots & \vdots & & \vdots \\ b_{i1}+c_{i1} & b_{i2}+c_{i2} & \cdots & b_{in}+c_{in} \\ \vdots & \vdots & & \vdots \\ a_{n1} & a_{n2} & \cdots & a_{nn} \end{vmatrix} = \begin{vmatrix} a_{11} & a_{12} & \cdots & a_{1n} \\ \vdots & \vdots & & \vdots \\ b_{i1} & b_{i2} & \cdots & b_{in} \\ \vdots & \vdots & & \vdots \\ a_{n1} & a_{n2} & \cdots & a_{nn} \end{vmatrix} + \begin{vmatrix} a_{11} & a_{12} & \cdots & a_{1n} \\ \vdots & \vdots & & \vdots \\ c_{i1} & c_{i2} & \cdots & c_{in} \\ \vdots & \vdots & & \vdots \\ a_{n1} & a_{n2} & \cdots & a_{nn} \end{vmatrix}$$

（按第 i 行拆项）

行列式可以按照某一行（列）拆成多个行列式相加.在拆得的行列式中，拆项的行（列）相加等于原行列式的拆项行（列），而其他的行（列）与原行列式相同.

(3) 行列式的展开及推论

$$\sum_{k=1}^{n} a_{ik}A_{jk} = \begin{cases} D, & i=j, \\ 0, & i\neq j. \end{cases}$$

行列式的这些性质是行列式的计算与应用的基础.

对行列式而言，零元越多，阶数越低越容易计算.因此计算行列式的主要原则是“化零元”和“降阶”,“化零元”是利用第三种初等变换,“降阶”是利用行列式的展开.当然,归结起来,行列式的计算很灵活,方法是非常多的,有时一个行列式可以用多种方法计算,要能够方便快捷地计算出行列式的结果,不仅要掌握行列式的一些基本计算方法,更重要的是要在练习中多归纳总结.

3. 行列式的计算方法

计算行列式的基本方法有如下几种:

(1) 利用行列式的定义

当行列式中零元非常多时可以直接用行列式的定义来计算,要特别注意定义中每个乘积正负符号的确定.

(2) 利用行列式的性质将其化为比较简单易算的行列式(特别是三角形行列式)

这种方法比较灵活,需要较强的观察力,主要用到第三种初等变换.

(3) 降阶法(利用展开将行列式化为低阶行列式计算)

一般来说,需要选择零元较多的那一行或列展开,或者先利用初等变换将某一行(列)的元素尽可能多地化为零,然后再按这一行(列)展开.

(4) 在降阶的基础之上归结为递推式计算

对于一些元素排列比较有规律的 n 阶行列式,通常可以通过拆项和降阶得到行列式的递推式.当然,由递推式得出结果有时会比较麻烦,如果能得到两个不同的递推式,往往能简便地得出结果.

(5) 利用已知行列式的结果(比如范德蒙德行列式)

$$\begin{vmatrix} 1 & 1 & 1 & \cdots & 1 \\ x_1 & x_2 & x_3 & \cdots & x_n \\ x_1^2 & x_2^2 & x_3^2 & \cdots & x_n^2 \\ \vdots & \vdots & \vdots & & \vdots \\ x_1^{n-1} & x_2^{n-1} & x_3^{n-1} & \cdots & x_n^{n-1} \end{vmatrix} = \prod_{1\leqslant j<i\leqslant n}(x_i - x_j).$$

例 1 计算

$$\begin{vmatrix} 0 & a_1 & 0 & \cdots & 0 \\ 0 & 0 & a_2 & \cdots & 0 \\ \vdots & \vdots & \vdots & & \vdots \\ 0 & 0 & 0 & \cdots & a_{n-1} \\ a_n & 0 & 0 & \cdots & 0 \end{vmatrix}.$$

解 行列式中零元非常多,可以直接用定义计算.

$$\begin{vmatrix} 0 & a_1 & 0 & \cdots & 0 \\ 0 & 0 & a_2 & \cdots & 0 \\ \vdots & \vdots & \vdots & & \vdots \\ 0 & 0 & 0 & \cdots & a_{n-1} \\ a_n & 0 & 0 & \cdots & 0 \end{vmatrix} = (-1)^{\tau(23\cdots n1)} a_1 \cdots a_n = (-1)^{n-1} a_1 \cdots a_n.$$

例 2　解方程

$$\begin{vmatrix} 1 & 2 & 3 & \cdots & n \\ 1 & 1+x & 3 & \cdots & n \\ 1 & 2 & 1+x & \cdots & n \\ \vdots & \vdots & \vdots & & \vdots \\ 1 & 2 & 3 & \cdots & 1+x \end{vmatrix} = 0.$$

解　**方法一**．可以将行列式化为三角形行列式来计算，将行列式的第一行乘以-1，加到第 2,3,…,n 行上去

$$\begin{vmatrix} 1 & 2 & 3 & \cdots & n \\ 1 & 1+x & 3 & \cdots & n \\ 1 & 2 & 1+x & \cdots & n \\ \vdots & \vdots & \vdots & & \vdots \\ 1 & 2 & 3 & \cdots & 1+x \end{vmatrix} = \begin{vmatrix} 1 & 2 & 3 & \cdots & n \\ 0 & -1+x & 0 & \cdots & 0 \\ 0 & 0 & -2+x & \cdots & 0 \\ \vdots & \vdots & \vdots & & \vdots \\ 0 & 0 & 0 & \cdots & 1-n+x \end{vmatrix}$$

$$= (x-1)(x-2)\cdots(x+1-n).$$

故方程的根为 $1,2,\cdots,n-1$.

方法二．注意到当 $x=1$ 时，第一行与第二行一样，行列式为零；当 $x=2$ 时，第一行与第三行一样，行列式为零，所以 1,2 是方程的根；同理，$3,\cdots,n-1$ 也是方程的根.而行列式是一个 $n-1$ 次多项式，故方程的根为 $1,2,\cdots,n-1$.

注：此题利用行列式的性质直接得出结果是最为方便快捷的.

例 3　计算

$$\begin{vmatrix} 1 & a_1 & a_2 & \cdots & a_n \\ a_1 & 1 & 0 & \cdots & 0 \\ a_2 & 0 & 1 & \cdots & 0 \\ \vdots & \vdots & \vdots & & \vdots \\ a_n & 0 & 0 & \cdots & 1 \end{vmatrix}.$$

解　将行列式化为上三角形行列式，第 i 列乘以 $-a_{i-1}$ 加到第 1 列上去 $(i=2,3,\cdots,n+1)$.

$$\begin{vmatrix} 1 & a_1 & a_2 & \cdots & a_n \\ a_1 & 1 & 0 & \cdots & 0 \\ a_2 & 0 & 1 & \cdots & 0 \\ \vdots & \vdots & \vdots & & \vdots \\ a_n & 0 & 0 & \cdots & 1 \end{vmatrix} = \begin{vmatrix} 1-(a_1^2+\cdots+a_n^2) & a_1 & a_2 & \cdots & a_n \\ 0 & 1 & 0 & \cdots & 0 \\ 0 & 0 & 1 & \cdots & 0 \\ \vdots & \vdots & \vdots & & \vdots \\ 0 & 0 & 0 & \cdots & 1 \end{vmatrix}$$

$$= 1-(a_1^2+\cdots+a_n^2).$$

注:类似于 |◸| 或 |◢| 形式的行列式均可以按照例 3 的方法化为三角形行列式计算.

例 4 计算行列式

$$\begin{vmatrix} a_1b_1+x & a_1b_2 & a_1b_3 & \cdots & a_1b_n \\ a_2b_1 & a_2b_2+x & a_2b_3 & \cdots & a_2b_n \\ a_3b_1 & a_3b_2 & a_3b_3+x & \cdots & a_3b_n \\ \vdots & \vdots & \vdots & & \vdots \\ a_nb_1 & a_nb_2 & a_nb_3 & \cdots & a_nb_n+x \end{vmatrix},$$

其中 $a_1b_1+a_2b_2+\cdots+a_nb_n\neq 0$.

解 将行列式化为三角形行列式.假设 $a_1\neq 0$,第一行乘以 $-\dfrac{a_i}{a_1}$ 加到第 i 行上去($i=2,3,\cdots,n$),

$$\begin{vmatrix} a_1b_1+x & a_1b_2 & a_1b_3 & \cdots & a_1b_n \\ a_2b_1 & a_2b_2+x & a_2b_3 & \cdots & a_2b_n \\ a_3b_1 & a_3b_2 & a_3b_3+x & \cdots & a_3b_n \\ \vdots & \vdots & \vdots & & \vdots \\ a_nb_1 & a_nb_2 & a_nb_3 & \cdots & a_nb_n+x \end{vmatrix} = \begin{vmatrix} a_1b_1+x & a_1b_2 & a_1b_3 & \cdots & a_1b_n \\ -\dfrac{a_2}{a_1}x & x & 0 & \cdots & 0 \\ -\dfrac{a_3}{a_1}x & 0 & x & \cdots & 0 \\ \vdots & \vdots & \vdots & & \vdots \\ -\dfrac{a_n}{a_1}x & 0 & 0 & \cdots & x \end{vmatrix},$$

再将第 j 列乘以 $\dfrac{a_j}{a_1}$ 加到第 1 列上去($j=2,3,\cdots,n$),

$$上式=\begin{vmatrix} a_1b_1+a_2b_2+\cdots+a_nb_n+x & a_1b_2 & a_1b_3 & \cdots & a_1b_n \\ 0 & x & 0 & \cdots & 0 \\ 0 & 0 & x & \cdots & 0 \\ \vdots & \vdots & \vdots & & \vdots \\ 0 & 0 & 0 & \cdots & x \end{vmatrix}$$

$$= x^{n-1}(x + a_1b_1 + a_2b_2 + \cdots + a_nb_n).$$

易知,当 $a_1 = 0$ 时亦成立.

注:此题通过变换化为了形式,然后方法同例 3.

例 5　假设 $\lambda_1,\lambda_2,\cdots,\lambda_n$ 均不为 0,计算

$$\begin{vmatrix} \lambda_1+a_1 & a_2 & \cdots & a_n \\ a_1 & \lambda_2+a_2 & \cdots & a_n \\ \vdots & \vdots & & \vdots \\ a_1 & a_2 & \cdots & \lambda_n+a_n \end{vmatrix}.$$

解　**方法一**.　将行列式化为三角形行列式计算.由于 $\lambda_1,\cdots,\lambda_n$ 均不为零,第 i 列提出 $\lambda_i(i = 1,2,\cdots,n)$,即

$$\begin{vmatrix} \lambda_1+a_1 & a_2 & \cdots & a_n \\ a_1 & \lambda_2+a_2 & \cdots & a_n \\ \vdots & \vdots & & \vdots \\ a_1 & a_2 & \cdots & \lambda_n+a_n \end{vmatrix} = \lambda_1\cdots\lambda_n \begin{vmatrix} 1+\dfrac{a_1}{\lambda_1} & \dfrac{a_2}{\lambda_2} & \cdots & \dfrac{a_n}{\lambda_n} \\ \dfrac{a_1}{\lambda_1} & 1+\dfrac{a_2}{\lambda_2} & \cdots & \dfrac{a_n}{\lambda_n} \\ \vdots & \vdots & & \vdots \\ \dfrac{a_1}{\lambda_1} & \dfrac{a_2}{\lambda_2} & \cdots & 1+\dfrac{a_n}{\lambda_n} \end{vmatrix},$$

从第二列起,每列乘以 1 加到第 1 列上去,再提出第一列的公因子 $1 + \sum\limits_{i=1}^{n}\dfrac{a_i}{\lambda_i}$,

$$上式 = \lambda_1\cdots\lambda_n \begin{vmatrix} 1+\sum\limits_{i=1}^{n}\dfrac{a_i}{\lambda_i} & \dfrac{a_2}{\lambda_2} & \cdots & \dfrac{a_n}{\lambda_n} \\ 1+\sum\limits_{i=1}^{n}\dfrac{a_i}{\lambda_i} & 1+\dfrac{a_2}{\lambda_2} & \cdots & \dfrac{a_n}{\lambda_n} \\ \vdots & \vdots & & \vdots \\ 1+\sum\limits_{i=1}^{n}\dfrac{a_i}{\lambda_i} & \dfrac{a_2}{\lambda_2} & \cdots & 1+\dfrac{a_n}{\lambda_n} \end{vmatrix}$$

$$= \lambda_1\cdots\lambda_n\left(1 + \sum_{i=1}^{n}\frac{a_i}{\lambda_i}\right) \begin{vmatrix} 1 & \dfrac{a_2}{\lambda_2} & \cdots & \dfrac{a_n}{\lambda_n} \\ 1 & 1+\dfrac{a_2}{\lambda_2} & \cdots & \dfrac{a_n}{\lambda_n} \\ \vdots & \vdots & & \vdots \\ 1 & \dfrac{a_2}{\lambda_2} & \cdots & 1+\dfrac{a_n}{\lambda_n} \end{vmatrix},$$

第 1 列乘以 $-\dfrac{a_i}{\lambda_i}$ 加到第 i 列上去$(i=2,\cdots,n)$，

$$\text{上式}=\lambda_1\cdots\lambda_n\left(1+\sum_{i=1}^{n}\frac{a_i}{\lambda_i}\right)\begin{vmatrix}1&0&\cdots&0\\1&1&\cdots&0\\\vdots&\vdots&&\vdots\\1&0&\cdots&1\end{vmatrix}=\lambda_1\cdots\lambda_n\left(1+\sum_{i=1}^{n}\frac{a_i}{\lambda_i}\right).$$

方法二. 归结为递推式计算.将行列式按第 n 行拆项，

$$D_n=\begin{vmatrix}\lambda_1+a_1&a_2&\cdots&a_n\\a_1&\lambda_2+a_2&\cdots&a_n\\\vdots&\vdots&&\vdots\\a_1&a_2&\cdots&\lambda_n+a_n\end{vmatrix}$$

$$=\begin{vmatrix}\lambda_1+a_1&a_2&\cdots&a_n\\a_1&\lambda_2+a_2&\cdots&a_n\\\vdots&\vdots&&\vdots\\a_1&a_2&\cdots&a_n\end{vmatrix}+\begin{vmatrix}\lambda_1+a_1&a_2&\cdots&a_n\\a_1&\lambda_2+a_2&\cdots&a_n\\\vdots&\vdots&&\vdots\\0&0&\cdots&\lambda_n\end{vmatrix}$$

$$=\begin{vmatrix}\lambda_1&0&\cdots&0\\0&\lambda_2&\cdots&0\\\vdots&\vdots&&\vdots\\a_1&a_2&\cdots&a_n\end{vmatrix}+\begin{vmatrix}\lambda_1+a_1&a_2&\cdots&a_n\\a_1&\lambda_2+a_2&\cdots&a_n\\\vdots&\vdots&&\vdots\\0&0&\cdots&\lambda_n\end{vmatrix}=\lambda_1\cdots\lambda_{n-1}a_n+\lambda_nD_{n-1},$$

$$D_2=\begin{vmatrix}\lambda_1+a_1&a_2\\a_1&\lambda_2+a_2\end{vmatrix}=\lambda_1\lambda_2+\lambda_1a_2+\lambda_2a_1,$$

由递推可得 $D_n=\lambda_1\cdots\lambda_n\left(1+\sum\limits_{i=1}^{n}\dfrac{a_i}{\lambda_i}\right)$.

方法三. 所作假设同方法一,第一行乘以-1 加到第 $2,\cdots,n$ 行上去,将行列式化为 $\left|\diagdown\right|$ 形式,然后第 i 列乘以$\dfrac{\lambda_1}{\lambda_i}$加到第 1 列上去 $(i=2,\cdots,n)$，这样就可化为上三角形行列式.

$$\begin{vmatrix}\lambda_1+a_1&a_2&\cdots&a_n\\a_1&\lambda_2+a_2&\cdots&a_n\\\vdots&\vdots&&\vdots\\a_1&a_2&\cdots&\lambda_n+a_n\end{vmatrix}=\begin{vmatrix}\lambda_1+a_1&a_2&\cdots&a_n\\-\lambda_1&\lambda_2&\cdots&0\\\vdots&\vdots&&\vdots\\-\lambda_1&0&\cdots&\lambda_n\end{vmatrix}$$

$$= \begin{vmatrix} \lambda_1 + a_1 + \sum_{i=2}^{n} \frac{a_i}{\lambda_i}\lambda_1 & a_2 & \cdots & a_n \\ 0 & \lambda_2 & \cdots & 0 \\ \vdots & \vdots & & \vdots \\ 0 & 0 & \cdots & \lambda_n \end{vmatrix}$$

$$= \lambda_1 \cdots \lambda_n \left(1 + \sum_{i=1}^{n} \frac{a_i}{\lambda_i}\right).$$

例 6　$F_n = \begin{vmatrix} 1 & 1 & & \\ -1 & 1 & \ddots & \\ & \ddots & \ddots & 1 \\ & & -1 & 1 \end{vmatrix}$，试写出关于 F_n 的递推式（F_n 叫斐波那契(Fibonacci)数列）.

解　将行列式按第一列展开

$$F_n = \begin{vmatrix} 1 & 1 & & \\ -1 & 1 & \ddots & \\ & \ddots & \ddots & 1 \\ & & -1 & 1 \end{vmatrix}$$

$$= \begin{vmatrix} 1 & 1 & & \\ -1 & 1 & \ddots & \\ & \ddots & \ddots & 1 \\ & & -1 & 1 \end{vmatrix}_{(n-1)} + (-1)^{1+2}(-1) \begin{vmatrix} 1 & 0 & & \\ -1 & 1 & \ddots & \\ & \ddots & \ddots & 1 \\ & & -1 & 1 \end{vmatrix}_{(n-1)}$$

$$= F_{n-1} + \begin{vmatrix} 1 & 0 & & \\ -1 & 1 & \ddots & \\ & \ddots & \ddots & 1 \\ & & -1 & 1 \end{vmatrix}_{(n-1)},$$

再将最右端 $n-1$ 阶行列式按第一行展开，即有

$$F_n = F_{n-1} + F_{n-2}.$$

同时 $F_2 = \begin{vmatrix} 1 & 1 \\ -1 & 1 \end{vmatrix} = 2$，$F_3 = \begin{vmatrix} 1 & 1 & 0 \\ -1 & 1 & 1 \\ 0 & -1 & 1 \end{vmatrix} = 3$.

例 7　计算

$$D = \begin{vmatrix} 1 & 1 & 1 & 1 & 1 \\ x_1 & x_2 & x_3 & x_4 & x_5 \\ x_1^2 & x_2^2 & x_3^2 & x_4^2 & x_5^2 \\ x_1^3 & x_2^3 & x_3^3 & x_4^3 & x_5^3 \\ x_1^5 & x_2^5 & x_3^5 & x_4^5 & x_5^5 \end{vmatrix}.$$

解 **方法一.** 构造6阶范德蒙德行列式.

$$f(y)=\begin{vmatrix}1&1&1&1&1&1\\x_1&x_2&x_3&x_4&x_5&y\\x_1^2&x_2^2&x_3^2&x_4^2&x_5^2&y^2\\x_1^3&x_2^3&x_3^3&x_4^3&x_5^3&y^3\\x_1^4&x_2^4&x_3^4&x_4^4&x_5^4&y^4\\x_1^5&x_2^5&x_3^5&x_4^5&x_5^5&y^5\end{vmatrix}=\prod_{i=1}^{5}(y-x_i)\prod_{1\leqslant j<i\leqslant 5}(x_i-x_j),$$

所求行列式即为y^4的余子式,而$f(y)$是5次多项式,易知y^4的系数即为y^4的代数余子式,y^4的系数为$-\left(\sum_{i=1}^{5}x_i\right)\prod_{1\leqslant j<i\leqslant 5}(x_i-x_j)$,故

$$D=\left(\sum_{i=1}^{5}x_i\right)\prod_{1\leqslant j<i\leqslant 5}(x_i-x_j).$$

方法二. 将行列式按第5行展开计算,余子式均为范德蒙德行列式,直接利用范德蒙德行列式的计算结果即可.

二、行列式在几何中的简单应用

行列式记号以及行列式在几何中可有如下的简单应用:

1. 向量的向量积运算

$\boldsymbol{a}=(x_1,y_1,z_1)$,$\boldsymbol{b}=(x_2,y_2,z_2)$,则 $\boldsymbol{a}\times\boldsymbol{b}=\begin{vmatrix}\boldsymbol{i}&\boldsymbol{j}&\boldsymbol{k}\\x_1&y_1&z_1\\x_2&y_2&z_2\end{vmatrix}$.

2. 向量的混合积运算

$\boldsymbol{a}=(x_1,y_1,z_1)$,$\boldsymbol{b}=(x_2,y_2,z_2)$,$\boldsymbol{c}=(x_3,y_3,z_3)$,则

$$(\boldsymbol{a}\times\boldsymbol{b})\cdot\boldsymbol{c}=\begin{vmatrix}x_1&y_1&z_1\\x_2&y_2&z_2\\x_3&y_3&z_3\end{vmatrix}.$$

3. 利用行列式简单地表示满足一定条件的平面曲线或空间曲面方程.

例8 已知空间上三个点$A(x_1,y_1,z_1)$,$B(x_2,y_2,z_2)$,$C(x_3,y_3,z_3)$不共线,求过这三个点的平面方程.

解 过这三个点的平面方程可以利用行列式表示为

$$\begin{vmatrix}1&x&y&z\\1&x_1&y_1&z_1\\1&x_2&y_2&z_2\\1&x_3&y_3&z_3\end{vmatrix}=0.$$

由行列式的定义可知方程左边行列式的结果是线性函数，即方程表示平面. 再将三个点的坐标代入，则行列式中必有两行一样，由行列式的性质可知行列式为零，即三个点在平面上.

例 9　已知 xy 平面上的三个定点 $A(x_1,y_1)$，$B(x_2,y_2)$，$C(x_3,y_3)$，求由三个定点所构成的三角形的面积.

解　三个定点在空间上的坐标为 $A(x_1,y_1,0)$，$B(x_2,y_2,0)$，$C(x_3,y_3,0)$，由向量代数的知识可知 $S_{\triangle ABC}=\frac{1}{2}|\overrightarrow{AB}\times\overrightarrow{AC}|$，而

$$\overrightarrow{AB}\times\overrightarrow{AC}=\begin{vmatrix} \boldsymbol{i} & \boldsymbol{j} & \boldsymbol{k} \\ x_2-x_1 & y_2-y_1 & 0 \\ x_3-x_1 & y_3-y_1 & 0 \end{vmatrix}=\begin{vmatrix} x_2-x_1 & y_2-y_1 \\ x_3-x_1 & y_3-y_1 \end{vmatrix}\boldsymbol{k}$$

$$=\begin{vmatrix} 1 & x_2-x_1 & y_2-y_1 \\ 1 & x_3-x_1 & y_3-y_1 \\ 1 & 0 & 0 \end{vmatrix}\boldsymbol{k}$$

$$=\begin{vmatrix} 1 & x_2 & y_2 \\ 1 & x_3 & y_3 \\ 1 & x_1 & y_1 \end{vmatrix}\boldsymbol{k}=\begin{vmatrix} 1 & x_1 & y_1 \\ 1 & x_2 & y_2 \\ 1 & x_3 & y_3 \end{vmatrix}\boldsymbol{k}.$$

故三角形的面积为

$$\frac{1}{2}\begin{vmatrix} 1 & x_1 & y_1 \\ 1 & x_2 & y_2 \\ 1 & x_3 & y_3 \end{vmatrix}$$

的绝对值.

三、克拉默法则的应用

对于方程的个数与未知量的个数相同的线性方程组

$$\begin{cases} a_{11}x_1+a_{12}x_2+\cdots+a_{1n}x_n=b_1, \\ \cdots\cdots\cdots\cdots \\ a_{n1}x_1+a_{n2}x_2+\cdots+a_{nn}x_n=b_n, \end{cases}$$

当且仅当系数行列式 D 不为零时方程组有唯一解，且未知量

$$x_i=\frac{D_i}{D}\quad(i=1,2,\cdots,n),$$

其中 D_i 为常数项列代替系数行列式中的第 i 列所得到的行列式.

例 10　判断下列线性方程组是否有唯一解：

$$\begin{cases} a_1x_1 + a_2x_2 + \cdots + a_nx_n = b_1, \\ a_1^2x_1 + a_2^2x_2 + \cdots + a_n^2x_n = b_2, \\ \cdots\cdots\cdots\cdots \\ a_1^nx_1 + a_2^nx_2 + \cdots + a_n^nx_n = b_n, \end{cases}$$

其中 $a_1,\cdots,a_n$是两两不相同的非零常数.

解 考虑方程组的系数行列式

$$D = \begin{vmatrix} a_1 & a_2 & \cdots & a_n \\ a_1^2 & a_2^2 & \cdots & a_n^2 \\ \vdots & \vdots & & \vdots \\ a_1^n & a_2^n & \cdots & a_n^n \end{vmatrix} = a_1a_2\cdots a_n \begin{vmatrix} 1 & 1 & \cdots & 1 \\ a_1 & a_2 & \cdots & a_n \\ \vdots & \vdots & & \vdots \\ a_1^{n-1} & a_2^{n-1} & \cdots & a_n^{n-1} \end{vmatrix},$$

由范德蒙德行列式结果易知系数行列式不为零,故方程组有唯一解.

例 11 设$f(x)=a_0+a_1x+\cdots+a_nx^n$,证明:若$f(x)$有$n+1$个不同的零点,则$f(x)=0$.

证 设$f(x)$的$n+1$个不同的零点为$x_0,x_1,\cdots,x_n$,则$f(x_i)=0,i=0,1,\cdots,n$,即

$$\begin{cases} a_0 + a_1x_0 + \cdots + a_nx_0^n = 0, \\ a_0 + a_1x_1 + \cdots + a_nx_1^n = 0, \\ \cdots\cdots\cdots\cdots \\ a_0 + a_1x_n + \cdots + a_nx_n^n = 0. \end{cases}$$

将其看作是以 $a_0,a_1,\cdots,a_n$为未知量的线性方程组,则系数行列式为

$$D = \begin{vmatrix} 1 & x_0 & \cdots & x_0^n \\ 1 & x_1 & \cdots & x_1^n \\ \vdots & \vdots & & \vdots \\ 1 & x_n & \cdots & x_n^n \end{vmatrix} = \prod_{0\leqslant j<i\leqslant n}(x_i - x_j) \neq 0.$$

故 $a_0 = a_1 = \cdots = a_n = 0$,即$f(x)=0$.

Ⅲ 习题选解

习题 2-1 二阶和三阶行列式

2. 求解方程 $\begin{vmatrix} 1 & 1 & 1 \\ 2 & 3 & x \\ 4 & 9 & x^2 \end{vmatrix} = 0.$

解 $\begin{vmatrix} 1 & 1 & 1 \\ 2 & 3 & x \\ 4 & 9 & x^2 \end{vmatrix} = 3x^2 + 4x + 18 - 12 - 2x^2 - 9x = x^2 - 5x + 6 = 0,$

故方程的解为 $x = 2$ 或 $x = 3$.

3. 求解方程组

$$\begin{cases} 2x_1 - x_2 - x_3 = 4, \\ 3x_1 + 4x_2 - 2x_3 = 11, \\ 3x_1 - 2x_2 + 4x_3 = 11. \end{cases}$$

解 $$D = \begin{vmatrix} 2 & -1 & -1 \\ 3 & 4 & -2 \\ 3 & -2 & 4 \end{vmatrix} = 60, \quad D_1 = \begin{vmatrix} 4 & -1 & -1 \\ 11 & 4 & -2 \\ 11 & -2 & 4 \end{vmatrix} = 180,$$

$$D_2 = \begin{vmatrix} 2 & 4 & -1 \\ 3 & 11 & -2 \\ 3 & 11 & 4 \end{vmatrix} = 60, \quad D_3 = \begin{vmatrix} 2 & -1 & 4 \\ 3 & 4 & 11 \\ 3 & -2 & 11 \end{vmatrix} = 60.$$

故 $(x_1, x_2, x_3)^{\mathrm{T}} = \left(\dfrac{D_1}{D}, \dfrac{D_2}{D}, \dfrac{D_3}{D}\right)^{\mathrm{T}} = (3, 1, 1)^{\mathrm{T}}.$

习题 2-2 排列

5. 设 $\tau(p_1 p_2 \cdots p_n) = k$，求 $\tau(p_n p_{n-1} \cdots p_1)$.

解 在排列 $p_1 p_2 \cdots p_n$ 中，不妨设排在 p_i 后面且比 p_i 小的数有 k_i 个，则排 p_i 后面且比 p_i 大的数有 $i - 1 - k_i$ 个，显然 $\tau(p_1 p_2 \cdots p_n) = \sum\limits_{i=1}^{n} k_i$. 那么在 $p_n p_{n-1} \cdots p_1$ 中，排在 p_i 前面且比 p_i 大的数有 $i - 1 - k_i$ 个，从而

$$\tau(p_n p_{n-1} \cdots p_1) = \sum_{i=1}^{n} (i - 1 - k_i) = \frac{n(n-1)}{2} - \sum_{i=1}^{n} k_i = \frac{n(n-1)}{2} - k.$$

习题 2-3 *n* 阶行列式的定义和性质

3. 按定义计算下列行列式：

(1) $$D_1 = \begin{vmatrix} 0 & 0 & \cdots & 0 & 1 \\ 0 & 0 & \cdots & 2 & 0 \\ \vdots & \vdots & & \vdots & \vdots \\ 0 & n-1 & \cdots & 0 & 0 \\ n & 0 & \cdots & 0 & 0 \end{vmatrix},$$

解 $D_1=(-1)^{\tau(n\cdots1)}1\cdot2\cdot\cdots\cdot n=(-1)^{\frac{n(n-1)}{2}}n!.$

(3) $D_3=\begin{vmatrix}0&\cdots&0&1&0\\0&\cdots&2&0&0\\\vdots&&\vdots&\vdots&\vdots\\n-1&\cdots&0&0&0\\0&\cdots&0&0&n\end{vmatrix}.$

解 $D_3=(-1)^{\tau((n-1)(n-2)\cdots1n)}1\cdot2\cdot\cdots\cdot n=(-1)^{\frac{(n-1)(n-2)}{2}}n!.$

4. 按定义计算

$$f(x)=\begin{vmatrix}2x&x&1&2\\1&x&1&-1\\3&2&x&1\\1&1&1&x\end{vmatrix}$$

中 x^4,x^3 的系数,并说明理由.

解 出现 x^4 的乘积为 $a_{11}a_{22}a_{33}a_{44}=2x^4$, 故 $f(x)$ 中 x^4 的系数为 2;出现 x^3 的乘积为 $(-1)^{\tau(2134)}a_{12}a_{21}a_{33}a_{44}=-x^3$, 故 $f(x)$ 中 x^3 的系数为-1.

5. 计算下列各行列式:

(3) $\begin{vmatrix}1&2&3&4\\4&1&2&3\\3&4&1&2\\2&3&4&1\end{vmatrix}.$

解 $\begin{vmatrix}1&2&3&4\\4&1&2&3\\3&4&1&2\\2&3&4&1\end{vmatrix}=\begin{vmatrix}10&10&10&10\\4&1&2&3\\3&4&1&2\\2&3&4&1\end{vmatrix}=10\begin{vmatrix}1&1&1&1\\4&1&2&3\\3&4&1&2\\2&3&4&1\end{vmatrix}$

$$=10\begin{vmatrix}1&1&1&1\\0&-3&-2&-1\\0&1&-2&-1\\0&1&2&-1\end{vmatrix}=10\begin{vmatrix}1&1&1&1\\0&0&-8&-4\\0&1&-2&-1\\0&0&4&0\end{vmatrix}$$

$$=10\begin{vmatrix}0&-8&-4\\1&-2&-1\\0&4&0\end{vmatrix}=-10\begin{vmatrix}-8&-4\\4&0\end{vmatrix}=-160.$$

(4) $\begin{vmatrix}-ab&ac&ae\\bd&-cd&de\\bf&cf&-ef\end{vmatrix}.$

解 $$\begin{vmatrix} -ab & ac & ae \\ bd & -cd & de \\ bf & cf & -ef \end{vmatrix} = adf\begin{vmatrix} -b & c & e \\ b & -c & e \\ b & c & -e \end{vmatrix} = abcdef\begin{vmatrix} -1 & 1 & 1 \\ 1 & -1 & 1 \\ 1 & 1 & -1 \end{vmatrix}$$

$$= abcdef\begin{vmatrix} -1 & 1 & 1 \\ 0 & 0 & 2 \\ 0 & 2 & 0 \end{vmatrix} = -abcdef\begin{vmatrix} 0 & 2 \\ 2 & 0 \end{vmatrix} = 4abcdef.$$

(5) $\begin{vmatrix} 5 & 0 & 4 & 2 \\ 1 & -1 & 2 & 1 \\ 4 & 1 & 2 & 0 \\ 1 & 1 & 1 & 1 \end{vmatrix}$.

解 $$\begin{vmatrix} 5 & 0 & 4 & 2 \\ 1 & -1 & 2 & 1 \\ 4 & 1 & 2 & 0 \\ 1 & 1 & 1 & 1 \end{vmatrix} = \begin{vmatrix} 5 & 0 & 4 & 2 \\ 1 & -1 & 2 & 1 \\ 5 & 0 & 4 & 1 \\ 2 & 0 & 3 & 2 \end{vmatrix} = -\begin{vmatrix} 5 & 4 & 2 \\ 5 & 4 & 1 \\ 2 & 3 & 2 \end{vmatrix}$$

$$= -\begin{vmatrix} 5 & 4 & 2 \\ 0 & 0 & -1 \\ 2 & 3 & 2 \end{vmatrix} = -\begin{vmatrix} 5 & 4 \\ 2 & 3 \end{vmatrix} = -7.$$

(6) $\begin{vmatrix} 1 & 2 & 0 & 0 \\ 3 & 4 & 0 & 0 \\ 0 & 0 & -1 & 3 \\ 0 & 0 & 5 & 1 \end{vmatrix}$.

解 $$\begin{vmatrix} 1 & 2 & 0 & 0 \\ 3 & 4 & 0 & 0 \\ 0 & 0 & -1 & 3 \\ 0 & 0 & 5 & 1 \end{vmatrix} = \begin{vmatrix} 1 & 2 & 0 & 0 \\ 0 & -2 & 0 & 0 \\ 0 & 0 & -1 & 3 \\ 0 & 0 & 0 & 16 \end{vmatrix} = 32.$$

(7) $\begin{vmatrix} 1 & 2 & 3 & 4 & 5 \\ 6 & 7 & 8 & 9 & 10 \\ 0 & 0 & 0 & 1 & 3 \\ 0 & 0 & 0 & 2 & 4 \\ 0 & 1 & 0 & 1 & 1 \end{vmatrix}$.

解 $$\begin{vmatrix}1&2&3&4&5\\6&7&8&9&10\\0&0&0&1&3\\0&0&0&2&4\\0&1&0&1&1\end{vmatrix}=\begin{vmatrix}1&2&3&4&5\\5&5&5&5&5\\0&0&0&1&3\\0&0&0&2&4\\0&1&0&1&1\end{vmatrix}=5\begin{vmatrix}1&2&3&4&5\\1&1&1&1&1\\0&0&0&1&3\\0&0&0&0&-2\\0&1&0&0&-2\end{vmatrix}$$

$$=5\begin{vmatrix}0&1&2&3&4\\1&1&1&1&1\\0&0&0&1&3\\0&0&0&0&-2\\0&1&0&0&0\end{vmatrix}=-5\begin{vmatrix}1&2&3&4\\0&0&1&3\\0&0&0&-2\\1&0&0&0\end{vmatrix}$$

$$=5\begin{vmatrix}2&3&4\\0&1&3\\0&0&-2\end{vmatrix}=-20.$$

(8) $$\begin{vmatrix}1+x&1&1&1\\1&1+x&1&1\\1&1&1+y&1\\1&1&1&1+y\end{vmatrix}.$$

解 方法一.

$$\begin{vmatrix}1+x&1&1&1\\1&1+x&1&1\\1&1&1+y&1\\1&1&1&1+y\end{vmatrix}$$

$$=x^2y^2\begin{vmatrix}1+\frac{1}{x}&\frac{1}{x}&\frac{1}{x}&\frac{1}{x}\\\frac{1}{x}&1+\frac{1}{x}&\frac{1}{x}&\frac{1}{x}\\\frac{1}{y}&\frac{1}{y}&1+\frac{1}{y}&\frac{1}{y}\\\frac{1}{y}&\frac{1}{y}&\frac{1}{y}&1+\frac{1}{y}\end{vmatrix}$$

$$= x^2y^2\begin{vmatrix} 1+\frac{2}{x}+\frac{2}{y} & 1+\frac{2}{x}+\frac{2}{y} & 1+\frac{2}{x}+\frac{2}{y} & 1+\frac{2}{x}+\frac{2}{y} \\ \frac{1}{x} & 1+\frac{1}{x} & \frac{1}{x} & \frac{1}{x} \\ \frac{1}{y} & \frac{1}{y} & 1+\frac{1}{y} & \frac{1}{y} \\ \frac{1}{y} & \frac{1}{y} & \frac{1}{y} & 1+\frac{1}{y} \end{vmatrix}$$

$$= x^2y^2\left(1+\frac{2}{x}+\frac{2}{y}\right)\begin{vmatrix} 1 & 1 & 1 & 1 \\ \frac{1}{x} & 1+\frac{1}{x} & \frac{1}{x} & \frac{1}{x} \\ \frac{1}{y} & \frac{1}{y} & 1+\frac{1}{y} & \frac{1}{y} \\ \frac{1}{y} & \frac{1}{y} & \frac{1}{y} & 1+\frac{1}{y} \end{vmatrix}$$

$$= x^2y^2\left(1+\frac{2}{x}+\frac{2}{y}\right)\begin{vmatrix} 1 & 1 & 1 & 1 \\ 0 & 1 & 0 & 0 \\ 0 & 0 & 1 & 0 \\ 0 & 0 & 0 & 1 \end{vmatrix}$$

$$= x^2y^2 + 2xy^2 + 2x^2y.$$

（以上过程假设 $x \neq 0$ 且 $y \neq 0$，易验证当 $x = 0$ 或 $y = 0$ 时结果仍成立.）

方法二. 第 1 行乘以 -1 加到第 2 至第 4 行上去，再按第 4 行展开计算.

$$\begin{vmatrix} 1+x & 1 & 1 & 1 \\ 1 & 1+x & 1 & 1 \\ 1 & 1 & 1+y & 1 \\ 1 & 1 & 1 & 1+y \end{vmatrix} = \begin{vmatrix} 1+x & 1 & 1 & 1 \\ -x & x & 0 & 0 \\ -x & 0 & y & 0 \\ -x & 0 & 0 & y \end{vmatrix} = x\begin{vmatrix} 1 & 1 & 1 \\ x & 0 & 0 \\ 0 & y & 0 \end{vmatrix} + y\begin{vmatrix} 1+x & 1 & 1 \\ -x & x & 0 \\ -x & 0 & y \end{vmatrix}$$

$$= x\begin{vmatrix} x & 0 \\ 0 & y \end{vmatrix} - xy\begin{vmatrix} 1 & 1 \\ x & 0 \end{vmatrix} + y^2\begin{vmatrix} 1+x & 1 \\ -x & x \end{vmatrix}$$

$$= x^2y + x^2y + y^2(x^2+2x)$$

$$= 2x^2y + x^2y^2 + 2xy^2.$$

6. 证明：

(1) $\begin{vmatrix} a_1+b_1 & b_1+c_1 & c_1+a_1 \\ a_2+b_2 & b_2+c_2 & c_2+a_2 \\ a_3+b_3 & b_3+c_3 & c_3+a_3 \end{vmatrix} = 2\begin{vmatrix} a_1 & b_1 & c_1 \\ a_2 & b_2 & c_2 \\ a_3 & b_3 & c_3 \end{vmatrix}$；

证 $\begin{vmatrix} a_1+b_1 & b_1+c_1 & c_1+a_1 \\ a_2+b_2 & b_2+c_2 & c_2+a_2 \\ a_3+b_3 & b_3+c_3 & c_3+a_3 \end{vmatrix} = \begin{vmatrix} a_1 & b_1+c_1 & c_1+a_1 \\ a_2 & b_2+c_2 & c_2+a_2 \\ a_3 & b_3+c_3 & c_3+a_3 \end{vmatrix} + \begin{vmatrix} b_1 & b_1+c_1 & c_1+a_1 \\ b_2 & b_2+c_2 & c_2+a_2 \\ b_3 & b_3+c_3 & c_3+a_3 \end{vmatrix}$

$$= \begin{vmatrix} a_1 & b_1+c_1 & c_1 \\ a_2 & b_2+c_2 & c_2 \\ a_3 & b_3+c_3 & c_3 \end{vmatrix} + \begin{vmatrix} b_1 & c_1 & c_1+a_1 \\ b_2 & c_2 & c_2+a_2 \\ b_3 & c_3 & c_3+a_3 \end{vmatrix}$$

$$= \begin{vmatrix} a_1 & b_1 & c_1 \\ a_2 & b_2 & c_2 \\ a_3 & b_3 & c_3 \end{vmatrix} + \begin{vmatrix} b_1 & c_1 & a_1 \\ b_2 & c_2 & a_2 \\ b_3 & c_3 & a_3 \end{vmatrix}$$

$$= \begin{vmatrix} a_1 & b_1 & c_1 \\ a_2 & b_2 & c_2 \\ a_3 & b_3 & c_3 \end{vmatrix} + \begin{vmatrix} a_1 & b_1 & c_1 \\ a_2 & b_2 & c_2 \\ a_3 & b_3 & c_3 \end{vmatrix} = 2\begin{vmatrix} a_1 & b_1 & c_1 \\ a_2 & b_2 & c_2 \\ a_3 & b_3 & c_3 \end{vmatrix};$$

(2) $\begin{vmatrix} a^2 & (a+1)^2 & (a+2)^2 & (a+3)^2 \\ b^2 & (b+1)^2 & (b+2)^2 & (b+3)^2 \\ c^2 & (c+1)^2 & (c+2)^2 & (c+3)^2 \\ d^2 & (d+1)^2 & (d+2)^2 & (d+3)^2 \end{vmatrix}$.

证 第 1 列乘以-1,加到第 2,3,4 列上去,然后拆项.

$$\begin{vmatrix} a^2 & (a+1)^2 & (a+2)^2 & (a+3)^2 \\ b^2 & (b+1)^2 & (b+2)^2 & (b+3)^2 \\ c^2 & (c+1)^2 & (c+2)^2 & (c+3)^2 \\ d^2 & (d+1)^2 & (d+2)^2 & (d+3)^2 \end{vmatrix}$$

$$= \begin{vmatrix} a^2 & 2a+1 & 4a+4 & 6a+9 \\ b^2 & 2b+1 & 4b+4 & 6b+9 \\ c^2 & 2c+1 & 4c+4 & 6c+9 \\ d^2 & 2d+1 & 4d+4 & 6d+9 \end{vmatrix}$$

$$= \begin{vmatrix} a^2 & 2a & 4a+4 & 6a+9 \\ b^2 & 2b & 4b+4 & 6b+9 \\ c^2 & 2c & 4c+4 & 6c+9 \\ d^2 & 2d & 4d+4 & 6d+9 \end{vmatrix} + \begin{vmatrix} a^2 & 1 & 4a+4 & 6a+9 \\ b^2 & 1 & 4b+4 & 6b+9 \\ c^2 & 1 & 4c+4 & 6c+9 \\ d^2 & 1 & 4d+4 & 6d+9 \end{vmatrix}$$

$$=\begin{vmatrix} a^2 & 2a & 4 & 9 \\ b^2 & 2b & 4 & 9 \\ c^2 & 2c & 4 & 9 \\ d^2 & 2d & 4 & 9 \end{vmatrix}+\begin{vmatrix} a^2 & 1 & 4a & 6a \\ b^2 & 1 & 4b & 6b \\ c^2 & 1 & 4c & 6c \\ d^2 & 1 & 4d & 6d \end{vmatrix}=0.$$

习题 2-4 行列式的展开和计算

2. 计算下列行列式：

(1) $$D_{2n}=\begin{vmatrix} a & 0 & 0 & \cdots & 0 & 0 & b \\ 0 & a & 0 & \cdots & 0 & b & 0 \\ 0 & 0 & a & \cdots & b & 0 & 0 \\ \vdots & \vdots & \vdots & & \vdots & \vdots & \vdots \\ 0 & 0 & b & \cdots & a & 0 & 0 \\ 0 & b & 0 & \cdots & 0 & a & 0 \\ b & 0 & 0 & \cdots & 0 & 0 & a \end{vmatrix}.$$

解 将 D_{2n} 按第 $2n$ 行展开为两个 $2n-1$ 阶行列式，再分别对这两个行列式按第 1 行展开.

$$D_{2n}=(-1)^{2n+1}b\begin{vmatrix} 0 & 0 & \cdots & 0 & 0 & b \\ a & 0 & \cdots & 0 & b & 0 \\ 0 & a & \cdots & b & 0 & 0 \\ \vdots & \vdots & & \vdots & \vdots & \vdots \\ 0 & b & \cdots & a & 0 & 0 \\ b & 0 & \cdots & 0 & a & 0 \end{vmatrix}+(-1)^{4n}a\begin{vmatrix} a & 0 & 0 & \cdots & 0 & 0 \\ 0 & a & 0 & \cdots & 0 & b \\ 0 & 0 & a & \cdots & b & 0 \\ \vdots & \vdots & \vdots & & \vdots & \vdots \\ 0 & 0 & b & \cdots & a & 0 \\ 0 & b & 0 & \cdots & 0 & a \end{vmatrix}$$

$$=(-1)^{2n+1}(-1)^{2n}b^2D_{2n-2}+(-1)^{4n}(-1)^2a^2D_{2n-2}.$$

即有 $D_{2n}=(a^2-b^2)D_{2n-2}$，显然 $D_2=a^2-b^2$，故 $D_{2n}=(a^2-b^2)^n$.

(3) $$D_n=\begin{vmatrix} 1 & 2 & 2 & \cdots & 2 & 2 \\ 2 & 2 & 2 & \cdots & 2 & 2 \\ 2 & 2 & 3 & \cdots & 2 & 2 \\ \vdots & \vdots & \vdots & & \vdots & \vdots \\ 2 & 2 & 2 & \cdots & n-1 & 2 \\ 2 & 2 & 2 & \cdots & 2 & n \end{vmatrix}(n\geqslant 2).$$

解 方法一.

$$D_n=\begin{vmatrix}1&2&2&\cdots&2&2\\2&2&2&\cdots&2&2\\2&2&3&\cdots&2&2\\\vdots&\vdots&\vdots&&\vdots&\vdots\\2&2&2&\cdots&n-1&2\\2&2&2&\cdots&2&n\end{vmatrix}=\begin{vmatrix}1&2&2&\cdots&2&2\\2&2&2&\cdots&2&2\\2&2&3&\cdots&2&2\\\vdots&\vdots&\vdots&&\vdots&\vdots\\2&2&2&\cdots&n-1&2\\2&2&2&\cdots&2&2\end{vmatrix}+\begin{vmatrix}1&2&2&\cdots&2&2\\2&2&2&\cdots&2&2\\2&2&3&\cdots&2&2\\\vdots&\vdots&\vdots&&\vdots&\vdots\\2&2&2&\cdots&n-1&2\\0&0&0&\cdots&0&n-2\end{vmatrix}$$

$$=0+(n-2)D_{n-1},$$

即有 $D_n=(n-2)D_{n-1}$,$D_2=-2$,从而 $D_n=-2(n-2)!$.

方法二. 将行列式的第 2 行乘以-1,加到其他行上去.

$$D_n=\begin{vmatrix}1&2&2&\cdots&2&2\\2&2&2&\cdots&2&2\\2&2&3&\cdots&2&2\\\vdots&\vdots&\vdots&&\vdots&\vdots\\2&2&2&\cdots&n-1&2\\2&2&2&\cdots&2&n\end{vmatrix}=\begin{vmatrix}-1&0&0&\cdots&0&0\\2&2&2&\cdots&2&2\\0&0&1&\cdots&0&0\\\vdots&\vdots&\vdots&&\vdots&\vdots\\0&0&0&\cdots&n-3&0\\0&0&0&\cdots&0&n-2\end{vmatrix},$$

再按第 1 行展开,即可化为三角形行列式计算

$$D_n=\begin{vmatrix}-1&0&0&\cdots&0&0\\2&2&2&\cdots&2&2\\0&0&1&\cdots&0&0\\\vdots&\vdots&\vdots&&\vdots&\vdots\\0&0&0&\cdots&n-3&0\\0&0&0&\cdots&0&n-2\end{vmatrix}=-\begin{vmatrix}2&2&\cdots&2&2\\0&1&\cdots&0&0\\\vdots&\vdots&&\vdots&\vdots\\0&0&\cdots&n-3&0\\0&0&\cdots&0&n-2\end{vmatrix}=-2(n-2)!.$$

(4) $$D_n=\begin{vmatrix}x&y&0&\cdots&0&0\\0&x&y&\cdots&0&0\\0&0&x&\cdots&0&0\\\vdots&\vdots&\vdots&&\vdots&\vdots\\0&0&0&\cdots&x&y\\y&0&0&\cdots&0&x\end{vmatrix}.$$

解　$D_n = \begin{vmatrix} x & y & 0 & \cdots & 0 & 0 \\ 0 & x & y & \cdots & 0 & 0 \\ 0 & 0 & x & \cdots & 0 & 0 \\ \vdots & \vdots & \vdots & & \vdots & \vdots \\ 0 & 0 & 0 & \cdots & x & y \\ y & 0 & 0 & \cdots & 0 & x \end{vmatrix}$

$$\xlongequal{\text{按第 } n \text{ 行展开}} x\begin{vmatrix} x & y & \cdots & 0 & 0 \\ 0 & x & \cdots & 0 & 0 \\ \vdots & \vdots & & \vdots & \vdots \\ 0 & 0 & \cdots & x & y \\ 0 & 0 & \cdots & 0 & x \end{vmatrix}_{(n-1)} + (-1)^{n+1}y\begin{vmatrix} y & 0 & \cdots & 0 & 0 \\ x & y & \cdots & 0 & 0 \\ 0 & x & \cdots & 0 & 0 \\ \vdots & \vdots & & \vdots & \vdots \\ 0 & 0 & \cdots & x & y \end{vmatrix}_{(n-1)}$$

$= x^n + (-1)^{n+1}y^n.$

(5) $D_n = \begin{vmatrix} 1+a_1 & 1 & 1 & \cdots & 1 \\ 1 & 1+a_2 & 1 & \cdots & 1 \\ 1 & 1 & 1+a_3 & \cdots & 1 \\ \vdots & \vdots & \vdots & & \vdots \\ 1 & 1 & 1 & \cdots & 1+a_n \end{vmatrix}$ (其中 $a_i \neq 0, i = 1,2,\cdots,n$).

解　$D_n = \begin{vmatrix} 1+a_1 & 1 & 1 & \cdots & 1 \\ 1 & 1+a_2 & 1 & \cdots & 1 \\ 1 & 1 & 1+a_3 & \cdots & 1 \\ \vdots & \vdots & \vdots & & \vdots \\ 1 & 1 & 1 & \cdots & 1+a_n \end{vmatrix}$

$$= \prod_{i=1}^{n} a_i \begin{vmatrix} 1+\frac{1}{a_1} & \frac{1}{a_1} & \frac{1}{a_1} & \cdots & \frac{1}{a_1} \\ \frac{1}{a_2} & 1+\frac{1}{a_2} & \frac{1}{a_2} & \cdots & \frac{1}{a_2} \\ \frac{1}{a_3} & \frac{1}{a_3} & 1+\frac{1}{a_3} & \cdots & \frac{1}{a_3} \\ \vdots & \vdots & \vdots & & \vdots \\ \frac{1}{a_n} & \frac{1}{a_n} & \frac{1}{a_n} & \cdots & 1+\frac{1}{a_n} \end{vmatrix}$$

$$= \prod_{i=1}^{n} a_i \begin{vmatrix} 1+\sum_{i=1}^{n}\frac{1}{a_i} & 1+\sum_{i=1}^{n}\frac{1}{a_i} & 1+\sum_{i=1}^{n}\frac{1}{a_i} & \cdots & 1+\sum_{i=1}^{n}\frac{1}{a_i} \\ \frac{1}{a_2} & 1+\frac{1}{a_2} & \frac{1}{a_2} & \cdots & \frac{1}{a_2} \\ \frac{1}{a_3} & \frac{1}{a_3} & 1+\frac{1}{a_3} & \cdots & \frac{1}{a_3} \\ \vdots & \vdots & \vdots & & \vdots \\ \frac{1}{a_n} & \frac{1}{a_n} & \frac{1}{a_n} & \cdots & 1+\frac{1}{a_n} \end{vmatrix}$$

$$= \left(\prod_{i=1}^{n} a_i\right)\left(1+\sum_{i=1}^{n}\frac{1}{a_i}\right) \begin{vmatrix} 1 & 1 & 1 & \cdots & 1 \\ \frac{1}{a_2} & 1+\frac{1}{a_2} & \frac{1}{a_2} & \cdots & \frac{1}{a_2} \\ \frac{1}{a_3} & \frac{1}{a_3} & 1+\frac{1}{a_3} & \cdots & \frac{1}{a_3} \\ \vdots & \vdots & \vdots & & \vdots \\ \frac{1}{a_n} & \frac{1}{a_n} & \frac{1}{a_n} & \cdots & 1+\frac{1}{a_n} \end{vmatrix}$$

$$= \left(\prod_{i=1}^{n} a_i\right)\left(1+\sum_{i=1}^{n}\frac{1}{a_i}\right) \begin{vmatrix} 1 & 1 & 1 & \cdots & 1 \\ 0 & 1 & 0 & \cdots & 0 \\ 0 & 0 & 1 & \cdots & 0 \\ \vdots & \vdots & \vdots & & \vdots \\ 0 & 0 & 0 & \cdots & 1 \end{vmatrix}$$

$$= \left(\prod_{i=1}^{n} a_i\right)\left(1+\sum_{i=1}^{n}\frac{1}{a_i}\right).$$

注:还有其他方法参看本章例 5.

3. 证明

$$\begin{vmatrix} x & -1 & 0 & \cdots & 0 & 0 \\ 0 & x & -1 & \cdots & 0 & 0 \\ \vdots & \vdots & \vdots & & \vdots & \vdots \\ 0 & 0 & 0 & \cdots & x & -1 \\ a_n & a_{n-1} & a_{n-2} & \cdots & a_2 & x+a_1 \end{vmatrix} = x^n + a_1 x^{n-1} + \cdots + a_{n-1}x + a_n.$$

证　方法一. 设

$$D_n=\begin{vmatrix} x & -1 & 0 & \cdots & 0 & 0 \\ 0 & x & -1 & \cdots & 0 & 0 \\ \vdots & \vdots & \vdots & & \vdots & \vdots \\ 0 & 0 & 0 & \cdots & x & -1 \\ a_n & a_{n-1} & a_{n-2} & \cdots & a_2 & x+a_1 \end{vmatrix},$$

将其按第一列展开,

$$D_n = xD_{n-1}+a_n(-1)^{n+1}\begin{vmatrix} -1 & 0 & \cdots & 0 & 0 \\ x & -1 & \cdots & 0 & 0 \\ \vdots & \vdots & & \vdots & \vdots \\ 0 & 0 & \cdots & -1 & 0 \\ 0 & 0 & \cdots & x & -1 \end{vmatrix}_{(n-1)} = xD_{n-1}+a_n,$$

而 $D_2=\begin{vmatrix} x & -1 \\ a_2 & x+a_1 \end{vmatrix}=x^2+a_1x+a_2$, 由递推关系知结果成立.

方法二. 当 $x\neq 0$ 时,从第一列开始,从前到后,前一列乘以 $\frac{1}{x}$ 加到后一列上去,依此类推,

$$\begin{vmatrix} x & -1 & 0 & \cdots & 0 & 0 \\ 0 & x & -1 & \cdots & 0 & 0 \\ \vdots & \vdots & \vdots & & \vdots & \vdots \\ 0 & 0 & 0 & \cdots & -1 & 0 \\ 0 & 0 & 0 & \cdots & x & -1 \\ a_n & a_{n-1} & a_{n-2} & \cdots & a_2 & x+a_1 \end{vmatrix}$$

$$=\begin{vmatrix} x & 0 & 0 & \cdots & 0 \\ 0 & x & 0 & \cdots & 0 \\ \vdots & \vdots & \vdots & & \vdots \\ 0 & 0 & 0 & \cdots & 0 \\ a_n & \frac{a_n}{x}+a_{n-1} & \frac{a_n}{x^2}+\frac{a_{n-1}}{x}+a_{n-2} & \cdots & \frac{a_n}{x^{n-1}}+\cdots+x+a_1 \end{vmatrix}$$

$$=x^{n-1}\left(\frac{a_n}{x^{n-1}}+\cdots+\frac{a_2}{x}+x+a_1\right)=x^n+a_1x^{n-1}+\cdots+a_n.$$

当 $x=0$ 时,结论显然成立.

方法三. 从第 n 列开始,从后到前,后一列乘以 x 加到前一列上去,依此类推,

$$\begin{vmatrix} x & -1 & 0 & \cdots & 0 & 0 \\ 0 & x & -1 & \cdots & 0 & 0 \\ \vdots & \vdots & \vdots & & \vdots & \vdots \\ 0 & 0 & 0 & \cdots & -1 & 0 \\ 0 & 0 & 0 & \cdots & x & -1 \\ a_n & a_{n-1} & a_{n-2} & \cdots & a_2 & x+a_1 \end{vmatrix}$$

$$= \begin{vmatrix} 0 & -1 & 0 & \cdots & 0 & 0 \\ 0 & 0 & -1 & \cdots & 0 & 0 \\ \vdots & \vdots & \vdots & \cdots & \vdots & \vdots \\ 0 & \cdots & 0 & \cdots & -1 & 0 \\ 0 & \cdots & 0 & \cdots & 0 & -1 \\ x^n+a_1x^{n-1}+\cdots+a_n & \cdots & \cdots & \cdots & x^2+a_1x+a_2 & x+a_1 \end{vmatrix},$$

再按第一列展开即可.

习题 2-5 克拉默法则

1. 利用克拉默法则解下列方程组:

(2) $\begin{cases} 2x_1+2x_2-x_3+x_4=4, \\ 4x_1+3x_2-x_3+2x_4=6, \\ 8x_1+5x_2-3x_3+4x_4=12, \\ 3x_1+3x_2-2x_3+2x_4=6. \end{cases}$

解 $x_1 = \dfrac{\begin{vmatrix} 4 & 2 & -1 & 1 \\ 6 & 3 & -1 & 2 \\ 12 & 5 & -3 & 4 \\ 6 & 3 & -2 & 2 \end{vmatrix}}{\begin{vmatrix} 2 & 2 & -1 & 1 \\ 4 & 3 & -1 & 2 \\ 8 & 5 & -3 & 4 \\ 3 & 3 & -2 & 2 \end{vmatrix}} = \dfrac{2}{2} = 1$, $x_2 = \dfrac{\begin{vmatrix} 2 & 4 & -1 & 1 \\ 4 & 6 & -1 & 2 \\ 8 & 12 & -3 & 4 \\ 3 & 6 & -2 & 2 \end{vmatrix}}{\begin{vmatrix} 2 & 2 & -1 & 1 \\ 4 & 3 & -1 & 2 \\ 8 & 5 & -3 & 4 \\ 3 & 3 & -2 & 2 \end{vmatrix}} = \dfrac{2}{2} = 1$,

$$x_3=\frac{\begin{vmatrix}2&2&4&1\\4&3&6&2\\8&5&12&4\\3&3&6&2\end{vmatrix}}{\begin{vmatrix}2&2&-1&1\\4&3&-1&2\\8&5&-3&4\\3&3&-2&2\end{vmatrix}}=\frac{-2}{2}=-1,\ x_4=\frac{\begin{vmatrix}2&2&-1&4\\4&3&-1&6\\8&5&-3&12\\3&3&-2&6\end{vmatrix}}{\begin{vmatrix}2&2&-1&1\\4&3&-1&2\\8&5&-3&4\\3&3&-2&2\end{vmatrix}}=\frac{-2}{2}=-1,$$

因此方程组的解为 $(x_1,x_2,x_3,x_4)^{\mathrm{T}}=(1,1,-1,-1)^{\mathrm{T}}$.

2. 问 λ 为何值时,齐次线性方程组

$$\begin{cases}(5-\lambda)x+2y+2z=0,\\2x+(6-\lambda)y=0,\\2x+(4-\lambda)z=0\end{cases}$$

有非零解?

解 当且仅当系数行列式为零时,齐次线性方程组有非零解.

$$\begin{vmatrix}5-\lambda&2&2\\2&6-\lambda&0\\2&0&4-\lambda\end{vmatrix}=0,$$

$$\begin{vmatrix}5-\lambda&2&2\\2&6-\lambda&0\\2&0&4-\lambda\end{vmatrix}=-(\lambda-2)(\lambda-5)(\lambda-8),$$

故 $\lambda=2$ 或 $\lambda=5$ 或 $\lambda=8$ 时此齐次线性方程组有非零解.

3. 某公司人员有主管与职员两类,其月薪分别为 5 000 元与 2 500 元,以前公司每月工资支出 6 万元,现在经营状况不佳,为将月工资支出减少到 3.8 万元,公司决定将主管月薪降至 4 000 元,并裁减$\frac{2}{5}$职员,问公司原有主管与职员多少人?

解 设公司原有主管与职员人数分别为 x,y,由题意有

$$\begin{cases}0.5x+0.25y=6,\\0.4x+0.25\times\left(1-\frac{2}{5}\right)y=3.8,\end{cases}$$

解得 $x=2,y=20$.

第二章总习题

1. 选择题

(1) 如果 $\begin{vmatrix} a_{11} & a_{12} & a_{13} \\ a_{21} & a_{22} & a_{23} \\ a_{31} & a_{32} & a_{33} \end{vmatrix} = 2$, 则 $\begin{vmatrix} 2a_{11} & 2a_{12} & 2a_{13} \\ 2a_{21} & 2a_{22} & 2a_{23} \\ 2a_{31} & 2a_{32} & 2a_{33} \end{vmatrix} = (\quad)$.

(A) 2　　(B) 4　　(C) 12　　(D) 16

答案:(D).

$$\begin{vmatrix} 2a_{11} & 2a_{12} & 2a_{13} \\ 2a_{21} & 2a_{22} & 2a_{23} \\ 2a_{31} & 2a_{32} & 2a_{33} \end{vmatrix} = 2^3 \begin{vmatrix} a_{11} & a_{12} & a_{13} \\ a_{21} & a_{22} & a_{23} \\ a_{31} & a_{32} & a_{33} \end{vmatrix} = 16.$$

(2) 已知四阶方阵 $\boldsymbol{A}$,其第三列元分别为 1,3,-2,2,它们的余子式的值分别为 3,-2,1,1,则行列式 $|\boldsymbol{A}| = (\quad)$.

(A) 5　　(B) -5　　(C) -3　　(D) 3

答案:(A).

$$|\boldsymbol{A}| = 1\times 3 + 3\times 2 + (-2)\times 1 + 2\times(-1) = 5.$$

2. 设 $|\boldsymbol{A}| = \begin{vmatrix} 1 & 2 & 3 & 4 & 5 \\ 7 & 7 & 7 & 3 & 3 \\ 3 & 2 & 4 & 5 & 2 \\ 3 & 3 & 3 & 2 & 2 \\ 4 & 6 & 5 & 2 & 3 \end{vmatrix}$, 则 $A_{31} + A_{32} + A_{33} =$ ________;$A_{34} + A_{35} =$ ________.

解 $$A_{31}+A_{32}+A_{33} = \begin{vmatrix} 1 & 2 & 3 & 4 & 5 \\ 7 & 7 & 7 & 3 & 3 \\ 1 & 1 & 1 & 0 & 0 \\ 3 & 3 & 3 & 2 & 2 \\ 4 & 6 & 5 & 2 & 3 \end{vmatrix} = \begin{vmatrix} 1 & 2 & 3 & 4 & 5 \\ 0 & 0 & 0 & 3 & 3 \\ 1 & 1 & 1 & 0 & 0 \\ 0 & 0 & 0 & 2 & 2 \\ 4 & 6 & 5 & 2 & 3 \end{vmatrix} = 0,$$

$$A_{34}+A_{35} = \begin{vmatrix} 1 & 2 & 3 & 4 & 5 \\ 7 & 7 & 7 & 3 & 3 \\ 0 & 0 & 0 & 1 & 1 \\ 3 & 3 & 3 & 2 & 2 \\ 4 & 6 & 5 & 2 & 3 \end{vmatrix} = \begin{vmatrix} 1 & 2 & 3 & 4 & 5 \\ 7 & 7 & 7 & 0 & 0 \\ 0 & 0 & 0 & 1 & 1 \\ 3 & 3 & 3 & 0 & 0 \\ 4 & 6 & 5 & 2 & 3 \end{vmatrix} = 0.$$

3. 计算下列 n 阶行列式:

(1) $\begin{vmatrix} 1 & 2 & 3 & \cdots & n \\ 2 & 3 & 4 & \cdots & 1 \\ 3 & 4 & 5 & \cdots & 2 \\ \vdots & \vdots & \vdots & & \vdots \\ n & 1 & 2 & \cdots & n-1 \end{vmatrix}$.

解 $\begin{vmatrix} 1 & 2 & 3 & \cdots & n \\ 2 & 3 & 4 & \cdots & 1 \\ 3 & 4 & 5 & \cdots & 2 \\ \vdots & \vdots & \vdots & & \vdots \\ n & 1 & 2 & \cdots & n-1 \end{vmatrix}$

$$\xlongequal{\text{从第 } n \text{ 行开始,前一行乘}(-1)\text{ 加到后一行}} \begin{vmatrix} 1 & 2 & 3 & \cdots & n \\ 1 & 1 & 1 & \cdots & -n+1 \\ 1 & 1 & 1 & \cdots & 1 \\ \vdots & \vdots & \vdots & & \vdots \\ 1 & -n+1 & 1 & \cdots & 1 \end{vmatrix}$$

$$\xlongequal{\text{第 1 列乘}(-1)\text{ 加到其他各列}} \begin{vmatrix} 1 & 1 & 2 & \cdots & n-1 \\ 1 & 0 & 0 & \cdots & -n \\ 1 & 0 & 0 & \cdots & 0 \\ \vdots & \vdots & \vdots & & \vdots \\ 1 & -n & 0 & \cdots & 0 \end{vmatrix}$$

$$\xlongequal{\text{第 2 至第 } n \text{ 列乘 } 1/n \text{ 加到第 1 列}} \begin{vmatrix} \sum\limits_{i=1}^{n} \dfrac{i}{n} & 1 & 2 & \cdots & n-1 \\ 0 & 0 & 0 & \cdots & -n \\ 0 & 0 & 0 & \cdots & 0 \\ \vdots & \vdots & \vdots & & \vdots \\ 0 & -n & 0 & \cdots & 0 \end{vmatrix}$$

$$= \left(\sum_{i=1}^{n} \frac{i}{n}\right) \begin{vmatrix} 0 & 0 & \cdots & -n \\ 0 & 0 & \cdots & 0 \\ \vdots & \vdots & & \vdots \\ -n & 0 & \cdots & 0 \end{vmatrix}_{(n-1)} = (-1)^{\frac{n(n-1)}{2}} n^{n-1} \left(\sum_{i=1}^{n} \frac{i}{n}\right)$$

$$= (-1)^{\frac{n(n-1)}{2}} \cdot \frac{n^{n-1}(n+1)}{2}.$$

(2) $\begin{vmatrix} x & a & a & \cdots & a & a \\ -a & x & a & \cdots & a & a \\ -a & -a & x & \cdots & a & a \\ \vdots & \vdots & \vdots & & \vdots & \vdots \\ -a & -a & -a & \cdots & -a & x \end{vmatrix}$.

解 $$D_n = \begin{vmatrix} x & a & a & \cdots & a & a \\ -a & x & a & \cdots & a & a \\ -a & -a & x & \cdots & a & a \\ \vdots & \vdots & \vdots & & \vdots & \vdots \\ -a & -a & -a & \cdots & -a & x \end{vmatrix}$$

$$= \begin{vmatrix} a & a & a & \cdots & a & a \\ -a & x & a & \cdots & a & a \\ -a & -a & x & \cdots & a & a \\ \vdots & \vdots & \vdots & & \vdots & \vdots \\ -a & -a & -a & \cdots & -a & x \end{vmatrix} + \begin{vmatrix} x-a & 0 & 0 & \cdots & 0 & 0 \\ -a & x & a & \cdots & a & a \\ -a & -a & x & \cdots & a & a \\ \vdots & \vdots & \vdots & & \vdots & \vdots \\ -a & -a & -a & \cdots & -a & x \end{vmatrix}$$

$$= \begin{vmatrix} a & a & a & \cdots & a & a \\ 0 & x+a & 2a & \cdots & 2a & 2a \\ 0 & 0 & x+a & \cdots & 2a & 2a \\ \vdots & \vdots & \vdots & & \vdots & \vdots \\ 0 & 0 & 0 & \cdots & 0 & x+a \end{vmatrix} + (x-a)D_{n-1}$$

$$= a(x+a)^{n-1} + (x-a)D_{n-1},$$

又

$$D_n = \begin{vmatrix} x & a & a & \cdots & a & a \\ -a & x & a & \cdots & a & a \\ -a & -a & x & \cdots & a & a \\ \vdots & \vdots & \vdots & & \vdots & \vdots \\ -a & -a & -a & \cdots & -a & x \end{vmatrix}$$

$$= \begin{vmatrix} x & a & a & \cdots & a & a \\ -a & x & a & \cdots & a & a \\ -a & -a & x & \cdots & a & a \\ \vdots & \vdots & \vdots & & \vdots & \vdots \\ -a & -a & -a & \cdots & -a & -a \end{vmatrix} + \begin{vmatrix} x & a & a & \cdots & a & a \\ -a & x & a & \cdots & a & a \\ -a & -a & x & \cdots & a & a \\ \vdots & \vdots & \vdots & & \vdots & \vdots \\ 0 & 0 & 0 & \cdots & 0 & x+a \end{vmatrix}$$

$$=\begin{vmatrix} x-a & 0 & 0 & \cdots & 0 & 0 \\ -2a & x-a & 0 & \cdots & 0 & 0 \\ -2a & -2a & x-a & \cdots & 0 & 0 \\ \vdots & \vdots & \vdots & & \vdots & \vdots \\ -a & -a & -a & \cdots & -a & -a \end{vmatrix}+(x+a)D_{n-1}$$

$$=-a(x-a)^{n-1}+(x+a)D_{n-1},$$

故有 $D_n=a(x+a)^{n-1}+(x-a)D_{n-1}, D_n=-a(x-a)^{n-1}+(x+a)D_{n-1}$，从而

$$D_n=\frac{1}{2}[(x+a)^n+(x-a)^n].$$

(3) $\begin{vmatrix} 1 & 1 & \cdots & 1 & -n \\ 1 & 1 & \cdots & -n & 1 \\ \vdots & \vdots & & \vdots & \vdots \\ 1 & -n & \cdots & 1 & 1 \\ -n & 1 & \cdots & 1 & 1 \end{vmatrix}$;

解 $\begin{vmatrix} 1 & 1 & \cdots & 1 & -n \\ 1 & 1 & \cdots & -n & 1 \\ \vdots & \vdots & & \vdots & \vdots \\ 1 & -n & \cdots & 1 & 1 \\ -n & 1 & \cdots & 1 & 1 \end{vmatrix}$

$$\xlongequal{\text{第 2 到第 } n \text{ 行加到第 1 行}}\begin{vmatrix} -1 & -1 & \cdots & -1 & -1 \\ 1 & 1 & \cdots & -n & 1 \\ \vdots & \vdots & & \vdots & \vdots \\ 1 & -n & \cdots & 1 & 1 \\ -n & 1 & \cdots & 1 & 1 \end{vmatrix}$$

$$=\begin{vmatrix} -1 & -1 & \cdots & -1 & -1 \\ 0 & 0 & \cdots & -n-1 & 0 \\ \vdots & \vdots & & \vdots & \vdots \\ 0 & -n-1 & \cdots & 0 & 0 \\ -n-1 & 0 & \cdots & 0 & 0 \end{vmatrix}$$

$$=(-1)^{\frac{n(n-1)}{2}}(-1)^n(n+1)^{n-1}$$

$$=(-1)^{\frac{n(n+1)}{2}}(n+1)^{n-1}.$$

4. 证明 $\begin{vmatrix} \cos\alpha & 1 & & & \\ 1 & 2\cos\alpha & 1 & & \\ & \ddots & \ddots & \ddots & \\ & & 1 & 2\cos\alpha & 1 \\ & & & 1 & 2\cos\alpha \end{vmatrix} = \cos n\alpha$.

证 设 $D_n = \begin{vmatrix} \cos\alpha & 1 & & & \\ 1 & 2\cos\alpha & 1 & & \\ & \ddots & \ddots & \ddots & \\ & & 1 & 2\cos\alpha & 1 \\ & & & 1 & 2\cos\alpha \end{vmatrix}$,将 D_n 按第 n 行展开,

$$D_n = 2(\cos\alpha)D_{n-1} + (-1)^{2n-1}\begin{vmatrix} \cos\alpha & 1 & & & \\ 1 & 2\cos\alpha & 1 & & \\ & \ddots & \ddots & \ddots & \\ & & 1 & 2\cos\alpha & 0 \\ & & & 1 & 1 \end{vmatrix} = 2(\cos\alpha)D_{n-1} - D_{n-2},$$

由 $\begin{cases} D_n = 2(\cos\alpha)D_{n-1} - D_{n-2}, \\ D_2 = \cos 2\alpha, \\ D_1 = \cos\alpha \end{cases}$ 即知结果成立.

5. 某电器公司销售三种电器,其销售原则是:每种电器 10 台以下不打折,10 台及 10 台以上打 9.5 折,20 台及 20 台以上打 9 折.有三家公司来采购电器,其数量(单位:台)与总价(单元:元)见下表:

公司	电器			总价
	甲	乙	丙	
1	10	20	15	21 350
2	20	10	10	17 650
3	20	30	20	31 500

问各电器原价为多少?

解 设电器甲、乙、丙的原价分别为 x,y,z,由题意得

$$\begin{cases} 9.5x + 18y + 14.25z = 21\,350, \\ 18x + 9.5y + 9.5z = 17\,650, \\ 18x + 27y + 18z = 31\,500, \end{cases}$$

解得 $x = 400, y = 500, z = 600$.

6. 问 λ,μ 为何值时，齐次线性方程组 $\begin{cases} \lambda x_1 + x_2 + x_3 = 0, \\ x_1 + \mu x_2 + x_3 = 0, \\ x_1 + 2\mu x_2 + x_3 = 0 \end{cases}$ 有非零解？

解 当且仅当系数行列式为零时，齐次线性方程组有非零解，故

$$\begin{vmatrix} \lambda & 1 & 1 \\ 1 & \mu & 1 \\ 1 & 2\mu & 1 \end{vmatrix} = 0,$$

而

$$\begin{vmatrix} \lambda & 1 & 1 \\ 1 & \mu & 1 \\ 1 & 2\mu & 1 \end{vmatrix} = -\mu(\lambda - 1),$$

故 $\lambda = 1$ 或 $\mu = 0$ 时此齐次线性方程组有非零解.

Ⅳ 补充习题

1. 选择题

(1) 四阶行列式 $\begin{vmatrix} a_1 & 0 & 0 & b_1 \\ 0 & a_2 & b_2 & 0 \\ 0 & b_3 & a_3 & 0 \\ b_4 & 0 & 0 & a_4 \end{vmatrix}$ 的值为(　　).

(A) $a_1a_2a_3a_4 - b_1b_2b_3b_4$　　(B) $a_1a_2a_3a_4 + b_1b_2b_3b_4$

(C) $(a_1a_2 - b_1b_2)(a_3a_4 - b_3b_4)$　　(D) $(a_2a_3 - b_2b_3)(a_1a_4 - b_1b_4)$

(2) $f(x) = \begin{vmatrix} x-2 & x-1 & x-2 & x-3 \\ 2x-2 & 2x-1 & 2x-2 & 2x-3 \\ 3x-3 & 3x-2 & 4x-5 & 3x-5 \\ 4x & 4x-3 & 5x-7 & 4x-3 \end{vmatrix}$，则方程 $f(x) = 0$ 的根的个数为(　　).

(A) 1　　(B) 2　　(C) 3　　(D) 4

(3) 若 $\begin{vmatrix} a_{11} & a_{12} \\ a_{21} & a_{22} \end{vmatrix} = 6$，则 $\begin{vmatrix} a_{12} & 2a_{11} & 0 \\ a_{22} & 2a_{21} & 0 \\ 0 & -2 & -1 \end{vmatrix}$ 的值为(　　).

(A) 12　　(B) −12　　(C) 18　　(D) 0

2. 计算下列行列式：

(1) $\begin{vmatrix} a_0 & b_1 & b_2 & \cdots & b_n \\ c_1 & a_1 & 0 & \cdots & 0 \\ c_2 & 0 & a_2 & \cdots & 0 \\ \vdots & \vdots & \vdots & & \vdots \\ c_n & 0 & 0 & \cdots & a_n \end{vmatrix}$ (其中 $a_i \neq 0, i = 1,2,\cdots,n$)；

(2) $\begin{vmatrix} 1 & 2 & 3 & \cdots & n-1 & n \\ 1 & -1 & 0 & \cdots & 0 & 0 \\ 0 & 2 & -2 & \cdots & 0 & 0 \\ \vdots & \vdots & \vdots & & \vdots & \vdots \\ 0 & 0 & 0 & \cdots & 2-n & 0 \\ 0 & 0 & 0 & \cdots & n-1 & 1-n \end{vmatrix}_{(n)}$；

(3) $\begin{vmatrix} -a_1 & a_1 & & & & \\ & -a_2 & a_2 & & & \\ & & -a_3 & a_3 & & \\ & & & \ddots & \ddots & \\ & & & & -a_{n-1} & a_{n-1} \\ 1 & 1 & 1 & \cdots & 1 & 1 \end{vmatrix}$；

(4) $\begin{vmatrix} x_1 & a_2 & \cdots & a_n \\ a_1 & x_2 & \cdots & a_n \\ \vdots & \vdots & & \vdots \\ a_1 & a_2 & \cdots & x_n \end{vmatrix}$；

(5) $\begin{vmatrix} a_1 & x & x & x & x \\ x & a_2 & x & x & x \\ x & x & a_3 & x & x \\ x & x & x & a_4 & x \\ x & x & x & x & a_5 \end{vmatrix}$.

3. 证明：

$$\begin{vmatrix} a+b & ab & & & & \\ 1 & a+b & ab & & & \\ & 1 & a+b & \ddots & & \\ & & \ddots & \ddots & \ddots & \\ & & & \ddots & a+b & ab \\ & & & & 1 & a+b \end{vmatrix} = \frac{a^{n+1}-b^{n+1}}{a-b} \quad (a \neq b).$$

4. 求方程 $\begin{vmatrix} a_1 & a_2 & a_3 & a_4+x \\ a_1 & a_2 & a_3+x & a_4 \\ a_1 & a_2+x & a_3 & a_4 \\ a_1+x & a_2 & a_3 & a_4 \end{vmatrix} = 0$ 的全部根.

5. 设 $P_1(x_1,y_1)$，$P_2(x_2,y_2)$，$P_3(x_3,y_3)$ 是平面上不共线的三个点,试求过这三个点的圆的方程.

6. 证明:当线性方程组的方程个数小于未知量个数时,没有唯一解.

第 三 章

矩阵的运算

Ⅰ 教学基本要求

1. 理解矩阵的概念.

2. 了解单位矩阵、对角矩阵、三角形矩阵、对称矩阵、反称矩阵以及它们的性质.

3. 掌握矩阵的加法、数乘、乘法、转置以及它们的运算规律;了解方阵的幂、方阵乘积的行列式的性质.

4. 理解逆矩阵的概念;掌握矩阵可逆的充分必要条件;了解伴随矩阵与逆矩阵的关系;掌握逆矩阵的性质.

5. 掌握矩阵的初等变换;了解初等矩阵的性质和矩阵等价的概念.

6. 了解矩阵秩的概念;了解向量组的秩与矩阵的秩之间的关系.

7. 掌握用初等变换求矩阵的秩和求逆矩阵的方法.

Ⅱ 典型方法与范例

一、矩阵的基本运算

1. 矩阵的线性运算

矩阵的加法运算与数乘运算统称为矩阵的线性运算.

进行矩阵的线性运算时需要注意:

(1) 只有同型矩阵才能进行加法运算,而所谓相加是指对应元相加.

(2) 结合律可以推广到多个矩阵的情形,因此多个矩阵相加时可以省去括号直接列出表达式.

2. 矩阵的乘法运算

设 $\boldsymbol{A}=(a_{ij})_{m\times s}$,$\boldsymbol{B}=(b_{ij})_{s\times n}$,进行矩阵的乘法运算时需要注意:

（1）只有当矩阵 $\boldsymbol{A}$ 的列数等于矩阵 $\boldsymbol{B}$ 的行数时，乘积 $\boldsymbol{AB}$ 才有意义；这时规定矩阵 $\boldsymbol{A}$ 与矩阵 $\boldsymbol{B}$ 的乘积是一个 $m\times n$ 矩阵 $\boldsymbol{C}=(c_{ij})$，其中

$$c_{ij}=a_{i1}b_{1j}+a_{i2}b_{2j}+\cdots+a_{is}b_{sj}=\sum_{k=1}^{s}a_{ik}b_{kj}\ (i=1,2,\cdots,m;j=1,2,\cdots,n),$$

并把此乘积记作 $\boldsymbol{C}=\boldsymbol{AB}$.它的行数等于第一个矩阵 $\boldsymbol{A}$ 的行数，列数等于第二个矩阵 $\boldsymbol{B}$ 的列数.

（2）利用矩阵乘法可以将线性方程组表示成矩阵方程的形式，将线性变换表示成矩阵的形式，并可以连续施行线性变换（见教材第 3 章第一节例 8、例 9、例 10）.

例 1　设

$$\boldsymbol{A}=\begin{pmatrix}1&1&1\\1&1&-1\\1&-1&1\end{pmatrix},\quad \boldsymbol{B}=\begin{pmatrix}1&2&3\\-1&-2&4\\0&5&1\end{pmatrix},$$

求 $3\boldsymbol{AB}-2\boldsymbol{A}$ 及 $\boldsymbol{A}^{\mathrm{T}}\boldsymbol{B}$.

解　$$3\boldsymbol{AB}-2\boldsymbol{A}=3\begin{pmatrix}1&1&1\\1&1&-1\\1&-1&1\end{pmatrix}\begin{pmatrix}1&2&3\\-1&-2&4\\0&5&1\end{pmatrix}-2\begin{pmatrix}1&1&1\\1&1&-1\\1&-1&1\end{pmatrix}$$

$$=3\begin{pmatrix}0&5&8\\0&-5&6\\2&9&0\end{pmatrix}-2\begin{pmatrix}1&1&1\\1&1&-1\\1&-1&1\end{pmatrix}=\begin{pmatrix}-2&13&22\\-2&-17&20\\4&29&-2\end{pmatrix},$$

$$\boldsymbol{A}^{\mathrm{T}}\boldsymbol{B}=\begin{pmatrix}1&1&1\\1&1&-1\\1&-1&1\end{pmatrix}\begin{pmatrix}1&2&3\\-1&-2&4\\0&5&1\end{pmatrix}=\begin{pmatrix}0&5&8\\0&-5&6\\2&9&0\end{pmatrix}.$$

例 2　举反例说明下列命题是错误的：

（1）若 $\boldsymbol{A}^2=\boldsymbol{0}$，则 $\boldsymbol{A}=\boldsymbol{0}$；

（2）若 $\boldsymbol{A}^2=\boldsymbol{A}$，则 $\boldsymbol{A}=\boldsymbol{0}$ 或 $\boldsymbol{A}=\boldsymbol{E}$；

（3）若 $\boldsymbol{AX}=\boldsymbol{AY}$，且 $\boldsymbol{A}\neq\boldsymbol{0}$，则 $\boldsymbol{X}=\boldsymbol{Y}$.

解　（1）取 $\boldsymbol{A}=\begin{pmatrix}0&1\\0&0\end{pmatrix}$，显然 $\boldsymbol{A}^2=\boldsymbol{0}$，但 $\boldsymbol{A}\neq\boldsymbol{0}$；

（2）取 $\boldsymbol{A}=\begin{pmatrix}1&1\\0&0\end{pmatrix}$，显然 $\boldsymbol{A}^2=\boldsymbol{A}$，但 $\boldsymbol{A}\neq\boldsymbol{0}$ 且 $\boldsymbol{A}\neq\boldsymbol{E}$；

（3）取 $\boldsymbol{A}=\begin{pmatrix}1&0\\0&0\end{pmatrix}\neq\boldsymbol{0}$，$\boldsymbol{X}=\begin{pmatrix}1&1\\-1&1\end{pmatrix}$，$\boldsymbol{Y}=\begin{pmatrix}1&1\\0&1\end{pmatrix}$. 显然 $\boldsymbol{AX}=\boldsymbol{AY}$，但 $\boldsymbol{X}\neq\boldsymbol{Y}$.

注:(1) 矩阵的乘法运算不满足交换律(见教材第 3 章第一节例 5、例 6、例 7及其注释);

(2) 在实数的乘法运算中,若有方程 $ax=0,a\neq 0$,则必有唯一解 $x=0$,等价地,若有 $ax=ay,a\neq 0$,则必有 $x=y$,这种性质称为乘法的消去律;但教材第 3 章第一节例 7 和本例说明对于矩阵的乘法运算而言,消去律不再成立.

例 3　某超市公司欲新开一家分公司,有 4 个地点可供选择,新建超市分公司有食品部、日用品部和电器部,经市场调查预测,新超市各部在各地点日营业额(单位:万元)如下表:

	食 品 部	日 用 品 部	电 器 部
甲	3.0	4.0	1.0
乙	4.0	3.5	1.2
丙	2.5	3.0	2.0
丁	4.0	4.0	0.5

各部的利润率依次为 15%、20%、10%,如从新超市分公司利润考虑,应在何地开分公司?

解　设

$$A=\begin{pmatrix}3.0 & 4.0 & 1.0\\ 4.0 & 3.5 & 1.2\\ 2.5 & 3.0 & 2.0\\ 4.0 & 4.0 & 0.5\end{pmatrix},X=\begin{pmatrix}0.15\\ 0.20\\ 0.10\end{pmatrix},$$

这里矩阵 A 是新建超市分别建在甲、乙、丙、丁 4 个地点后食品部、日用品部、电器部的日营业额表,X 表示各部的利润率表,新建超市分别建在甲、乙、丙、丁 4 个地点后的利润为

$$AX=\begin{pmatrix}3.0 & 4.0 & 1.0\\ 4.0 & 3.5 & 1.2\\ 2.5 & 3.0 & 2.0\\ 4.0 & 4.0 & 0.5\end{pmatrix}\begin{pmatrix}0.15\\ 0.20\\ 0.10\end{pmatrix}=\begin{pmatrix}1.350\\ 1.420\\ 1.175\\ 1.450\end{pmatrix},$$

故选择在丁处开分公司利润最大,为 1.450 万元.

例 4　已知 $\boldsymbol{\alpha}=(1,2,3),\boldsymbol{\beta}=\left(1,\dfrac{1}{2},\dfrac{1}{3}\right)$,设 $A=\boldsymbol{\alpha}^{\mathrm{T}}\boldsymbol{\beta}$,求 A^n.

解　注意

$$\boldsymbol{\beta\alpha}^{\mathrm{T}}=\left(1,\frac{1}{2},\frac{1}{3}\right)\begin{pmatrix}1\\2\\3\end{pmatrix}=3,$$

$$\boldsymbol{A}=\boldsymbol{\alpha}^{\mathrm{T}}\boldsymbol{\beta}=\begin{pmatrix}1\\2\\3\end{pmatrix}\left(1,\frac{1}{2},\frac{1}{3}\right)=\begin{pmatrix}1&\frac{1}{2}&\frac{1}{3}\\2&1&\frac{2}{3}\\3&\frac{3}{2}&1\end{pmatrix},$$

于是

$$\boldsymbol{A}^n=(\boldsymbol{\alpha}^{\mathrm{T}}\boldsymbol{\beta})(\boldsymbol{\alpha}^{\mathrm{T}}\boldsymbol{\beta})\cdots(\boldsymbol{\alpha}^{\mathrm{T}}\boldsymbol{\beta})=\boldsymbol{\alpha}^{\mathrm{T}}(\boldsymbol{\beta\alpha}^{\mathrm{T}})(\boldsymbol{\beta\alpha}^{\mathrm{T}})\cdots(\boldsymbol{\beta\alpha}^{\mathrm{T}})\boldsymbol{\beta}$$

$$=3^{n-1}(\boldsymbol{\alpha}^{\mathrm{T}}\boldsymbol{\beta})=3^{n-1}\begin{pmatrix}1&\frac{1}{2}&\frac{1}{3}\\2&1&\frac{2}{3}\\3&\frac{3}{2}&1\end{pmatrix}.$$

注:(1) 本题的关键是利用矩阵乘法的结合律;

(2) 本题的一个推广为:若 $\boldsymbol{\alpha},\boldsymbol{\beta}$ 是 n 维列向量,则 $\boldsymbol{A}=\boldsymbol{\alpha\beta}^{\mathrm{T}}$ 是 n 阶矩阵(以后还可以知道,它的秩为 1),而 $\boldsymbol{\alpha}^{\mathrm{T}}\boldsymbol{\beta}$ 是一个一阶矩阵,即一个数.利用矩阵乘法的结合律还可以知道,$\boldsymbol{A}^n=l^{n-1}\boldsymbol{A}$,其中 $l=\boldsymbol{\alpha}^{\mathrm{T}}\boldsymbol{\beta}$.

二、特殊矩阵　方阵乘积的行列式

对于几类重要特殊矩阵及其乘法运算性质要熟练掌握,具体包括:单位矩阵、对角矩阵、三角形矩阵、转置矩阵、对称矩阵和反称矩阵.

由矩阵的数乘运算以及行列式的性质有:若 $\boldsymbol{A}$ 是 n 阶矩阵,则 $|\lambda\boldsymbol{A}|=\lambda^n|\boldsymbol{A}|$;并且有:若 $\boldsymbol{A},\boldsymbol{B}$ 是两个 n 阶方阵,则 $|\boldsymbol{AB}|=|\boldsymbol{A}||\boldsymbol{B}|$.

例 5　对任一 n 阶矩阵 $\boldsymbol{A}$,证明

(1) $\boldsymbol{A}+\boldsymbol{A}^{\mathrm{T}}$ 是对称矩阵,$\boldsymbol{A}-\boldsymbol{A}^{\mathrm{T}}$ 是反称矩阵;

(2) $\boldsymbol{A}$ 可以表示为对称矩阵与反称矩阵之和.

证　(1) $(\boldsymbol{A}+\boldsymbol{A}^{\mathrm{T}})^{\mathrm{T}}=\boldsymbol{A}^{\mathrm{T}}+(\boldsymbol{A}^{\mathrm{T}})^{\mathrm{T}}=\boldsymbol{A}+\boldsymbol{A}^{\mathrm{T}}$,

$(\boldsymbol{A}-\boldsymbol{A}^{\mathrm{T}})^{\mathrm{T}}=\boldsymbol{A}^{\mathrm{T}}-(\boldsymbol{A}^{\mathrm{T}})^{\mathrm{T}}=\boldsymbol{A}^{\mathrm{T}}-\boldsymbol{A}$;

(2) $\boldsymbol{A}=\frac{1}{2}(\boldsymbol{A}+\boldsymbol{A}^{\mathrm{T}})+\frac{1}{2}(\boldsymbol{A}-\boldsymbol{A}^{\mathrm{T}})$,其中 $\frac{1}{2}(\boldsymbol{A}+\boldsymbol{A}^{\mathrm{T}})$ 为对称矩阵,

$\frac{1}{2}(\boldsymbol{A}-\boldsymbol{A}^{\mathrm{T}})$ 为反称矩阵.

例 6 设矩阵 $\boldsymbol{A}=\begin{pmatrix}2 & 1\\ -1 & 2\end{pmatrix}$，$\boldsymbol{E}$ 为二阶单位矩阵，矩阵 $\boldsymbol{B}$ 满足 $\boldsymbol{BA}=\boldsymbol{B}+2\boldsymbol{E}$，求 $|\boldsymbol{B}|$.

解 由 $\boldsymbol{BA}=\boldsymbol{B}+2\boldsymbol{E}$ 得 $\boldsymbol{B}(\boldsymbol{A}-\boldsymbol{E})=2\boldsymbol{E}$，两边取行列式，有

$$|\boldsymbol{B}||\boldsymbol{A}-\boldsymbol{E}|=4.$$

因为 $|\boldsymbol{A}-\boldsymbol{E}|=\begin{vmatrix}1 & 1\\ -1 & 1\end{vmatrix}=2$，所以 $|\boldsymbol{B}|=2$.

三、逆矩阵与伴随矩阵

1. 逆矩阵

对于 n 阶方阵 $\boldsymbol{A}$，如果有一个 n 阶方阵 $\boldsymbol{B}$，使

$$\boldsymbol{AB}=\boldsymbol{BA}=\boldsymbol{E},$$

则称 $\boldsymbol{A}$ 是可逆的，并把矩阵 $\boldsymbol{B}$ 称为 $\boldsymbol{A}$ 的逆矩阵.记作 $\boldsymbol{B}=\boldsymbol{A}^{-1}$.

n 阶方阵 $\boldsymbol{A}$ 可逆 $\Leftrightarrow|\boldsymbol{A}|\neq 0\Leftrightarrow$ 存在 n 阶方阵 $\boldsymbol{B}$，使 $\boldsymbol{AB}=\boldsymbol{E}\Leftrightarrow$ 存在 n 阶方阵 $\boldsymbol{B}$，使 $\boldsymbol{BA}=\boldsymbol{E}$.

逆矩阵具有如下性质：

(1) 若 n 阶方阵 $\boldsymbol{A}$ 可逆，则 $\boldsymbol{A}^{-1}$ 也可逆，且 $(\boldsymbol{A}^{-1})^{-1}=\boldsymbol{A}$；

(2) 若 $\boldsymbol{A}$ 可逆，数 $\lambda\neq 0$，则 $\lambda\boldsymbol{A}$ 可逆，且 $(\lambda\boldsymbol{A})^{-1}=\frac{1}{\lambda}\boldsymbol{A}^{-1}$；

(3) 若 $\boldsymbol{A},\boldsymbol{B}$ 为同阶方阵且均可逆，则 $\boldsymbol{AB}$ 亦可逆，且 $(\boldsymbol{AB})^{-1}=\boldsymbol{B}^{-1}\boldsymbol{A}^{-1}$；

(4) 若 $\boldsymbol{A}$ 可逆，则 $\boldsymbol{A}^{\mathrm{T}}$ 也可逆，且 $(\boldsymbol{A}^{\mathrm{T}})^{-1}=(\boldsymbol{A}^{-1})^{\mathrm{T}}$；

(5) 若 $\boldsymbol{A}$ 可逆，且 $\boldsymbol{AB}=\boldsymbol{AC}$，则 $\boldsymbol{B}=\boldsymbol{C}$.

2. 伴随矩阵

n 阶方阵 $\boldsymbol{A}=(a_{ij})$ 的各个元的代数余子式 A_{ij} 所构成的如下的矩阵

$$\boldsymbol{A}^{*}=\begin{pmatrix}A_{11} & A_{21} & \cdots & A_{n1}\\ A_{12} & A_{22} & \cdots & A_{n2}\\ \vdots & \vdots & & \vdots\\ A_{1n} & A_{2n} & \cdots & A_{nn}\end{pmatrix}$$

称为矩阵 $\boldsymbol{A}$ 的伴随矩阵.之所以 $\boldsymbol{A}^{*}$ 称为 $\boldsymbol{A}$ 的伴随矩阵，是因为 $\boldsymbol{A}^{*}$ 继承了 $\boldsymbol{A}$ 的许多性质，包括对称性、可逆性、正交性、正定性等（矩阵的正交性、正定性等将在教材的第5、6两章介绍）.$\boldsymbol{A}$ 和 $\boldsymbol{A}^{*}$ 同时具有或者同时不具有包括如对称性、可逆性、正交性等重要性质.此外，伴随矩阵还有如下性质：

(1) $AA^* = A^*A = |A|E$;

(2) 当 $|A| \neq 0$ 时,$A^{-1} = \frac{1}{|A|}A^*$;

(3) 当 $|A| \neq 0$ 时,$|A^*| = |A|^{n-1}$;

(4) 当 $|A| = 0$ 时,$AA^* = A^*A = \mathbf{0}$;

(5) 当 $|A| \neq 0$ 时,$(A^{-1})^* = (A^*)^{-1} = \frac{1}{|A|}A$;

(6) $(A^{\mathrm{T}})^* = (A^*)^{\mathrm{T}}$.

例 7 求 $A = \begin{pmatrix} 1 & 2 & -1 \\ 3 & 4 & -2 \\ 5 & -4 & 1 \end{pmatrix}$ 的逆矩阵.

分析 到目前为止,我们介绍的求逆矩阵的方法主要有:① 定义;② 伴随矩阵法(即当 $|A| \neq 0$ 时,$A^{-1} = \frac{1}{|A|}A^*$).后面我们还将介绍的求逆矩阵的方法有:③ 分块求逆法;④ 初等变换法等.希望读者在学习过程中不断归纳总结.本题用伴随矩阵法求解.

解 $|A| = 2$,故 A^{-1} 存在.

$$A_{11} = -4,\quad A_{21} = 2,\quad A_{31} = 0,$$

而

$$A_{12} = -13,\quad A_{22} = 6,\quad A_{32} = -1,$$
$$A_{13} = -32,\quad A_{23} = 14,\quad A_{33} = -2,$$

故

$$A^{-1} = \frac{1}{|A|}A^* = \begin{pmatrix} -2 & 1 & 0 \\ -\frac{13}{2} & 3 & -\frac{1}{2} \\ -16 & 7 & -1 \end{pmatrix}.$$

例 8 已知三阶方阵 A 的逆矩阵为 $A^{-1} = \begin{pmatrix} 1 & 1 & 1 \\ 1 & 2 & 1 \\ 1 & 1 & 3 \end{pmatrix}$,试求伴随矩阵 A^* 的逆矩阵.

解 $(A^*)^{-1} = (|A|A^{-1})^{-1} = \frac{1}{|A|}A$,其中

$$\frac{1}{|A|} = |A^{-1}| = \begin{vmatrix} 1 & 1 & 1 \\ 1 & 2 & 1 \\ 1 & 1 & 3 \end{vmatrix} = 2,$$

$$A=(A^{-1})^{-1}=\begin{pmatrix}1&1&1\\1&2&1\\1&1&3\end{pmatrix}^{-1}=\begin{pmatrix}\frac{5}{2}&-1&-\frac{1}{2}\\-1&1&0\\-\frac{1}{2}&0&\frac{1}{2}\end{pmatrix},$$

故

$$(A^*)^{-1}=\begin{pmatrix}5&-2&-1\\-2&2&0\\-1&0&1\end{pmatrix}.$$

例 9 设 A 为 n 阶非零方阵,A^* 是 A 的伴随矩阵,若 $A^*=A^{\mathrm{T}}$, 证明 A 是可逆矩阵.

分析 A 是可逆矩阵$\Leftrightarrow|A|\neq0$,故只需证明 $|A|\neq0$.

证 A 为非零矩阵,则 $AA^{\mathrm{T}}\neq\mathbf{0}$.

若 $A^*=A^{\mathrm{T}}$,两边同左乘 A 得 $AA^*=AA^{\mathrm{T}}$,即 $|A|E=AA^{\mathrm{T}}$.如果 $|A|=0$,即有 $AA^{\mathrm{T}}=\mathbf{0}$,矛盾,故 $|A|\neq0$,A 是可逆矩阵.

例 10 设 A 是已知矩阵且满足 $A^2+A-4E=\mathbf{0}$,其中 E 为单位矩阵,求 $(A-E)^{-1}$.

分析 矩阵 A 的元没有给出,不可能用伴随矩阵法和后面即将学习的初等变换法求逆矩阵,故考虑用定义求逆矩阵.

解 因为 $(A-E)(A+2E)-2E=A^2+A-4E=\mathbf{0}$,故$(A-E)(A+2E)=2E$, 即

$$(A-E)\frac{1}{2}(A+2E)=E.$$

故由定义知

$$(A-E)^{-1}=\frac{1}{2}(A+2E).$$

例 11 已知 $A=\begin{pmatrix}1&1&-1\\-1&1&1\\1&-1&1\end{pmatrix}$,矩阵 X 满足 $A^*X=A^{-1}+2X$,求矩阵 X.

分析 这是一类所谓矩阵方程问题.本题若先由 A 来求 A^*,A^{-1},再代入求解 X,工作量大且有重复,对于此类矩阵方程以先恒等变形,化简后求解比较好.

解 由 $A^*A=|A|E$,用矩阵 A 左乘方程 $A^*X=A^{-1}+2X$ 的两端,有 $|A|X=E+2AX$,即$(|A|E-2A)X=E$, 由逆矩阵的定义得

$$X=(|A|E-2A)^{-1}.$$

由于

$$|A| = \begin{vmatrix} 1 & 1 & -1 \\ -1 & 1 & 1 \\ 1 & -1 & 1 \end{vmatrix} = 4, \quad |A|E - 2A = 2\begin{pmatrix} 1 & -1 & 1 \\ 1 & 1 & -1 \\ -1 & 1 & 1 \end{pmatrix},$$

故

$$X = \frac{1}{2}\begin{pmatrix} 1 & -1 & 1 \\ 1 & 1 & -1 \\ -1 & 1 & 1 \end{pmatrix}^{-1} = \frac{1}{4}\begin{pmatrix} 1 & 1 & 0 \\ 0 & 1 & 1 \\ 1 & 0 & 1 \end{pmatrix}.$$

注:解矩阵方程首先要作符号运算,即根据矩阵的运算法则和性质,把矩阵方程化简(注意矩阵的乘法没有交换律),可能出现的形式有三种:① $AX = B$;② $XA = B$;③ $AXB = C$. 对于 ①、②,若 A 可逆,则其解分别为 $X = A^{-1}B$ 与 $X = BA^{-1}$;对于 ③,若 A,B 都可逆,则其解为 $X = A^{-1}CB^{-1}$.

试问,若 A 不可逆,你能求解 $AX = B$ 吗?

例 12　设列矩阵 $x = (x_1, \cdots, x_n)^{\mathrm{T}}$,$A = E - xx^{\mathrm{T}}$. 证明

(1) $A^2 = A$ 的充分必要条件是 $x^{\mathrm{T}}x = 1$;

(2) 当 $x^{\mathrm{T}}x = 1$ 时,A 是不可逆矩阵.

证　(1) $A^2 = (E - xx^{\mathrm{T}})(E - xx^{\mathrm{T}}) = E - 2xx^{\mathrm{T}} + (xx^{\mathrm{T}})(xx^{\mathrm{T}})$,而$(xx^{\mathrm{T}})(xx^{\mathrm{T}}) = (x^{\mathrm{T}}x)xx^{\mathrm{T}}$,故 $A^2 = E + (x^{\mathrm{T}}x - 2)xx^{\mathrm{T}}$.因此,由 $A^2 = A$ 得

$$x^{\mathrm{T}}x - 2 = -1 \Rightarrow x^{\mathrm{T}}x = 1.$$

反之,由 $x^{\mathrm{T}}x = 1$ 可知 $A^2 = A$.

(2) 因为 $x^{\mathrm{T}}x = 1$ 时有 $A^2 = A$,如果 A 可逆,即有 $A = E$, 而

$$A = E - xx^{\mathrm{T}} \Rightarrow xx^{\mathrm{T}} = 0,$$

这与 $x^{\mathrm{T}}x = 1$ 矛盾,故 A 不可逆.

注:问题(1)主要考查矩阵的乘法的分配律、结合律;问题(2)的证明过程说明,有时也可以用反证法讨论矩阵的可逆性. 其实,随着学习的深入,问题(2)还有其他多种解法.

例 13　设 n 阶方阵 A,B 及 $A+B$ 都可逆,证明 $A^{-1}+B^{-1}$ 也可逆,并求其逆矩阵.

分析　直接用定义比较困难,考虑把 $A^{-1}+B^{-1}$ 利用“和化积”的思想表示成可逆矩阵的乘积.

证　因为 n 阶方阵 A,B 及 $A+B$ 都可逆,故 $AA^{-1} = A^{-1}A = E$,$BB^{-1} = B^{-1}B = E$, 于是,

$$A^{-1} + B^{-1} = A^{-1}E + EB^{-1} = A^{-1}BB^{-1} + A^{-1}AB^{-1} = A^{-1}(A+B)B^{-1},$$

这样,$A^{-1}+B^{-1}$ 被表示成了三个可逆矩阵的乘积,于是,$A^{-1}+B^{-1}$ 可逆,且由可逆矩阵的性质,有

$$(A^{-1}+B^{-1})^{-1}=[A^{-1}(A+B)B^{-1}]^{-1}=B(A+B)^{-1}A.$$

四、分块矩阵和初等矩阵

1. 分块矩阵的运算

对于阶数很高或结构特殊的矩阵 A,运算时常采用分块法,使矩阵的运算化成小矩阵的运算.矩阵分块能突出该矩阵的结构,继而可利用特殊结构使运算简化,还可以将大矩阵的运算化为小矩阵的运算,使运算有条理.

例 14 设矩阵 $A=\begin{pmatrix}1&1&0&0\\3&2&0&0\\0&0&3&-2\\0&0&0&-1\end{pmatrix}$,求 $|A|,A^{-1},|A^{10}|,AA^{\mathrm{T}}$.

解 $A=\begin{pmatrix}A_1&\mathbf{0}\\\mathbf{0}&A_2\end{pmatrix}$,其中

$$A_1=\begin{pmatrix}1&1\\3&2\end{pmatrix},A_2=\begin{pmatrix}3&-2\\0&-1\end{pmatrix},$$

$$|A|=|A_1||A_2|=(-1)\times(-3)=3,$$

$$A^{-1}=\begin{pmatrix}A_1^{-1}&\mathbf{0}\\\mathbf{0}&A_2^{-1}\end{pmatrix}=\begin{pmatrix}-2&1&0&0\\3&-1&0&0\\0&0&\frac{1}{3}&-\frac{2}{3}\\0&0&0&-1\end{pmatrix},$$

$$|A^{10}|=|A|^{10}=3^{10},$$

$$AA^{\mathrm{T}}=\begin{pmatrix}A_1&\mathbf{0}\\\mathbf{0}&A_2\end{pmatrix}\begin{pmatrix}A_1^{\mathrm{T}}&\mathbf{0}\\\mathbf{0}&A_2^{\mathrm{T}}\end{pmatrix}=\begin{pmatrix}A_1A_1^{\mathrm{T}}&\mathbf{0}\\\mathbf{0}&A_2A_2^{\mathrm{T}}\end{pmatrix}=\begin{pmatrix}2&5&0&0\\5&13&0&0\\0&0&13&2\\0&0&2&1\end{pmatrix}.$$

注:对分块矩阵的乘法,两个分块矩阵整体形状要协调:左矩阵的列组数等于右矩阵的行组数;而左矩阵子块的列数等于右矩阵相应子块的行数,则保证了分块矩阵子块相乘的可行性.此外,对于矩阵分块的多种方法,如按列分块、按行分块等要灵活掌握、应用.

例 15 对于矩阵 $P=\begin{pmatrix}A&\mathbf{0}\\C&B\end{pmatrix}\left(P=\begin{pmatrix}A&C\\\mathbf{0}&B\end{pmatrix}\right)$,若假设 A,B 都是可逆的方阵,则 P 一定可逆,并求出 P^{-1}.

证　若 $\boldsymbol{P}=\begin{pmatrix}\boldsymbol{A} & \boldsymbol{0}\\ \boldsymbol{C} & \boldsymbol{B}\end{pmatrix}$,则 $|\boldsymbol{P}|=\begin{vmatrix}\boldsymbol{A} & \boldsymbol{0}\\ \boldsymbol{C} & \boldsymbol{B}\end{vmatrix}=|\boldsymbol{A}||\boldsymbol{B}|\neq 0$,即 $\boldsymbol{P}$ 可逆.

设 $\boldsymbol{P}^{-1}=\begin{pmatrix}\boldsymbol{D}_{11} & \boldsymbol{D}_{12}\\ \boldsymbol{D}_{21} & \boldsymbol{D}_{22}\end{pmatrix}$, 则有

$$\begin{pmatrix}\boldsymbol{A} & \boldsymbol{0}\\ \boldsymbol{C} & \boldsymbol{B}\end{pmatrix}\begin{pmatrix}\boldsymbol{D}_{11} & \boldsymbol{D}_{12}\\ \boldsymbol{D}_{21} & \boldsymbol{D}_{22}\end{pmatrix}=\begin{pmatrix}\boldsymbol{A}\boldsymbol{D}_{11} & \boldsymbol{A}\boldsymbol{D}_{12}\\ \boldsymbol{C}\boldsymbol{D}_{11}+\boldsymbol{B}\boldsymbol{D}_{21} & \boldsymbol{C}\boldsymbol{D}_{12}+\boldsymbol{B}\boldsymbol{D}_{22}\end{pmatrix}=\begin{pmatrix}\boldsymbol{E} & \boldsymbol{0}\\ \boldsymbol{0} & \boldsymbol{E}\end{pmatrix},$$

故 $\boldsymbol{D}_{11}=\boldsymbol{A}^{-1},\boldsymbol{D}_{12}=\boldsymbol{0},\boldsymbol{D}_{21}=-\boldsymbol{B}^{-1}\boldsymbol{C}\boldsymbol{A}^{-1},\boldsymbol{D}_{22}=\boldsymbol{B}^{-1}$, 即

$$\boldsymbol{P}^{-1}=\begin{pmatrix}\boldsymbol{A}^{-1} & \boldsymbol{0}\\ -\boldsymbol{B}^{-1}\boldsymbol{C}\boldsymbol{A}^{-1} & \boldsymbol{B}^{-1}\end{pmatrix}.$$

同理,若 $\boldsymbol{P}=\begin{pmatrix}\boldsymbol{A} & \boldsymbol{C}\\ \boldsymbol{0} & \boldsymbol{B}\end{pmatrix}$,$\boldsymbol{P}$ 可逆,$\boldsymbol{P}^{-1}=\begin{pmatrix}\boldsymbol{A}^{-1} & -\boldsymbol{A}^{-1}\boldsymbol{C}\boldsymbol{B}^{-1}\\ \boldsymbol{0} & \boldsymbol{B}^{-1}\end{pmatrix}$.

2. 初等矩阵

由 n 阶单位矩阵 $\boldsymbol{E}$ 经过一次初等变换得到的矩阵称为 n 阶初等矩阵.三种初等变换对应着三种初等矩阵,分别为对换 $\boldsymbol{E}_n(i,j)$,倍乘 $\boldsymbol{E}_n(i(k))$ 和倍加 $\boldsymbol{E}_n(i,j(k))$ $(i,j=1,\cdots,n;k\in\mathbf{R})$.

初等矩阵有如下性质:

(1) 初等矩阵都是可逆矩阵,并且

$$\boldsymbol{E}_n(i,j)^{-1}=\boldsymbol{E}_n(i,j),$$

$$\boldsymbol{E}_n[i(k)]^{-1}=\boldsymbol{E}_n\left[i\left(\frac{1}{k}\right)\right],$$

$$\boldsymbol{E}_n[i,j(k)]^{-1}=\boldsymbol{E}_n[i,j(-k)].$$

(2) 初等变换和初等矩阵之间具有如下关系.

设 $\boldsymbol{A}$ 是一个 $m\times n$ 矩阵,对 $\boldsymbol{A}$ 施行一次初等行变换,相当于在矩阵 $\boldsymbol{A}$ 的左边乘以相应的 m 阶初等矩阵;对 $\boldsymbol{A}$ 施行一次初等列变换,相当于在矩阵 $\boldsymbol{A}$ 的右边乘以相应的 n 阶初等矩阵.即

$$\boldsymbol{A}_{m\times n}\xrightarrow{r_i\leftrightarrow r_j}\boldsymbol{E}_m(i,j)\boldsymbol{A}_{m\times n},$$

$$\boldsymbol{A}_{m\times n}\xrightarrow{c_i\leftrightarrow c_j}\boldsymbol{A}_{m\times n}\boldsymbol{E}_n(i,j),$$

$$\boldsymbol{A}_{m\times n}\xrightarrow{kr_i}\boldsymbol{E}_m[i(k)]\boldsymbol{A}_{m\times n},$$

$$\boldsymbol{A}_{m\times n}\xrightarrow{kc_i}\boldsymbol{A}_{m\times n}\boldsymbol{E}_n[i(k)],$$

$$\boldsymbol{A}_{m\times n}\xrightarrow{r_i+kr_j}\boldsymbol{E}_m[i,j(k)]\boldsymbol{A}_{m\times n},$$

$$A_{m\times n}\xrightarrow{c_j+kc_i}A_{m\times n}E_n[i,j(k)].$$

我们已经知道,利用初等变换可以求解线性方程组.利用初等矩阵的知识,我们还可得到初等变换的几种基本的用途:

(1) 求 n 阶方阵的逆矩阵:即对 $n\times 2n$ 矩阵 $(A\mid E)$ 施行初等行变换,当把左边的方阵 A 变成单位矩阵 E 的同时,右边的单位矩阵 E 也就变成了方阵 A 的逆矩阵 A^{-1}.(见教材第 3 章第五节例 1 及相应的习题.)

(2) 求解矩阵方程:例如对矩阵方程 $AX=B$,其中 A 为可逆矩阵.对矩阵 $(A\mid B)$ 施行初等行变换,当把 A 变成 E 时,B 就变成 $X=A^{-1}B$.(见教材第 3 章第五节例 2 及相应的习题.)

(3) 求矩阵的秩:用初等行变换把矩阵变成行阶梯形矩阵,行阶梯形矩阵中非零行的行数即是该矩阵的秩.(见教材第 3 章第六节例 3、例 4 及相应的习题.)

初等变换的作用在第四章及其以后还会显示出来,希望读者不断总结.

例 16(2006 年考研题) 设 A 是三阶矩阵,将 A 的第 2 行加到第 1 行得到矩阵 B,再将矩阵 B 的第 1 列的-1 倍加到第 2 列得到矩阵 C,记 $P=\begin{pmatrix}1&1&0\\0&1&0\\0&0&1\end{pmatrix}$,则

(A) $C=P^{-1}AP$ (B) $C=PAP^{-1}$

(C) $C=P^{\mathrm T}AP$ (D) $C=PAP^{\mathrm T}$

中哪一个成立?

分析 把已知条件用初等矩阵描述,注意

$$P=E_3(1,2(1)),P^{-1}=E_3(1,2(-1))=\begin{pmatrix}1&-1&0\\0&1&0\\0&0&1\end{pmatrix}.$$

解 将已知条件用初等矩阵描述,有

$$B=E_3(1,2(1))A=PA,\quad C=BE_3(1,2(-1))=BP^{-1},$$

于是

$$C=PAP^{-1}.$$

因此(B)成立.

注:注意掌握初等矩阵左乘、右乘的性质及初等矩阵的逆矩阵.

五、矩阵的秩

1. 矩阵的秩

在 $m\times n$ 矩阵 A 中任意取 k 行 k 列 $(1\leqslant k\leqslant m,1\leqslant k\leqslant n)$,其相交处的 k^2

个元,按原来的位置构成的 k 阶行列式,称为矩阵 $\boldsymbol{A}$ 的 k 阶子式.

如果在矩阵 $\boldsymbol{A}$ 中有一个 r 阶非零子式 D,且所有的 $r+1$ 阶子式(如果存在的话)全等于零,那么 D 称为矩阵 $\boldsymbol{A}$ 的最高阶非零子式,数 r 称为矩阵 $\boldsymbol{A}$ 的秩,记作 $R(\boldsymbol{A})$,即 $R(\boldsymbol{A})=r$.规定零矩阵的秩为 0.矩阵 $\boldsymbol{A}$ 的秩 $R(\boldsymbol{A})$ 就是 $\boldsymbol{A}$ 中不等于零的子式的最高阶数.

可逆矩阵的秩等于其阶数,故可逆矩阵又称为满秩矩阵.不可逆的方阵(奇异矩阵)又称为降秩矩阵.

2. 利用初等变换求矩阵的秩

矩阵的初等变换不改变矩阵的秩,即若 $\boldsymbol{A}\sim\boldsymbol{B}$,则 $R(\boldsymbol{A})=R(\boldsymbol{B})$. 因此,把矩阵用初等行变换变成行阶梯形矩阵,行阶梯形矩阵中非零行的行数即是该矩阵的秩.

有时我们也可以将矩阵的秩的定义和初等变换相结合求矩阵的秩.

3. 关于矩阵的秩的一些重要公式(有些是需要用后面的知识证明的,为系统复习方便起见,这里先列出来)

(1) $R(\boldsymbol{A})=R(\boldsymbol{A}^{\mathrm{T}})$;

(2) $R(k\boldsymbol{A})=R(\boldsymbol{A}),k\neq 0$;

(3) $R(\boldsymbol{A}+\boldsymbol{B})\leqslant R(\boldsymbol{A})+R(\boldsymbol{B})$;

(4) $R(\boldsymbol{AB})\leqslant \min(R(\boldsymbol{A}),R(\boldsymbol{B}))$;

(5) 若 $\boldsymbol{A}$ 可逆,则 $R(\boldsymbol{AB})=R(\boldsymbol{B}),R(\boldsymbol{BA})=R(\boldsymbol{B})$;

(6) 若 $\boldsymbol{AB}=\boldsymbol{0}$,$\boldsymbol{A}$ 是 $m\times n$ 矩阵,则 $R(\boldsymbol{A})+R(\boldsymbol{B})\leqslant n$;

(7) 若 $\boldsymbol{A}\sim\boldsymbol{B}$,则 $R(\boldsymbol{A})=R(\boldsymbol{B})$.

例 17　设四阶方阵 $\boldsymbol{A}$ 的秩 $R(\boldsymbol{A})=2$,求 $R(\boldsymbol{A}^*)$.

解　因为 $R(\boldsymbol{A})=2$,由矩阵的秩的定义,$\boldsymbol{A}$ 的任一 3 阶子式都为零,从而 $\boldsymbol{A}$ 的任一元的代数余子式为零,于是,由 $\boldsymbol{A}^*$ 的定义知 $\boldsymbol{A}^*=\boldsymbol{0}$,从而 $R(\boldsymbol{A}^*)=0$.

注:本题是利用定义求矩阵的秩.求一般方阵 $\boldsymbol{A}$ 的伴随矩阵 $\boldsymbol{A}^*$ 的秩的结果,见教材第 4 章总习题的第 8 题.

例 18　设已知矩阵 $\boldsymbol{A}=\begin{pmatrix}1&1&2&a&3\\2&2&3&1&4\\1&0&1&1&5\\2&3&5&5&4\end{pmatrix}$ 的秩为 3,求 a 的值.

解　$$\begin{pmatrix}1&1&2&a&3\\2&2&3&1&4\\1&0&1&1&5\\2&3&5&5&4\end{pmatrix}\to\begin{pmatrix}1&1&2&a&3\\0&0&-1&1-2a&-2\\0&-1&-1&1-a&2\\0&1&1&5-2a&-2\end{pmatrix}\to\begin{pmatrix}1&0&1&1&5\\0&0&-1&1-2a&-2\\0&-1&-1&1-a&2\\0&0&0&6-3a&0\end{pmatrix}$$

$$\rightarrow\begin{pmatrix}1 & 0 & 0 & 2-2a & 3\\ 0 & 0 & -1 & 1-2a & -2\\ 0 & -1 & 0 & a & 4\\ 0 & 0 & 0 & 6-3a & 0\end{pmatrix},$$

若 $R(\boldsymbol{A})=3$,则 $6-3a=0\Leftrightarrow a=2$.

例 19 确定参数 λ,使矩阵 $\begin{pmatrix}1 & 1 & \lambda^2 & -2\\ 1 & -2 & \lambda & 1\\ -2 & 1 & -2 & \lambda\end{pmatrix}$ 的秩最小.

解 $\begin{pmatrix}1 & 1 & \lambda^2 & -2\\ 1 & -2 & \lambda & 1\\ -2 & 1 & -2 & \lambda\end{pmatrix}\rightarrow\begin{pmatrix}1 & 1 & \lambda^2 & -2\\ 0 & -3 & \lambda-\lambda^2 & 3\\ 0 & 3 & -2+2\lambda^2 & \lambda-4\end{pmatrix}$

$$\rightarrow\begin{pmatrix}1 & 1 & \lambda^2 & -2\\ 0 & -3 & \lambda-\lambda^2 & 3\\ 0 & 0 & -2+\lambda+\lambda^2 & \lambda-1\end{pmatrix},$$

故 $R\begin{pmatrix}1 & 1 & \lambda^2 & -2\\ 1 & -2 & \lambda & 1\\ -2 & 1 & -2 & \lambda\end{pmatrix}\geqslant 2$, 要使

$$R\begin{pmatrix}1 & 1 & \lambda^2 & -2\\ 1 & -2 & \lambda & 1\\ -2 & 1 & -2 & \lambda\end{pmatrix}=2,$$

必须 $-2+\lambda+\lambda^2=\lambda-1=0$,即 $\lambda=1$.

注:例 18,例 19 都是利用矩阵的初等变换讨论矩阵的秩.

Ⅲ 习题选解

习题 3-1 矩阵的概念及运算

3. 举例说明下列命题是错误的:

(1) 若 $\boldsymbol{A}^2=\boldsymbol{0}$,则 $\boldsymbol{A}=\boldsymbol{0}$;

(2) 若 $\boldsymbol{A}^2=\boldsymbol{A}$,则 $\boldsymbol{A}=\boldsymbol{0}$ 或 $\boldsymbol{A}=\boldsymbol{E}$;

(3) 若 $\boldsymbol{AX}=\boldsymbol{AY}$,且 $\boldsymbol{A}\neq\boldsymbol{0}$,则 $\boldsymbol{X}=\boldsymbol{Y}$.

解 见例 2.

4. 设 $\boldsymbol{A}=\begin{pmatrix}1&2\\1&3\end{pmatrix}$, $\boldsymbol{B}=\begin{pmatrix}1&0\\1&2\end{pmatrix}$. 问

(1) $\boldsymbol{AB}=\boldsymbol{BA}$ 吗？　(2) $(\boldsymbol{A}+\boldsymbol{B})^2=\boldsymbol{A}^2+2\boldsymbol{AB}+\boldsymbol{B}^2$ 吗？

(3) $(\boldsymbol{A}+\boldsymbol{B})(\boldsymbol{A}-\boldsymbol{B})=\boldsymbol{A}^2-\boldsymbol{B}^2$ 吗？

解　(1) $\boldsymbol{AB}=\begin{pmatrix}1&2\\1&3\end{pmatrix}\begin{pmatrix}1&0\\1&2\end{pmatrix}=\begin{pmatrix}3&4\\4&6\end{pmatrix}$, $\boldsymbol{BA}=\begin{pmatrix}1&0\\1&2\end{pmatrix}\begin{pmatrix}1&2\\1&3\end{pmatrix}=\begin{pmatrix}1&2\\3&8\end{pmatrix}$,

故 $\boldsymbol{AB}\neq\boldsymbol{BA}$.

(2) $(\boldsymbol{A}+\boldsymbol{B})^2=\boldsymbol{A}^2+\boldsymbol{AB}+\boldsymbol{BA}+\boldsymbol{B}^2$, 若 $(\boldsymbol{A}+\boldsymbol{B})^2=\boldsymbol{A}^2+2\boldsymbol{AB}+\boldsymbol{B}^2$, 则有 $\boldsymbol{AB}=\boldsymbol{BA}$, 显然矛盾, 故 $(\boldsymbol{A}+\boldsymbol{B})^2\neq\boldsymbol{A}^2+2\boldsymbol{AB}+\boldsymbol{B}^2$.

(3) $(\boldsymbol{A}+\boldsymbol{B})(\boldsymbol{A}-\boldsymbol{B})=\boldsymbol{A}^2-\boldsymbol{AB}+\boldsymbol{BA}-\boldsymbol{B}^2$, 若 $(\boldsymbol{A}+\boldsymbol{B})(\boldsymbol{A}-\boldsymbol{B})=\boldsymbol{A}^2-\boldsymbol{B}^2$, 则有 $\boldsymbol{AB}=\boldsymbol{BA}$, 显然矛盾, 故 $(\boldsymbol{A}+\boldsymbol{B})(\boldsymbol{A}-\boldsymbol{B})\neq\boldsymbol{A}^2-\boldsymbol{B}^2$.

5. 已知 n 阶方阵 $\boldsymbol{A},\boldsymbol{B}$ 可交换, 即 $\boldsymbol{AB}=\boldsymbol{BA}$, 证明

(1) $(\boldsymbol{A}+\boldsymbol{B})^2=\boldsymbol{A}^2+2\boldsymbol{AB}+\boldsymbol{B}^2$;　(2) $(\boldsymbol{A}+\boldsymbol{B})(\boldsymbol{A}-\boldsymbol{B})=\boldsymbol{A}^2-\boldsymbol{B}^2$;

(3) $(\boldsymbol{AB})^k=\boldsymbol{A}^k\boldsymbol{B}^k$　(k 为正整数).

证　(1),(2)略.

(3) (Ⅰ) 当 $k=1$ 时, 显然成立;

(Ⅱ) 假设当 $k=n$ 时成立, 则 $k=n+1$ 时,

$$(\boldsymbol{AB})^{n+1}=\boldsymbol{ABAB}\cdots\boldsymbol{AB}=\boldsymbol{A}(\boldsymbol{BA})^n\boldsymbol{B}=\boldsymbol{A}(\boldsymbol{AB})^n\boldsymbol{B}=\boldsymbol{A}(\boldsymbol{A}^n\boldsymbol{B}^n)\boldsymbol{B}=\boldsymbol{A}^{n+1}\boldsymbol{B}^{n+1}.$$

结合(Ⅰ)、(Ⅱ)可知 $(\boldsymbol{AB})^k=\boldsymbol{A}^k\boldsymbol{B}^k$ 成立.

6. 设 $f(x)=x^2-5x+3$, $\boldsymbol{A}=\begin{pmatrix}2&-1\\-3&3\end{pmatrix}$. 证明 $f(\boldsymbol{A})=\boldsymbol{0}$.

证　$f(\boldsymbol{A})=\boldsymbol{A}^2-5\boldsymbol{A}+3\boldsymbol{E}=\begin{pmatrix}2&-1\\-3&3\end{pmatrix}^2-5\begin{pmatrix}2&-1\\-3&3\end{pmatrix}+3\begin{pmatrix}1&0\\0&1\end{pmatrix}$

$$=\begin{pmatrix}7&-5\\-15&12\end{pmatrix}+\begin{pmatrix}-10&5\\15&-15\end{pmatrix}+\begin{pmatrix}3&0\\0&3\end{pmatrix}=\begin{pmatrix}0&0\\0&0\end{pmatrix}.$$

7. 计算 $\begin{pmatrix}1&0\\\lambda&1\end{pmatrix}^n$.

解　设 $\boldsymbol{A}=\begin{pmatrix}0&0\\1&0\end{pmatrix}$, $\boldsymbol{A}^2=\boldsymbol{0}$, 则

$$\begin{pmatrix}1&0\\\lambda&1\end{pmatrix}^n=(\boldsymbol{E}+\lambda\boldsymbol{A})^n=\sum_{k=0}^{n}\mathrm{C}_n^k(\lambda\boldsymbol{A})^k=\mathrm{C}_n^0(\lambda\boldsymbol{A})^0+\mathrm{C}_n^1(\lambda\boldsymbol{A}),$$

即

$$\begin{pmatrix}1&0\\\lambda&1\end{pmatrix}^n=\begin{pmatrix}1&0\\0&1\end{pmatrix}+\begin{pmatrix}0&0\\n\lambda&0\end{pmatrix}=\begin{pmatrix}1&0\\n\lambda&1\end{pmatrix}.$$

8. 某单位准备建一电脑机房,需购买指定型号的计算机 30 台,激光打印机 5 台,电脑桌椅 20 套,已问得 3 家公司的报价:

	每台计算机价格/元	每台打印机价格/元	每套电脑桌椅价格/元
甲	6 000	3 500	420
乙	5 800	4 000	500
丙	5 900	3 800	450

如果决定只在一家选购,应选哪家?

解 设矩阵 $\boldsymbol{A}=\begin{pmatrix}6\,000&3\,500&420\\5\,800&4\,000&500\\5\,900&3\,800&450\end{pmatrix}$, $\boldsymbol{X}=\begin{pmatrix}30\\5\\20\end{pmatrix}$, 则

$$\boldsymbol{AX}=\begin{pmatrix}6\,000&3\,500&420\\5\,800&4\,000&500\\5\,900&3\,800&450\end{pmatrix}\begin{pmatrix}30\\5\\20\end{pmatrix}=\begin{pmatrix}205\,900\\204\,000\\205\,000\end{pmatrix},$$

显然在公司乙购买所需费用最少.

习题 3-2 特殊矩阵 方阵乘积的行列式

2. 证明:(1) 若 $\boldsymbol{A},\boldsymbol{B}$ 是对称矩阵,则 $\boldsymbol{A}+\boldsymbol{B},\lambda\boldsymbol{A}$ 仍是对称矩阵(λ 为常数);

(2) 若 $\boldsymbol{A},\boldsymbol{B}$ 都是对称矩阵,则 $\boldsymbol{AB}$ 为对称矩阵的充要条件是 $\boldsymbol{AB}=\boldsymbol{BA}$.

证 (1) $(\boldsymbol{A}+\boldsymbol{B})^{\mathrm{T}}=\boldsymbol{A}^{\mathrm{T}}+\boldsymbol{B}^{\mathrm{T}}=\boldsymbol{A}+\boldsymbol{B}$, 故 $\boldsymbol{A}+\boldsymbol{B}$ 是对称矩阵, $(\lambda\boldsymbol{A})^{\mathrm{T}}=\lambda\boldsymbol{A}^{\mathrm{T}}=\lambda\boldsymbol{A}$, 故 $\lambda\boldsymbol{A}$ 是对称矩阵;

(2) 若 $\boldsymbol{AB}=\boldsymbol{BA}$, 则有 $(\boldsymbol{AB})^{\mathrm{T}}=\boldsymbol{B}^{\mathrm{T}}\boldsymbol{A}^{\mathrm{T}}=\boldsymbol{BA}=\boldsymbol{AB}$, 即 $\boldsymbol{AB}$ 是对称矩阵;

若 $\boldsymbol{AB}$ 是对称矩阵,则有 $\boldsymbol{AB}=(\boldsymbol{AB})^{\mathrm{T}}=\boldsymbol{B}^{\mathrm{T}}\boldsymbol{A}^{\mathrm{T}}=\boldsymbol{BA}$.

3. 设 $\boldsymbol{A}=\begin{pmatrix}1&1&0&0\\0&1&1&0\\0&0&1&1\\0&0&0&1\end{pmatrix}$, 求 $\boldsymbol{A}^2,\boldsymbol{A}^3$ 和 $\boldsymbol{A}^n$.

解 设 $\boldsymbol{B}=\begin{pmatrix}0&1&0&0\\0&0&1&0\\0&0&0&1\\0&0&0&0\end{pmatrix}$, $\boldsymbol{B}^2=\begin{pmatrix}0&0&1&0\\0&0&0&1\\0&0&0&0\\0&0&0&0\end{pmatrix}$, $\boldsymbol{B}^3=\begin{pmatrix}0&0&0&1\\0&0&0&0\\0&0&0&0\\0&0&0&0\end{pmatrix}$, $\boldsymbol{B}^4=\boldsymbol{0}$, 且

$$A^n=(B+E)^n=\sum_{k=0}^{n}C_n^kB^k.$$

从而

$$A^2=\sum_{k=0}^{2}C_2^kB^k=E+2B+B^2=\begin{pmatrix}1&2&1&0\\0&1&2&1\\0&0&1&2\\0&0&0&1\end{pmatrix},$$

$$A^3=\sum_{k=0}^{3}C_3^kB^k=E+3B+3B^2+B^3=\begin{pmatrix}1&3&3&1\\0&1&3&3\\0&0&1&3\\0&0&0&1\end{pmatrix},$$

$$A^n=\sum_{k=0}^{n}C_n^kB^k=E+C_n^1B+C_n^2B^2+C_n^3B^3=\begin{pmatrix}1&C_n^1&C_n^2&C_n^3\\0&1&C_n^1&C_n^2\\0&0&1&C_n^1\\0&0&0&1\end{pmatrix}.$$

4. 设 A,B 为 n 阶矩阵,且 A 为对称矩阵,证明 B^TAB 也是对称矩阵.

证 $(B^TAB)^T=(AB)^T(B^T)^T=B^TA^TB=B^TAB.$

5. 对任一 n 阶矩阵 A,证明

(1) $A+A^T$ 是对称矩阵,$A-A^T$ 是反称矩阵;

(2) A 可以表示为对称矩阵与反称矩阵之和.

证 见例 5.

6. 设 A 是实对称矩阵,且 $A^2=0$,证明 $A=0$.

证 A^2的主对角线上的元为 $\sum_{k=1}^{n}a_{ik}a_{ki}=\sum_{k=1}^{n}a_{ik}^2=0$,显然 $a_{ik}=0(i,k=1,2,\cdots,n)$,即 $A=0$.

7. 设 $A=\begin{pmatrix}a&-b\\b&a\end{pmatrix}$,计算 $|3AA^T|$.

解 $|A|=\begin{vmatrix}a&-b\\b&a\end{vmatrix}=a^2+b^2$,而 $|3AA^T|=3^2|A|^2=9(a^2+b^2)^2$.

习题 3-3 逆矩阵

1. 判断下列方阵是否可逆.可逆的,求其逆矩阵.

(1) $\begin{pmatrix}3&1\\2&-5\end{pmatrix}$;

解 $\begin{pmatrix}3 & 1\\2 & -5\end{pmatrix}^{-1}=\dfrac{1}{17}\begin{pmatrix}5 & 1\\2 & -3\end{pmatrix}$;

(4) $\begin{pmatrix}1 & -1\\-1 & 1\end{pmatrix}\begin{pmatrix}2 & 1\\1 & 2\end{pmatrix}$;

解 $\left|\begin{pmatrix}1 & -1\\-1 & 1\end{pmatrix}\begin{pmatrix}2 & 1\\1 & 2\end{pmatrix}\right|=\begin{vmatrix}1 & -1\\-1 & 1\end{vmatrix}\begin{vmatrix}2 & 1\\1 & 2\end{vmatrix}=0$, 故不可逆.

2. 已知三阶方阵 $\boldsymbol{A}$ 的逆矩阵为 $\boldsymbol{A}^{-1}=\begin{pmatrix}1 & 1 & 1\\1 & 2 & 1\\1 & 1 & 3\end{pmatrix}$,试求伴随矩阵 $\boldsymbol{A}^*$ 的逆矩阵.

解 见例 8.

3. 解矩阵方程:

(2) $\boldsymbol{X}\begin{pmatrix}2 & 1 & -1\\1 & 1 & 1\\3 & 2 & 1\end{pmatrix}=\begin{pmatrix}1 & -1 & 3\\4 & 3 & 2\\2 & -2 & 5\end{pmatrix}$;

解 $\boldsymbol{X}=\begin{pmatrix}1 & -1 & 3\\4 & 3 & 2\\2 & -2 & 5\end{pmatrix}\begin{pmatrix}2 & 1 & -1\\1 & 1 & 1\\3 & 2 & 1\end{pmatrix}^{-1}=\begin{pmatrix}1 & -1 & 3\\4 & 3 & 2\\2 & -2 & 5\end{pmatrix}\begin{pmatrix}-1 & -3 & 2\\2 & 5 & -3\\-1 & -1 & 1\end{pmatrix}$

$=\begin{pmatrix}-6 & -11 & 8\\0 & 1 & 1\\-11 & -21 & 15\end{pmatrix}$;

(3) $\begin{pmatrix}1 & 4\\-1 & 2\end{pmatrix}\boldsymbol{X}\begin{pmatrix}2 & 0\\-1 & 1\end{pmatrix}=\begin{pmatrix}3 & 1\\0 & -1\end{pmatrix}$.

解 $\boldsymbol{X}=\begin{pmatrix}1 & 4\\-1 & 2\end{pmatrix}^{-1}\begin{pmatrix}3 & 1\\0 & -1\end{pmatrix}\begin{pmatrix}2 & 0\\-1 & 1\end{pmatrix}^{-1}=\dfrac{1}{12}\begin{pmatrix}2 & -4\\1 & 1\end{pmatrix}\begin{pmatrix}3 & 1\\0 & -1\end{pmatrix}\begin{pmatrix}1 & 0\\1 & 2\end{pmatrix}$

$=\dfrac{1}{12}\begin{pmatrix}6 & 6\\3 & 0\end{pmatrix}\begin{pmatrix}1 & 0\\1 & 2\end{pmatrix}=\dfrac{1}{12}\begin{pmatrix}12 & 12\\3 & 0\end{pmatrix}=\dfrac{1}{4}\begin{pmatrix}4 & 4\\1 & 0\end{pmatrix}$.

4. 利用逆矩阵解下列线性方程组:

(1) $\begin{cases}x_1-x_2+2x_3=1,\\-2x_1-x_2-2x_3=3,\\4x_1+3x_2+3x_3=-1.\end{cases}$

解 $\begin{pmatrix}x_1\\x_2\\x_3\end{pmatrix}=\begin{pmatrix}1 & -1 & 2\\-2 & -1 & -2\\4 & 3 & 3\end{pmatrix}^{-1}\begin{pmatrix}1\\3\\-1\end{pmatrix}=\begin{pmatrix}3 & 9 & 4\\-2 & -5 & -2\\-2 & -7 & -3\end{pmatrix}\begin{pmatrix}1\\3\\-1\end{pmatrix}=\begin{pmatrix}26\\-15\\-20\end{pmatrix}$.

5. 若 $\boldsymbol{A}$、$\boldsymbol{B}$ 均为 n 阶方阵,下列命题是否成立?若成立,给出证明;若不成立,举例说明.

(1) 若 $\boldsymbol{A},\boldsymbol{B}$ 都可逆,则 $\boldsymbol{A}+\boldsymbol{B}$ 也可逆;

(2) 若 $\boldsymbol{AB}$ 可逆,则 $\boldsymbol{A},\boldsymbol{B}$ 都可逆.

解　(1) 未必成立.例: $\boldsymbol{A}=\boldsymbol{E},\boldsymbol{B}=-\boldsymbol{E}$;

(2) 成立.由于 $|\boldsymbol{AB}|=|\boldsymbol{A}||\boldsymbol{B}|$, $\boldsymbol{AB}$ 可逆 $\Rightarrow|\boldsymbol{AB}|\neq 0\Rightarrow|\boldsymbol{A}|\neq 0$ 且 $|\boldsymbol{B}|\neq 0$.

6. 设 n 阶矩阵 $\boldsymbol{A}$ 满足 $\boldsymbol{A}^m=\boldsymbol{0}$, m 是正整数, 试证 $\boldsymbol{E}-\boldsymbol{A}$ 可逆, 且 $(\boldsymbol{E}-\boldsymbol{A})^{-1}=\boldsymbol{E}+\boldsymbol{A}+\boldsymbol{A}^2+\cdots+\boldsymbol{A}^{m-1}$.

证　由于 $(\boldsymbol{E}-\boldsymbol{A})(\boldsymbol{E}+\boldsymbol{A}+\boldsymbol{A}^2+\cdots+\boldsymbol{A}^{m-1})=\boldsymbol{E}-\boldsymbol{A}^m=\boldsymbol{E}$,故 $\boldsymbol{E}-\boldsymbol{A}$ 可逆,且 $(\boldsymbol{E}-\boldsymbol{A})^{-1}=\boldsymbol{E}+\boldsymbol{A}+\boldsymbol{A}^2+\cdots+\boldsymbol{A}^{m-1}$.

7. 若方阵 $\boldsymbol{A}$ 满足 $\boldsymbol{A}^2-\boldsymbol{A}-2\boldsymbol{E}=\boldsymbol{0}$,证明 $\boldsymbol{A}$ 及 $\boldsymbol{A}+2\boldsymbol{E}$ 都可逆,并求 $\boldsymbol{A}^{-1}$ 及 $(\boldsymbol{A}+2\boldsymbol{E})^{-1}$.

证　由 $\boldsymbol{A}^2-\boldsymbol{A}-2\boldsymbol{E}=\boldsymbol{0}$ 可知

$$\boldsymbol{A}(\boldsymbol{A}-\boldsymbol{E})=2\boldsymbol{E},\quad(\boldsymbol{A}+2\boldsymbol{E})(\boldsymbol{A}-3\boldsymbol{E})=-4\boldsymbol{E},$$

故

$$\boldsymbol{A}^{-1}=\frac{1}{2}(\boldsymbol{A}-\boldsymbol{E}),\quad(\boldsymbol{A}+2\boldsymbol{E})^{-1}=-\frac{1}{4}(\boldsymbol{A}-3\boldsymbol{E}).$$

8. 已知 $\boldsymbol{AP}=\boldsymbol{PB}$,其中 $\boldsymbol{B}=\begin{pmatrix}1&0&0\\0&0&0\\0&0&-1\end{pmatrix}$, $\boldsymbol{P}=\begin{pmatrix}1&0&0\\2&-1&0\\2&1&1\end{pmatrix}$,求 $\boldsymbol{A}$ 及 $\boldsymbol{A}^{10}$.

解　$$\boldsymbol{A}=\boldsymbol{PBP}^{-1}=\begin{pmatrix}1&0&0\\2&-1&0\\2&1&1\end{pmatrix}\begin{pmatrix}1&0&0\\0&0&0\\0&0&-1\end{pmatrix}\begin{pmatrix}1&0&0\\2&-1&0\\2&1&1\end{pmatrix}^{-1}$$

$$=\begin{pmatrix}1&0&0\\2&-1&0\\2&1&1\end{pmatrix}\begin{pmatrix}1&0&0\\0&0&0\\0&0&-1\end{pmatrix}\begin{pmatrix}1&0&0\\2&-1&0\\-4&1&1\end{pmatrix}=\begin{pmatrix}1&0&0\\2&0&0\\6&-1&-1\end{pmatrix},$$

$$\boldsymbol{A}^{10}=\boldsymbol{PB}^{10}\boldsymbol{P}^{-1}=\begin{pmatrix}1&0&0\\2&-1&0\\2&1&1\end{pmatrix}\begin{pmatrix}1&0&0\\0&0&0\\0&0&-1\end{pmatrix}^{10}\begin{pmatrix}1&0&0\\2&-1&0\\2&1&1\end{pmatrix}^{-1}$$

$$=\begin{pmatrix}1&0&0\\2&-1&0\\2&1&1\end{pmatrix}\begin{pmatrix}1&0&0\\0&0&0\\0&0&1\end{pmatrix}\begin{pmatrix}1&0&0\\2&-1&0\\2&1&1\end{pmatrix}^{-1}$$

$$=\begin{pmatrix}1&0&0\\2&-1&0\\2&1&1\end{pmatrix}\begin{pmatrix}1&0&0\\0&0&0\\0&0&1\end{pmatrix}\begin{pmatrix}1&0&0\\2&-1&0\\-4&1&1\end{pmatrix}=\begin{pmatrix}1&0&0\\2&0&0\\-2&1&1\end{pmatrix}.$$

9. 设 $\boldsymbol{A}$ 是三阶方阵,且 $|\boldsymbol{A}|=\dfrac{1}{27}$,求 $|(3\boldsymbol{A})^{-1}-18\boldsymbol{A}^{*}|$.

解 $$|(3\boldsymbol{A})^{-1}-18\boldsymbol{A}^{*}|=\left|\frac{1}{3}\boldsymbol{A}^{-1}-18|\boldsymbol{A}|\boldsymbol{A}^{-1}\right|=\left|\frac{1}{3}\boldsymbol{A}^{-1}-\frac{2}{3}\boldsymbol{A}^{-1}\right|$$

$$=\left|-\frac{1}{3}\boldsymbol{A}^{-1}\right|=\left(-\frac{1}{3}\right)^{3}\frac{1}{|\boldsymbol{A}|}=-\frac{1}{27}\cdot 27=-1.$$

习题 3-4 分块矩阵

1. 设 $\boldsymbol{A}$ 是 $m\times n$ 矩阵,$\boldsymbol{B}$ 是 $n\times s$ 矩阵,$\boldsymbol{x}$ 是 $n\times 1$ 矩阵,证明:$\boldsymbol{AB}=\boldsymbol{0}$ 的充分必要条件是 $\boldsymbol{B}$ 的每一列都是齐次线性方程组 $\boldsymbol{Ax}=\boldsymbol{0}$ 的解.

证 将 $\boldsymbol{B}$ 按列分块为 $\boldsymbol{B}=(\boldsymbol{\beta}_1,\boldsymbol{\beta}_2,\cdots,\boldsymbol{\beta}_s)$.

$$\boldsymbol{AB}=\boldsymbol{0}\Leftrightarrow\boldsymbol{A}(\boldsymbol{\beta}_1,\boldsymbol{\beta}_2,\cdots,\boldsymbol{\beta}_s)=\boldsymbol{0}\Leftrightarrow(\boldsymbol{A\beta}_1,\boldsymbol{A\beta}_2,\cdots,\boldsymbol{A\beta}_s)=\boldsymbol{0}$$
$$\Leftrightarrow\boldsymbol{A\beta}_i=\boldsymbol{0}\quad(i=1,2,\cdots,s).$$

2. 设 $\boldsymbol{C}$ 是 n 阶可逆矩阵,$\boldsymbol{D}$ 是 $3\times n$ 矩阵.且 $\boldsymbol{D}=\begin{pmatrix}1&2&\cdots&n\\0&0&\cdots&0\\0&0&\cdots&0\end{pmatrix}$,试用分块矩阵的乘法,求一个 $n\times(n+3)$ 矩阵 $\boldsymbol{A}$,使得 $\boldsymbol{A}\begin{pmatrix}\boldsymbol{C}\\\boldsymbol{D}\end{pmatrix}=\boldsymbol{E}_n$.

解 设 $\boldsymbol{A}=(\boldsymbol{A}_1\quad\boldsymbol{A}_2)$,其中 $\boldsymbol{A}_1$ 为 $n\times n$ 矩阵,$\boldsymbol{A}_2$ 为 $n\times 3$ 矩阵,

$$\boldsymbol{A}\begin{pmatrix}\boldsymbol{C}\\\boldsymbol{D}\end{pmatrix}=(\boldsymbol{A}_1\quad\boldsymbol{A}_2)\begin{pmatrix}\boldsymbol{C}\\\boldsymbol{D}\end{pmatrix}=\boldsymbol{A}_1\boldsymbol{C}+\boldsymbol{A}_2\boldsymbol{D}.$$

只要取 $\boldsymbol{A}_1\boldsymbol{C}=\boldsymbol{E}_n,\boldsymbol{A}_2\boldsymbol{D}=\boldsymbol{0}$,即有 $\boldsymbol{A}\begin{pmatrix}\boldsymbol{C}\\\boldsymbol{D}\end{pmatrix}=\boldsymbol{E}_n$.故取 $\boldsymbol{A}=(\boldsymbol{C}^{-1}\quad\boldsymbol{A}_2)$,其中 $\boldsymbol{A}_2$ 的第一列全为零即可.

3. 设矩阵 $\boldsymbol{A}=\begin{pmatrix}1&1&0&0\\3&2&0&0\\0&0&3&-2\\0&0&0&-1\end{pmatrix}$,求 $|\boldsymbol{A}|,\boldsymbol{A}^{-1},|\boldsymbol{A}^{10}|,\boldsymbol{AA}^{\mathrm{T}}$.

解 见例 14.

4. 设矩阵 $A=\begin{pmatrix}0&0&1&-2\\0&0&0&3\\1&0&0&0\\0&1&0&0\end{pmatrix}$，证明 A 可逆，并求 A^{-1}.

解　$|A|=\begin{vmatrix}0&0&1&-2\\0&0&0&3\\1&0&0&0\\0&1&0&0\end{vmatrix}=3$，故 A 可逆.

$$A=\begin{pmatrix}\mathbf{0}&B\\E&\mathbf{0}\end{pmatrix}，其中 E=\begin{pmatrix}1&0\\0&1\end{pmatrix},B=\begin{pmatrix}1&-2\\0&3\end{pmatrix}.$$

设 $A^{-1}=\begin{pmatrix}C_{11}&C_{12}\\C_{21}&C_{22}\end{pmatrix}$，其中 $C_{11},C_{12},C_{21},C_{22}$ 为 2×2 矩阵，则有

$$\begin{pmatrix}\mathbf{0}&B\\E&\mathbf{0}\end{pmatrix}\begin{pmatrix}C_{11}&C_{12}\\C_{21}&C_{22}\end{pmatrix}=\begin{pmatrix}BC_{21}&BC_{22}\\C_{11}&C_{12}\end{pmatrix}=\begin{pmatrix}E&\mathbf{0}\\\mathbf{0}&E\end{pmatrix},$$

故 $C_{11}=\mathbf{0},C_{12}=E,C_{21}=B^{-1},C_{22}=\mathbf{0}$，即

$$A^{-1}=\begin{pmatrix}\mathbf{0}&E\\B^{-1}&\mathbf{0}\end{pmatrix}=\begin{pmatrix}0&0&1&0\\0&0&0&1\\1&\frac{2}{3}&0&0\\0&\frac{1}{3}&0&0\end{pmatrix}.$$

5. 对于矩阵 $P=\begin{pmatrix}A&\mathbf{0}\\C&B\end{pmatrix}$ $\left(P=\begin{pmatrix}A&C\\\mathbf{0}&B\end{pmatrix}\right)$，若假设 A,B 都是可逆的方阵，则 P 一定可逆，并可求出

$$P^{-1}=\begin{pmatrix}A^{-1}&\mathbf{0}\\-B^{-1}CA^{-1}&B^{-1}\end{pmatrix}\quad\left(P^{-1}=\begin{pmatrix}A^{-1}&-A^{-1}CB^{-1}\\\mathbf{0}&B^{-1}\end{pmatrix}\right).$$

证　见例 15.

6. 设 A,B 均为 2 阶矩阵，A^*,B^* 分别为 A,B 的伴随矩阵，若 $|A|=2,|B|=3$，计算分块矩阵 $\begin{pmatrix}\mathbf{0}&A\\B&\mathbf{0}\end{pmatrix}$ 的伴随矩阵.

解　根据公式 $AA^*=|A|E,A^*=|A|A^{-1},A^{-1}=\dfrac{A^*}{|A|}$，则分块矩阵 $\begin{pmatrix}\mathbf{0}&A\\B&\mathbf{0}\end{pmatrix}$ 的行列式 $\begin{vmatrix}\mathbf{0}&A\\B&\mathbf{0}\end{vmatrix}=(-1)^{2\times2}|A||B|=2\times3=6$，即分块矩阵可逆.

$$\begin{pmatrix}\boldsymbol{0}&\boldsymbol{A}\\\boldsymbol{B}&\boldsymbol{0}\end{pmatrix}^{*}=\begin{vmatrix}\boldsymbol{0}&\boldsymbol{A}\\\boldsymbol{B}&\boldsymbol{0}\end{vmatrix}\begin{pmatrix}\boldsymbol{0}&\boldsymbol{A}\\\boldsymbol{B}&\boldsymbol{0}\end{pmatrix}^{-1}=6\begin{pmatrix}\boldsymbol{0}&\boldsymbol{B}^{-1}\\\boldsymbol{A}^{-1}&\boldsymbol{0}\end{pmatrix}=6\begin{pmatrix}\boldsymbol{0}&\dfrac{1}{|\boldsymbol{B}|}\boldsymbol{B}^{*}\\\dfrac{1}{|\boldsymbol{A}|}\boldsymbol{A}^{*}&\boldsymbol{0}\end{pmatrix}$$

$$=6\begin{pmatrix}\boldsymbol{0}&\dfrac{1}{3}\boldsymbol{B}^{*}\\\dfrac{1}{2}\boldsymbol{A}^{*}&\boldsymbol{0}\end{pmatrix}=\begin{pmatrix}\boldsymbol{0}&2\boldsymbol{B}^{*}\\3\boldsymbol{A}^{*}&\boldsymbol{0}\end{pmatrix}.$$

习题 3-5 初等矩阵

1. 计算 $\begin{pmatrix}0&0&1\\0&1&0\\1&0&0\end{pmatrix}^{20}\begin{pmatrix}a_1&a_2&a_3\\b_1&b_2&b_3\\c_1&c_2&c_3\end{pmatrix}\begin{pmatrix}0&0&1\\0&1&0\\1&0&0\end{pmatrix}^{21}$.

解 $\begin{pmatrix}0&0&1\\0&1&0\\1&0&0\end{pmatrix}^{20}=\begin{pmatrix}1&0&0\\0&1&0\\0&0&1\end{pmatrix},\begin{pmatrix}0&0&1\\0&1&0\\1&0&0\end{pmatrix}^{21}=\begin{pmatrix}0&0&1\\0&1&0\\1&0&0\end{pmatrix}$,

$$\begin{pmatrix}0&0&1\\0&1&0\\1&0&0\end{pmatrix}^{20}\begin{pmatrix}a_1&a_2&a_3\\b_1&b_2&b_3\\c_1&c_2&c_3\end{pmatrix}\begin{pmatrix}0&0&1\\0&1&0\\1&0&0\end{pmatrix}^{21}=\begin{pmatrix}a_1&a_2&a_3\\b_1&b_2&b_3\\c_1&c_2&c_3\end{pmatrix}\begin{pmatrix}0&0&1\\0&1&0\\1&0&0\end{pmatrix}=\begin{pmatrix}a_3&a_2&a_1\\b_3&b_2&b_1\\c_3&c_2&c_1\end{pmatrix}.$$

2. 利用初等变换求下列矩阵的逆矩阵：

(1) $\begin{pmatrix}1&0&0&0\\1&2&0&0\\1&2&3&0\\1&2&3&4\end{pmatrix}$.

解 $\begin{pmatrix}1&0&0&0&1&0&0&0\\1&2&0&0&0&1&0&0\\1&2&3&0&0&0&1&0\\1&2&3&4&0&0&0&1\end{pmatrix}\to\begin{pmatrix}1&0&0&0&1&0&0&0\\0&2&0&0&-1&1&0&0\\0&2&3&0&-1&0&1&0\\0&2&3&4&-1&0&0&1\end{pmatrix}$

$$\to\begin{pmatrix}1&0&0&0&1&0&0&0\\0&2&0&0&-1&1&0&0\\0&0&3&0&0&-1&1&0\\0&0&3&4&0&-1&0&1\end{pmatrix}\to\begin{pmatrix}1&0&0&0&1&0&0&0\\0&2&0&0&-1&1&0&0\\0&0&3&0&0&-1&1&0\\0&0&0&4&0&0&-1&1\end{pmatrix}$$

$$\to\begin{pmatrix}1&0&0&0&1&0&0&0\\0&1&0&0&-\frac{1}{2}&\frac{1}{2}&0&0\\0&0&1&0&0&-\frac{1}{3}&\frac{1}{3}&0\\0&0&0&1&0&0&-\frac{1}{4}&\frac{1}{4}\end{pmatrix},$$

故

$$\begin{pmatrix}1&0&0&0\\1&2&0&0\\1&2&3&0\\1&2&3&4\end{pmatrix}^{-1}=\begin{pmatrix}1&0&0&0\\-\frac{1}{2}&\frac{1}{2}&0&0\\0&-\frac{1}{3}&\frac{1}{3}&0\\0&0&-\frac{1}{4}&\frac{1}{4}\end{pmatrix}.$$

(3) $\begin{pmatrix}1&2&1&1\\2&3&1&0\\3&1&1&-2\\4&2&-1&-6\end{pmatrix}$.

解 $$\begin{pmatrix}1&2&1&1&1&0&0&0\\2&3&1&0&0&1&0&0\\3&1&1&-2&0&0&1&0\\4&2&-1&-6&0&0&0&1\end{pmatrix}\to\begin{pmatrix}1&2&1&1&1&0&0&0\\0&-1&-1&-2&-2&1&0&0\\0&-5&-2&-5&-3&0&1&0\\0&-6&-5&-10&-4&0&0&1\end{pmatrix}$$

$$\to\begin{pmatrix}1&0&-1&-3&-3&2&0&0\\0&-1&-1&-2&-2&1&0&0\\0&0&3&5&7&-5&1&0\\0&0&1&2&8&-6&0&1\end{pmatrix}\to\begin{pmatrix}1&0&0&-1&5&-4&0&1\\0&-1&0&0&6&-5&0&1\\0&0&0&-1&-17&13&1&-3\\0&0&1&0&-26&20&2&-5\end{pmatrix}$$

$$\to\begin{pmatrix}1&0&0&0&22&-17&-1&4\\0&1&0&0&-6&5&0&-1\\0&0&1&0&-26&20&2&-5\\0&0&0&1&17&-13&-1&3\end{pmatrix},$$

故

$$\begin{pmatrix}1&2&1&1\\2&3&1&0\\3&1&1&-2\\4&2&-1&-6\end{pmatrix}^{-1}=\begin{pmatrix}22&-17&-1&4\\-6&5&0&-1\\-26&20&2&-5\\17&-13&-1&3\end{pmatrix}.$$

3. 利用初等变换解矩阵方程：

(1) $\boldsymbol{X}\begin{pmatrix}5&3&1\\1&-3&-2\\-5&2&1\end{pmatrix}=\begin{pmatrix}-8&3&0\\-5&9&0\\-2&15&0\end{pmatrix}$；

解 设 $\boldsymbol{A}=\begin{pmatrix}5&3&1\\1&-3&-2\\-5&2&1\end{pmatrix}$，$\boldsymbol{B}=\begin{pmatrix}-8&3&0\\-5&9&0\\-2&15&0\end{pmatrix}$，

$$\boldsymbol{XA}=\boldsymbol{B}\Rightarrow\boldsymbol{X}=\boldsymbol{BA}^{-1},$$

$$\begin{pmatrix}\boldsymbol{A}\\\boldsymbol{B}\end{pmatrix}\xrightarrow{\text{列变换}}\begin{pmatrix}\boldsymbol{E}\\\boldsymbol{BA}^{-1}\end{pmatrix},$$

$$\begin{pmatrix}5&3&1\\1&-3&-2\\-5&2&1\\-8&3&0\\-5&9&0\\-2&15&0\end{pmatrix}\to\begin{pmatrix}1&3&5\\-2&-3&1\\1&2&-5\\0&3&-8\\0&9&-5\\0&15&-2\end{pmatrix}\to\begin{pmatrix}1&0&0\\-2&3&11\\1&-1&-10\\0&3&-8\\0&9&-5\\0&15&-2\end{pmatrix}$$

$$\to\begin{pmatrix}1&0&0\\0&3&0\\\frac{1}{3}&-1&-\frac{19}{3}\\2&3&-19\\6&9&-38\\10&15&-57\end{pmatrix}\to\begin{pmatrix}1&0&0\\0&3&0\\0&0&-\frac{19}{3}\\1&6&-19\\4&15&-38\\7&24&-57\end{pmatrix}\to\begin{pmatrix}1&0&0\\0&1&0\\0&0&1\\1&2&3\\4&5&6\\7&8&9\end{pmatrix}.$$

故

$$\boldsymbol{X}=\begin{pmatrix}1&2&3\\4&5&6\\7&8&9\end{pmatrix}.$$

(2) $\begin{pmatrix}1&2&3\\3&1&2\\2&3&1\end{pmatrix}X=\begin{pmatrix}2&4&0\\4&0&2\\0&2&4\end{pmatrix}$.

解　设 $A=\begin{pmatrix}1&2&3\\3&1&2\\2&3&1\end{pmatrix}$，　$B=\begin{pmatrix}2&4&0\\4&0&2\\0&2&4\end{pmatrix}$，

$$AX=B\Rightarrow X=A^{-1}B,$$

$$(A\ \ B)\xrightarrow{\text{行变换}}(E\quad A^{-1}B)$$

$$\begin{pmatrix}1&2&3&2&4&0\\3&1&2&4&0&2\\2&3&1&0&2&4\end{pmatrix}\to\begin{pmatrix}1&2&3&2&4&0\\0&-5&-7&-2&-12&2\\0&-1&-5&-4&-6&4\end{pmatrix}$$

$$\to\begin{pmatrix}1&0&-7&-6&-8&8\\0&0&18&18&18&-18\\0&-1&-5&-4&-6&4\end{pmatrix}\to\begin{pmatrix}1&0&-7&-6&-8&8\\0&0&1&1&1&-1\\0&-1&-5&-4&-6&4\end{pmatrix}$$

$$\to\begin{pmatrix}1&0&0&1&-1&1\\0&0&1&1&1&-1\\0&-1&0&1&-1&-1\end{pmatrix}\to\begin{pmatrix}1&0&0&1&-1&1\\0&1&0&-1&1&1\\0&0&1&1&1&-1\end{pmatrix},$$

故

$$X=\begin{pmatrix}1&-1&1\\-1&1&1\\1&1&-1\end{pmatrix}.$$

4. 设 A 是四阶可逆方阵,将 A 的第二行和第三行对换得到的矩阵记为 B.

(1) 证明 B 可逆;(2) 求 AB^{-1}.

(1) **证**　$|B|=-|A|\neq 0$, 故 B 可逆;

(2) **解**　$B=E(2,3)A$,

$$AB^{-1}=A(E(2,3)A)^{-1}=AA^{-1}E(2,3)=E(2,3),$$

故

$$AB^{-1}=\begin{pmatrix}1&0&0&0\\0&0&1&0\\0&1&0&0\\0&0&0&1\end{pmatrix}.$$

5. 设 $\boldsymbol{A},\boldsymbol{P}$ 均为三阶矩阵,且 $\boldsymbol{P}^{\mathrm{T}}\boldsymbol{A}\boldsymbol{P}=\begin{pmatrix}1&0&0\\0&1&0\\0&0&2\end{pmatrix}$,若 $\boldsymbol{P}=(\boldsymbol{\alpha}_1,\boldsymbol{\alpha}_2,\boldsymbol{\alpha}_3)$,$\boldsymbol{Q}=(\boldsymbol{\alpha}_1+\boldsymbol{\alpha}_2,\alpha_2,\boldsymbol{\alpha}_3)$,计算 $\boldsymbol{Q}^{\mathrm{T}}\boldsymbol{A}\boldsymbol{Q}$.

解 $\boldsymbol{Q}=(\boldsymbol{\alpha}_1+\boldsymbol{\alpha}_2,\boldsymbol{\alpha}_2,\boldsymbol{\alpha}_3)=(\boldsymbol{\alpha}_1,\boldsymbol{\alpha}_2,\boldsymbol{\alpha}_3)\begin{pmatrix}1&0&0\\1&1&0\\0&0&1\end{pmatrix}=(\boldsymbol{\alpha}_1,\boldsymbol{\alpha}_2,\boldsymbol{\alpha}_3)\boldsymbol{E}_3(2,1(1))$,即

$$\boldsymbol{Q}=\boldsymbol{P}\boldsymbol{E}_3(2,1(1)),$$

$$\begin{aligned}\boldsymbol{Q}^{\mathrm{T}}\boldsymbol{A}\boldsymbol{Q}&=[\boldsymbol{P}\boldsymbol{E}_3(2,1(1))]^{\mathrm{T}}\boldsymbol{A}[\boldsymbol{P}\boldsymbol{E}_3(2,1(1))]\\&=\boldsymbol{E}_3^{\mathrm{T}}(2,1(1))[\boldsymbol{P}^{\mathrm{T}}\boldsymbol{A}\boldsymbol{P}]\boldsymbol{E}_3(2,1(1))\\&=\boldsymbol{E}_3^{\mathrm{T}}(2,1(1))\begin{pmatrix}1&0&0\\0&1&0\\0&0&2\end{pmatrix}\boldsymbol{E}_3(2,1(1))\\&=\begin{pmatrix}1&1&0\\0&1&0\\0&0&1\end{pmatrix}\begin{pmatrix}1&0&0\\0&1&0\\0&0&2\end{pmatrix}\begin{pmatrix}1&0&0\\1&1&0\\0&0&1\end{pmatrix}=\begin{pmatrix}2&1&0\\1&1&0\\0&0&2\end{pmatrix}.\end{aligned}$$

习题 3-6 矩阵的秩

2. 如果 $R(\boldsymbol{A})=r$,矩阵 $\boldsymbol{A}$ 中能否有等于零的 $r-1$ 阶子式? 能否有等于零的 r 阶子式? 能否有不为零的 $r+1$ 阶子式?

解 若 $R(\boldsymbol{A})=r$,矩阵 $\boldsymbol{A}$ 可以有等于 0 的 $r-1$ 阶和 r 阶子式.

例如:$\boldsymbol{A}=\begin{pmatrix}1&0&0&0\\0&1&0&0\end{pmatrix}$,$R(\boldsymbol{A})=2$,$\boldsymbol{A}$ 有等于 0 的 1 阶子式和 2 阶子式.

但是 $\boldsymbol{A}$ 不会有不为零的 $r+1$ 阶子式,若不然,则矩阵 $\boldsymbol{A}$ 的秩 $\geqslant r+1$.

3. 用初等变换求下列矩阵的秩:

(1) $\begin{pmatrix}2&-1&1&-1&3\\4&-2&-2&3&2\\2&-1&5&-6&1\end{pmatrix}$.

解 $\begin{pmatrix}2&-1&1&-1&3\\4&-2&-2&3&2\\2&-1&5&-6&1\end{pmatrix}\to\begin{pmatrix}2&-1&1&-1&3\\0&0&-4&5&-4\\0&0&4&-5&-2\end{pmatrix}$

$$\to\begin{pmatrix}2&-1&1&-1&3\\0&0&-4&5&-4\\0&0&0&0&-6\end{pmatrix},$$

故

$$R\begin{pmatrix}2&-1&1&-1&3\\4&-2&-2&3&2\\2&-1&5&-6&1\end{pmatrix}=3;$$

(3) $\begin{pmatrix}1&-1&2&1&0\\2&-2&4&2&0\\3&0&6&-1&1\\0&3&0&0&1\end{pmatrix}$.

解

$$\begin{pmatrix}1&-1&2&1&0\\2&-2&4&2&0\\3&0&6&-1&1\\0&3&0&0&1\end{pmatrix}\to\begin{pmatrix}1&-1&2&1&0\\0&0&0&0&0\\0&3&0&-4&1\\0&3&0&0&1\end{pmatrix}\to\begin{pmatrix}1&-1&2&1&0\\0&0&0&0&0\\0&0&0&-4&0\\0&3&0&0&1\end{pmatrix}$$

$$\to\begin{pmatrix}1&-1&2&0&0\\0&3&0&0&1\\0&0&0&1&0\\0&0&0&0&0\end{pmatrix},$$

故

$$R\begin{pmatrix}1&-1&2&1&0\\2&-2&4&2&0\\3&0&6&-1&1\\0&3&0&0&1\end{pmatrix}=3;$$

(4) $\begin{pmatrix}3&-1&3&2\\5&-3&2&3\\1&-3&-5&0\\7&-5&1&4\end{pmatrix}$.

解

$$\begin{pmatrix}3&-1&3&2\\5&-3&2&3\\1&-3&-5&0\\7&-5&1&4\end{pmatrix}\to\begin{pmatrix}0&8&18&2\\0&12&27&3\\1&-3&-5&0\\0&16&36&4\end{pmatrix}\to\begin{pmatrix}0&4&9&1\\0&0&0&0\\1&-3&-5&0\\0&0&0&0\end{pmatrix},$$

故

$$R\begin{pmatrix}3 & -1 & 3 & 2\\5 & -3 & 2 & 3\\1 & -3 & -5 & 0\\7 & -5 & 1 & 4\end{pmatrix}=2.$$

4. 已知矩阵 $\boldsymbol{A}=\begin{pmatrix}1 & 1 & 2 & a & 3\\2 & 2 & 3 & 1 & 4\\1 & 0 & 1 & 1 & 5\\2 & 3 & 5 & 5 & 4\end{pmatrix}$ 的秩为 3,求 a 的值.

解 见例 18.

5. 设 $\boldsymbol{A}$ 是 n 阶方阵,若存在 n 阶方阵 $\boldsymbol{B}\neq\boldsymbol{0}$,使 $\boldsymbol{AB}=\boldsymbol{0}$,证明:$R(\boldsymbol{A})<n$.

证 若 $R(\boldsymbol{A})<n$ 不成立,即有 $R(\boldsymbol{A})=n$,$\boldsymbol{A}$ 可逆,此时

$$\boldsymbol{AB}=\boldsymbol{0}\Rightarrow\boldsymbol{A}^{-1}\boldsymbol{AB}=\boldsymbol{A}^{-1}\boldsymbol{0}\Rightarrow\boldsymbol{B}=\boldsymbol{0},$$

矛盾.故 $R(\boldsymbol{A})<n$.

6. 设 $\boldsymbol{A},\boldsymbol{B}$ 都是 $m\times n$ 矩阵,证明 $\boldsymbol{A}$ 与 $\boldsymbol{B}$ 等价的充分必要条件是 $R(\boldsymbol{A})=R(\boldsymbol{B})$.

证 $\boldsymbol{A}\sim\boldsymbol{B}\Rightarrow R(\boldsymbol{A})=R(\boldsymbol{B})$ 显然.

若 $R(\boldsymbol{A})=R(\boldsymbol{B})=r$,则

$$\boldsymbol{A}\sim\begin{pmatrix}\boldsymbol{E}_r & \boldsymbol{0}\\\boldsymbol{0} & \boldsymbol{0}\end{pmatrix},\quad\boldsymbol{B}\sim\begin{pmatrix}\boldsymbol{E}_r & \boldsymbol{0}\\\boldsymbol{0} & \boldsymbol{0}\end{pmatrix}.$$

由矩阵等价的传递性,$\boldsymbol{A}\sim\boldsymbol{B}$.

7. 确定参数 λ,使矩阵 $\begin{pmatrix}1 & 1 & \lambda^2 & -2\\1 & -2 & \lambda & 1\\-2 & 1 & -2 & \lambda\end{pmatrix}$ 的秩最小.

解 见例 19.

8. 设 $\boldsymbol{A}=\begin{pmatrix}a_1\\a_2\\\vdots\\a_n\end{pmatrix}(b_1,b_2,\cdots,b_n)\neq 0$,证明:$R(\boldsymbol{A})=1$,且存在常数 k,使 $\boldsymbol{A}^2=k\boldsymbol{A}$.

$$\text{证}\quad \boldsymbol{A}=\begin{pmatrix}a_1\\a_2\\\vdots\\a_n\end{pmatrix}(b_1,b_2,\cdots,b_n)=\begin{pmatrix}a_1b_1&a_1b_2&\cdots&a_1b_n\\a_2b_1&a_2b_2&\cdots&a_2b_n\\\vdots&\vdots&&\vdots\\a_nb_1&a_nb_2&\cdots&a_nb_n\end{pmatrix}.$$

$\boldsymbol{A}$ 的任何 $r(r\geqslant 2)$ 阶子式均为 0，而 $\boldsymbol{A}\neq\boldsymbol{0}$，故 $R(\boldsymbol{A})=1$.

$$\boldsymbol{A}^2=\begin{pmatrix}a_1\\a_2\\\vdots\\a_n\end{pmatrix}\left[(b_1,b_2,\cdots,b_n)\begin{pmatrix}a_1\\a_2\\\vdots\\a_n\end{pmatrix}\right](b_1,b_2,\cdots,b_n)$$

$$=\left(\sum_{i=1}^n a_ib_i\right)\begin{pmatrix}a_1\\a_2\\\vdots\\a_n\end{pmatrix}(b_1\ \ b_2\ \ \cdots\ \ b_n)=\left(\sum_{i=1}^n a_ib_i\right)\boldsymbol{A},$$

故存在常数 $k=\sum\limits_{i=1}^n a_ib_i$，使 $\boldsymbol{A}^2=k\boldsymbol{A}$.

9. 证明：

(1) $R(\boldsymbol{A}+\boldsymbol{B})\leqslant R(\boldsymbol{A})+R(\boldsymbol{B})$；

(2) $R(\boldsymbol{A}_{m\times s}\boldsymbol{B}_{s\times n})\leqslant\min\{R(\boldsymbol{A}_{m\times s}),R(\boldsymbol{B}_{s\times n})\}$

证　(1) $(\boldsymbol{A}+\boldsymbol{B},\boldsymbol{B})\xrightarrow{c}(\boldsymbol{A},\boldsymbol{B})$，故 $R(\boldsymbol{A}+\boldsymbol{B})\leqslant R(\boldsymbol{A}+\boldsymbol{B},\boldsymbol{B})=R(\boldsymbol{A},\boldsymbol{B})\leqslant R(\boldsymbol{A})+R(\boldsymbol{B})$.

(2) 先证明 $R(\boldsymbol{AB})\leqslant R(\boldsymbol{B})$，设 $R(\boldsymbol{B})=r$，则存在可逆矩阵 $\boldsymbol{P},\boldsymbol{Q}$ 使得

$$\boldsymbol{PBQ}=\begin{pmatrix}\boldsymbol{E}_r&\boldsymbol{0}\\\boldsymbol{0}&\boldsymbol{0}\end{pmatrix},$$

$R(\boldsymbol{AB})=R\left(\boldsymbol{AP}^{-1}\begin{pmatrix}\boldsymbol{E}_r&\boldsymbol{0}\\\boldsymbol{0}&\boldsymbol{0}\end{pmatrix}\boldsymbol{Q}^{-1}\right)=R\left(\boldsymbol{AP}^{-1}\begin{pmatrix}\boldsymbol{E}_r&\boldsymbol{0}\\\boldsymbol{0}&\boldsymbol{0}\end{pmatrix}\right)$，注意到乘积 $\boldsymbol{AP}^{-1}\begin{pmatrix}\boldsymbol{E}_r&\boldsymbol{0}\\\boldsymbol{0}&\boldsymbol{0}\end{pmatrix}$ 至多有 r 个非零行和非零列，由此得 $R(\boldsymbol{AB})\leqslant r=R(\boldsymbol{B})$. 而 $R(\boldsymbol{AB})=R((\boldsymbol{AB})^{\mathrm{T}})=R(\boldsymbol{B}^{\mathrm{T}}\boldsymbol{A}^{\mathrm{T}})\leqslant R(\boldsymbol{A}^{\mathrm{T}})=R(\boldsymbol{A})$，故

$$R(\boldsymbol{AB})\leqslant\min\{R(\boldsymbol{A}),R(\boldsymbol{B})\}.$$

第三章总习题

1. 填空题

(1) 设 $\boldsymbol{\alpha}$ 是三维列向量, $\boldsymbol{\alpha}^{\mathrm{T}}$ 是 $\boldsymbol{\alpha}$ 的转置, 若 $\boldsymbol{\alpha}\boldsymbol{\alpha}^{\mathrm{T}}=\begin{pmatrix}1&-1&1\\-1&1&-1\\1&-1&1\end{pmatrix}$, 则 $\boldsymbol{\alpha}^{\mathrm{T}}\boldsymbol{\alpha}=$ ________;

答案: $\boldsymbol{\alpha}^{\mathrm{T}}\boldsymbol{\alpha}=3$.

分析 令 $\boldsymbol{\alpha}^{\mathrm{T}}\boldsymbol{\alpha}=k$, 则 $(\boldsymbol{\alpha}\boldsymbol{\alpha}^{\mathrm{T}})(\boldsymbol{\alpha}\boldsymbol{\alpha}^{\mathrm{T}})=k\boldsymbol{\alpha}\boldsymbol{\alpha}^{\mathrm{T}}$,

$$(\boldsymbol{\alpha}\boldsymbol{\alpha}^{\mathrm{T}})(\boldsymbol{\alpha}\boldsymbol{\alpha}^{\mathrm{T}})=\begin{pmatrix}1&-1&1\\-1&1&-1\\1&-1&1\end{pmatrix}\begin{pmatrix}1&-1&1\\-1&1&-1\\1&-1&1\end{pmatrix}=\begin{pmatrix}3&-3&3\\-3&3&-3\\3&-3&3\end{pmatrix},$$

故 $k=3$, 即 $\boldsymbol{\alpha}^{\mathrm{T}}\boldsymbol{\alpha}=3$.

(2) $\begin{pmatrix}1&1\\2&2\end{pmatrix}^{n}=$ ________;

答案: $3^{n-1}\begin{pmatrix}1&1\\2&2\end{pmatrix}$.

分析 令 $\boldsymbol{\alpha}=\begin{pmatrix}1\\2\end{pmatrix}$, $\boldsymbol{\beta}=\begin{pmatrix}1\\1\end{pmatrix}$, 则 $\begin{pmatrix}1&1\\2&2\end{pmatrix}=\boldsymbol{\alpha}\boldsymbol{\beta}^{\mathrm{T}}$,

$$\begin{pmatrix}1&1\\2&2\end{pmatrix}^{n}=\boldsymbol{\alpha}\boldsymbol{\beta}^{\mathrm{T}}\boldsymbol{\alpha}\boldsymbol{\beta}^{\mathrm{T}}\cdots\boldsymbol{\alpha}\boldsymbol{\beta}^{\mathrm{T}}=(\boldsymbol{\beta}^{\mathrm{T}}\boldsymbol{\alpha})^{n-1}\boldsymbol{\alpha}\boldsymbol{\beta}^{\mathrm{T}}=3^{n-1}\begin{pmatrix}1&1\\2&2\end{pmatrix}.$$

(3) 设 n 维向量 $\boldsymbol{\alpha}=(a,0,\cdots,0,a)^{\mathrm{T}}$, $a<0$, $\boldsymbol{E}$ 为 n 阶单位矩阵, 矩阵 $\boldsymbol{A}=\boldsymbol{E}-\boldsymbol{\alpha}\boldsymbol{\alpha}^{\mathrm{T}}$, $\boldsymbol{B}=\boldsymbol{E}+\frac{1}{a}\boldsymbol{\alpha}\boldsymbol{\alpha}^{\mathrm{T}}$, 其中 $\boldsymbol{A}$ 的逆矩阵为 $\boldsymbol{B}$, 则 $a=$ ________.

答案: $a=-1$.

分析 $\boldsymbol{AB}=(\boldsymbol{E}-\boldsymbol{\alpha}\boldsymbol{\alpha}^{\mathrm{T}})\left(\boldsymbol{E}+\frac{1}{a}\boldsymbol{\alpha}\boldsymbol{\alpha}^{\mathrm{T}}\right)=\boldsymbol{E}+\left(\frac{1}{a}-1\right)\boldsymbol{\alpha}\boldsymbol{\alpha}^{\mathrm{T}}-2a\boldsymbol{\alpha}\boldsymbol{\alpha}^{\mathrm{T}}=\boldsymbol{E}$,

故 $\frac{1}{a}-1-2a=0\Rightarrow a=-1$.

(4) 设 n 阶矩阵 $\boldsymbol{A}$, $\boldsymbol{B}$ 对应的伴随矩阵为 $\boldsymbol{A}^{*}$, $\boldsymbol{B}^{*}$, 分块矩阵 $\boldsymbol{C}=\begin{pmatrix}\boldsymbol{A}&\boldsymbol{0}\\\boldsymbol{0}&\boldsymbol{B}\end{pmatrix}$, 则 $\boldsymbol{C}$ 的伴随矩阵 $\boldsymbol{C}^{*}=$ ________.

答案及解答过程：

$$C^* = |C|C^{-1} = |A||B|\begin{pmatrix} A^{-1} & 0 \\ 0 & B^{-1} \end{pmatrix}$$

$$= \begin{pmatrix} |A||B|A^{-1} & 0 \\ 0 & |A||B|B^{-1} \end{pmatrix} = \begin{pmatrix} |B|A^* & 0 \\ 0 & |A|B^* \end{pmatrix}.$$

(5) 设A,B是三阶方阵，$|A|=-1$，$|B|=2$，则$|2(A^{\mathrm{T}}B^{-1})^2|=$________.

答案及解答过程：

$$|2(A^{\mathrm{T}}B^{-1})^2| = 2^3|A|^2\frac{1}{|B|^2} = 8\cdot(-1)^2\cdot\frac{1}{2^2} = 2.$$

(6) 设A,B为三阶矩阵，且$|A|=3$，$|B|=2$，$|A^{-1}+B|=2$，则$|A+B^{-1}|=$________.

答案及解答过程：

注意到$A+B^{-1}=AA^{-1}B^{-1}+ABB^{-1}=A(A^{-1}+B)B^{-1}$.则$|A+B^{-1}|=|A|\cdot|A^{-1}+B|\cdot|B^{-1}|=3\cdot2\cdot\dfrac{1}{2}=3.$

2. 选择题

(1) 设

$$A=\begin{pmatrix} a_{11} & a_{12} & a_{13} \\ a_{21} & a_{22} & a_{23} \\ a_{31} & a_{32} & a_{33} \end{pmatrix}, \quad B=\begin{pmatrix} a_{21} & a_{22} & a_{23} \\ a_{11} & a_{12} & a_{13} \\ a_{31}+a_{11} & a_{32}+a_{12} & a_{33}+a_{13} \end{pmatrix},$$

$$P_1=\begin{pmatrix} 0 & 1 & 0 \\ 1 & 0 & 0 \\ 0 & 0 & 1 \end{pmatrix}, \quad P_2=\begin{pmatrix} 1 & 0 & 0 \\ 0 & 1 & 0 \\ 1 & 0 & 1 \end{pmatrix},$$

则必有(　　).

(A) $AP_1P_2=B$　　　(B) $AP_2P_1=B$

(C) $P_1P_2A=B$　　　(D) $P_2P_1A=B$

答案：(C).

分析　P_1P_2A的结果相当于先将A的第一行乘以1，加到第三行上去，然后将一行和第二行互换，故选(C).

(2) 设 $n(n\geqslant 3)$ 阶矩阵，$\boldsymbol{A}=\begin{pmatrix}1 & a & a & \cdots & a\\ a & 1 & a & \cdots & a\\ a & a & 1 & \cdots & a\\ \vdots & \vdots & \vdots & & \vdots\\ a & a & a & \cdots & a\end{pmatrix}$ 的秩为 $n-1$，则 a 必为(　　).

(A) 1　　(B) $\dfrac{1}{1-n}$　　(C) -1　　(D) $\dfrac{1}{n-1}$

答案：(B).

分析　$|\boldsymbol{A}|=[(n-1)a+1](1-a)^{n-1}$，$R(\boldsymbol{A})=n-1$，则 $a=1$ 或 $a=-\dfrac{1}{n-1}$. 若 $a=1$，则 $R(\boldsymbol{A})=1$，矛盾，故 $a=-\dfrac{1}{n-1}$.

3. 已知实矩阵 $\boldsymbol{A}=(a_{ij})_{3\times 3}$ 满足条件 $a_{ij}=A_{ij}(i,j=1,2,3)$，其中 A_{ij} 是 a_{ij} 的代数余子式，且 $a_{11}\neq 0$，计算 $|\boldsymbol{A}|$.

解　由题意，$\boldsymbol{A}^*=\boldsymbol{A}^{\mathrm{T}}$，两边同左乘 $\boldsymbol{A}$ 得：$\boldsymbol{A}\boldsymbol{A}^*=\boldsymbol{A}\boldsymbol{A}^{\mathrm{T}}$，即 $|\boldsymbol{A}|\boldsymbol{E}=\boldsymbol{A}\boldsymbol{A}^{\mathrm{T}}$. 两边取行列式得 $|\boldsymbol{A}|^3=|\boldsymbol{A}|^2$，即有 $|\boldsymbol{A}|=0$ 或 $|\boldsymbol{A}|=1$，但是，若 $|\boldsymbol{A}|=0$，由 $|\boldsymbol{A}|\boldsymbol{E}=\boldsymbol{A}\boldsymbol{A}^{\mathrm{T}}$ 知 $\boldsymbol{A}\boldsymbol{A}^{\mathrm{T}}=\boldsymbol{0}$，矛盾，故 $|\boldsymbol{A}|=1$.

4. 设 $\boldsymbol{A}=(a_{ij})$ 是三阶非零矩阵，$|\boldsymbol{A}|$ 为 $\boldsymbol{A}$ 的行列式，A_{ij} 为 a_{ij} 的代数余子式，若 $A_{ij}+a_{ij}=0(i,j=1,2,3)$，则 $|\boldsymbol{A}|=$________.

解　由于 $a_{ij}+A_{ij}=0$，则 $A_{ij}=-a_{ij}$，因此 $\boldsymbol{A}^*=-\boldsymbol{A}^{\mathrm{T}}$，$\boldsymbol{A}\boldsymbol{A}^*=-\boldsymbol{A}\boldsymbol{A}^{\mathrm{T}}=|\boldsymbol{A}|\boldsymbol{E}$.

取行列式得 $-|\boldsymbol{A}|^2=|\boldsymbol{A}|^3$，从而有 $|\boldsymbol{A}|=0$ 或 $|\boldsymbol{A}|=-1$. 若 $|\boldsymbol{A}|=0$，则 $-\boldsymbol{A}\boldsymbol{A}^{\mathrm{T}}=\boldsymbol{0}$，进而 $\boldsymbol{A}=\boldsymbol{0}$. 所以 $|\boldsymbol{A}|=-1$.

5. 设四阶矩阵 $\boldsymbol{B}=\begin{pmatrix}1 & -1 & 0 & 0\\ 0 & 1 & -1 & 0\\ 0 & 0 & 1 & -1\\ 0 & 0 & 0 & 1\end{pmatrix}$，$\boldsymbol{C}=\begin{pmatrix}2 & 1 & 3 & 4\\ 0 & 2 & 1 & 3\\ 0 & 0 & 2 & 1\\ 0 & 0 & 0 & 2\end{pmatrix}$，且矩阵 $\boldsymbol{X}$ 满足关系式 $\boldsymbol{X}(\boldsymbol{E}-\boldsymbol{C}^{-1}\boldsymbol{B})^{\mathrm{T}}\boldsymbol{C}^{\mathrm{T}}=\boldsymbol{E}$，求矩阵 $\boldsymbol{X}$.

解　由 $\boldsymbol{X}(\boldsymbol{E}-\boldsymbol{C}^{-1}\boldsymbol{B})^{\mathrm{T}}\boldsymbol{C}^{\mathrm{T}}=\boldsymbol{E}$ 知

$$\boldsymbol{X}=((\boldsymbol{E}-\boldsymbol{C}^{-1}\boldsymbol{B})^{\mathrm{T}}\boldsymbol{C}^{\mathrm{T}})^{-1}=((\boldsymbol{C}(\boldsymbol{E}-\boldsymbol{C}^{-1}\boldsymbol{B}))^{\mathrm{T}})^{-1}=((\boldsymbol{C}-\boldsymbol{B})^{\mathrm{T}})^{-1},$$

$$(\boldsymbol{C}-\boldsymbol{B})^{\mathrm{T}}=\begin{pmatrix}1 & 0 & 0 & 0\\ 2 & 1 & 0 & 0\\ 3 & 2 & 1 & 0\\ 4 & 3 & 2 & 1\end{pmatrix},$$

$$\begin{pmatrix}1&0&0&0\\2&1&0&0\\3&2&1&0\\4&3&2&1\end{pmatrix}^{-1}=\begin{pmatrix}1&0&0&0\\-2&1&0&0\\1&-2&1&0\\0&1&-2&1\end{pmatrix},$$

故

$$X=\begin{pmatrix}1&0&0&0\\-2&1&0&0\\1&-2&1&0\\0&1&-2&1\end{pmatrix}.$$

6. 设列矩阵 $\boldsymbol{x}=(x_1,\cdots,x_n)^{\mathrm{T}}$, $\boldsymbol{A}=\boldsymbol{E}-\boldsymbol{x}\boldsymbol{x}^{\mathrm{T}}$. 证明:

(1) $\boldsymbol{A}^2=\boldsymbol{A}$ 的充分必要条件是 $\boldsymbol{x}^{\mathrm{T}}\boldsymbol{x}=1$.

(2) 当 $\boldsymbol{x}^{\mathrm{T}}\boldsymbol{x}=1$ 时, $\boldsymbol{A}$ 是不可逆矩阵.

证　见例 12.

7. 设 $\boldsymbol{A}$ 是 n 阶非奇异矩阵, $\boldsymbol{\alpha}$ 为 $n\times 1$ 的列矩阵, b 为常数, 记分块矩阵

$$\boldsymbol{P}=\begin{pmatrix}\boldsymbol{E}&\boldsymbol{0}\\-\boldsymbol{\alpha}^{\mathrm{T}}\boldsymbol{A}^{*}&|\boldsymbol{A}|\end{pmatrix},\quad \boldsymbol{Q}=\begin{pmatrix}\boldsymbol{A}&\boldsymbol{\alpha}\\\boldsymbol{\alpha}^{\mathrm{T}}&b\end{pmatrix}$$

(1) 计算并化简 $\boldsymbol{PQ}$;

(2) 证明: 矩阵 $\boldsymbol{Q}$ 可逆的充分必要条件是 $\boldsymbol{\alpha}^{\mathrm{T}}\boldsymbol{A}^{-1}\boldsymbol{\alpha}\neq b$.

证　(1) $$\boldsymbol{PQ}=\begin{pmatrix}\boldsymbol{E}&\boldsymbol{0}\\-\boldsymbol{\alpha}^{\mathrm{T}}\boldsymbol{A}^{*}&|\boldsymbol{A}|\end{pmatrix}\begin{pmatrix}\boldsymbol{A}&\boldsymbol{\alpha}\\\boldsymbol{\alpha}^{\mathrm{T}}&b\end{pmatrix}$$
$$=\begin{pmatrix}\boldsymbol{A}&\boldsymbol{\alpha}\\-\boldsymbol{\alpha}^{\mathrm{T}}\boldsymbol{A}^{*}\boldsymbol{A}+|\boldsymbol{A}|\boldsymbol{\alpha}^{\mathrm{T}}&-\boldsymbol{\alpha}^{\mathrm{T}}\boldsymbol{A}^{*}\boldsymbol{\alpha}+|\boldsymbol{A}|b\end{pmatrix}$$
$$=\begin{pmatrix}\boldsymbol{A}&\boldsymbol{\alpha}\\0&-\boldsymbol{\alpha}^{\mathrm{T}}\boldsymbol{A}^{*}\boldsymbol{\alpha}+|\boldsymbol{A}|b\end{pmatrix}=\begin{pmatrix}\boldsymbol{A}&\boldsymbol{\alpha}\\0&-|\boldsymbol{A}|(\boldsymbol{\alpha}^{\mathrm{T}}\boldsymbol{A}^{-1}\boldsymbol{\alpha}-b)\end{pmatrix};$$

(2) 由(1)知 $|\boldsymbol{PQ}|=-|\boldsymbol{A}|^2(\boldsymbol{\alpha}^{\mathrm{T}}\boldsymbol{A}^{-1}\boldsymbol{\alpha}-b)$, 又 $|\boldsymbol{P}|=|\boldsymbol{A}|$,

$$\boldsymbol{Q}\text{ 可逆}\Leftrightarrow|\boldsymbol{Q}|\neq 0\Leftrightarrow|\boldsymbol{PQ}|=|\boldsymbol{P}||\boldsymbol{Q}|=|\boldsymbol{A}||\boldsymbol{Q}|\neq 0$$
$$\Leftrightarrow -|\boldsymbol{A}|^2(\boldsymbol{\alpha}^{\mathrm{T}}\boldsymbol{A}^{-1}\boldsymbol{\alpha}-b)\neq 0\Leftrightarrow\boldsymbol{\alpha}^{\mathrm{T}}\boldsymbol{A}^{-1}\boldsymbol{\alpha}-b\neq 0.$$

8. 设 $\boldsymbol{A}$ 为 $r\times r$ 矩阵, $\boldsymbol{B}$ 为 $r\times n$ 矩阵, 且 $R(\boldsymbol{B})=r$, 证明:

(1) 如果 $\boldsymbol{AB}=\boldsymbol{0}$, 则 $\boldsymbol{A}=\boldsymbol{0}$;

(2) 如果 $\boldsymbol{AB}=\boldsymbol{B}$, 则 $\boldsymbol{A}=\boldsymbol{E}$.

证　(1) 若 $n=r$, 则 $\boldsymbol{B}$ 可逆, 此时对 $\boldsymbol{AB}=\boldsymbol{0}$ 两边同右乘 $\boldsymbol{B}^{-1}$, 则 $\boldsymbol{ABB}^{-1}=\boldsymbol{0B}^{-1}$, 即 $\boldsymbol{A}=\boldsymbol{0}$.

若 $n>r$, 则 $\boldsymbol{B}$ 中必有一 r 阶子式 $|\boldsymbol{C}|$ 不为零, 对 $\boldsymbol{B}$ 作列变换, 可将 $\boldsymbol{B}$ 化为 $(\boldsymbol{C}\quad\boldsymbol{D})$, 即存在可逆方阵 $\boldsymbol{P}$, 使得

$$BP = (C \quad D).$$

对 $AB = 0$ 两边同右乘 P，则

$$A(C \quad D) = (AC \quad AD) = 0,$$

由 $AC = 0$ 即知 $A = 0$.

(2) $AB = B \Rightarrow (A - E)B = 0$，由(1)知 $A - E = 0$，即 $A = E$.

9. 某超市公司欲新开一家分公司，有4个地点可供选择，新建超市分公司有食品部、日用品部和电器部，经市场调查预测，新超市各部在各地点日营业额(单位:万元)如下表:

	食品部	日用品部	电器部
甲	3.0	4.0	1.0
乙	4.0	3.5	1.2
丙	2.5	3.0	2.0
丁	4.0	4.0	0.5

各部的利润依次为15%、20%、10%，如从新超市分公司利润考虑，应在何地开分公司?

解 见例3.

10. 某单位需用口径规格依次为50 mm，30 mm，20 mm的三种钢管，且三种钢管的需用量分别为500 t，1 200 t，2 000 t，已知三种规格钢管的每吨价格分别为3 000元，3 100元，3 200元，如果根据产销协议，低于500 t应按100%计价，500 t至1 000 t应按95%计价，超过1 000 t按90%计价，试用矩阵运算求总购买费用.

解 $(500, 1\,200, 2\,000)\begin{pmatrix} 0.95 & 0 & 0 \\ 0 & 0.9 & 0 \\ 0 & 0 & 0.9 \end{pmatrix}\begin{pmatrix} 3\,000 \\ 3\,100 \\ 3\,200 \end{pmatrix} = 1.053\,3 \times 10^7$ 元

Ⅳ 补充习题

1. (1999考研)设 $A = \begin{pmatrix} 1 & 0 & 1 \\ 0 & 2 & 0 \\ 1 & 0 & 1 \end{pmatrix}$，而 $n \geqslant 2$ 为正整数，则 $A^n - 2A^{n-1} =$ ________.

2. (1995考研)设 $A = \begin{pmatrix} 1 & 0 & 0 \\ 2 & 2 & 0 \\ 3 & 4 & 5 \end{pmatrix}$，求 $(A^*)^{-1}$.

3. (2000 考研)设 $A^* = \begin{pmatrix} 1 & 0 & 0 & 0 \\ 0 & 1 & 0 & 0 \\ 1 & 0 & 1 & 0 \\ 0 & -3 & 0 & 8 \end{pmatrix}$,且 $ABA^{-1} = BA^{-1} + 3E$,求矩阵 B.

4. (1998 考研)设三阶方阵 A 与 B 满足 $A^*BA = 2BA - 8E$,其中 $A = \mathrm{diag}(1, -2, 1)$,求 B.

5. 设矩阵 X 满足 $A^*X = A^{-1}B + 2X$,其中 $A = \begin{pmatrix} 1 & 1 & -1 \\ -1 & 1 & 1 \\ 1 & -1 & 1 \end{pmatrix}$,$B = \begin{pmatrix} 1 & 1 \\ 1 & 0 \\ 0 & -1 \end{pmatrix}$,求矩阵 X.

6. (2005 考研)已知 α_1, α_2 为二维列向量,$A = (2\alpha_1 + \alpha_2, \alpha_1 - \alpha_2)$,$B = (\alpha_1, \alpha_2)$,$|A| = 6$,求 $|B|$.

7. (2001 考研)设矩阵 $A = \begin{pmatrix} k & 1 & 1 & 1 \\ 1 & k & 1 & 1 \\ 1 & 1 & k & 1 \\ 1 & 1 & 1 & k \end{pmatrix}$,$R(A) = 3$,求 k.

第 四 章

线性方程组的理论

Ⅰ 教学基本要求

1. 理解 n 维向量的概念，理解向量的线性组合和线性表示的概念.掌握向量的加法和数乘运算.

2. 理解线性相关和线性无关的定义，会判断向量组的线性相关或线性无关.

3. 理解向量组的最大线性无关组和向量组的秩的概念；会求向量组的最大线性无关组和秩.

4. 理解齐次线性方程组有非零解的充分必要条件以及非齐次线性方程组有解的充分必要条件.

5. 理解齐次线性方程组的基础解系和通解的概念.

6. 理解非齐次线性方程组的解的结构及通解的概念.

Ⅱ 典型方法与范例

一、向量的线性表示

1. 对于向量组 $\boldsymbol{\alpha}_1,\boldsymbol{\alpha}_2,\cdots,\boldsymbol{\alpha}_m$ 和向量 $\boldsymbol{\beta}$，如果有一组数 $\lambda_1,\lambda_2,\cdots,\lambda_m$，使得

$$\boldsymbol{\beta}=\lambda_1\boldsymbol{\alpha}_1+\lambda_2\boldsymbol{\alpha}_2+\cdots+\lambda_m\boldsymbol{\alpha}_m,$$

则称 $\boldsymbol{\beta}$ 是 $\boldsymbol{\alpha}_1,\boldsymbol{\alpha}_2,\cdots,\boldsymbol{\alpha}_m$ 的**线性组合**，或称 $\boldsymbol{\beta}$ 可由 $\boldsymbol{\alpha}_1,\boldsymbol{\alpha}_2,\cdots,\boldsymbol{\alpha}_m$ **线性表示**.

2. 将向量 $\boldsymbol{\beta}$ 用向量组 $\boldsymbol{\alpha}_1,\boldsymbol{\alpha}_2,\cdots,\boldsymbol{\alpha}_m$ 线性表示的方法.

方法一. 令 $\boldsymbol{\beta}=x_1\boldsymbol{\alpha}_1+x_2\boldsymbol{\alpha}_2+\cdots+x_m\boldsymbol{\alpha}_m$，则 $\boldsymbol{\beta}$ 是否可由 $\boldsymbol{\alpha}_1,\boldsymbol{\alpha}_2,\cdots,\boldsymbol{\alpha}_m$ 线性

表示转化为非齐次线性方程组$(\boldsymbol{\alpha}_1,\boldsymbol{\alpha}_2,\cdots,\boldsymbol{\alpha}_m)\begin{pmatrix}x_1\\x_2\\\vdots\\x_m\end{pmatrix}=\boldsymbol{\beta}$是否有解.

(1) 若方程组无解,则$\boldsymbol{\beta}$不能由$\boldsymbol{\alpha}_1,\boldsymbol{\alpha}_2,\cdots,\boldsymbol{\alpha}_m$线性表示.

(2) 若方程组有解,则$\boldsymbol{\beta}$可以用$\boldsymbol{\alpha}_1,\boldsymbol{\alpha}_2,\cdots,\boldsymbol{\alpha}_m$线性表示,其表示系数为该方程组的解.

方法二. 若$\boldsymbol{\alpha}_1,\boldsymbol{\alpha}_2,\cdots,\boldsymbol{\alpha}_m$线性无关,而$\boldsymbol{\beta},\boldsymbol{\alpha}_1,\boldsymbol{\alpha}_2,\cdots,\boldsymbol{\alpha}_m$线性相关,则$\boldsymbol{\beta}$可以用$\boldsymbol{\alpha}_1,\boldsymbol{\alpha}_2,\cdots,\boldsymbol{\alpha}_m$线性表示,且表示式是唯一的.

方法三. 若秩$R(\boldsymbol{\alpha}_1,\boldsymbol{\alpha}_2,\cdots,\boldsymbol{\alpha}_m)=R(\boldsymbol{\alpha}_1,\boldsymbol{\alpha}_2,\cdots,\boldsymbol{\alpha}_m,\boldsymbol{\beta})$,则$\boldsymbol{\beta}$可以用$\boldsymbol{\alpha}_1,\boldsymbol{\alpha}_2,\cdots,\boldsymbol{\alpha}_m$线性表示;若秩$R(\boldsymbol{\alpha}_1,\boldsymbol{\alpha}_2,\cdots,\boldsymbol{\alpha}_m)\neq R(\boldsymbol{\alpha}_1,\boldsymbol{\alpha}_2,\cdots,\boldsymbol{\alpha}_m,\boldsymbol{\beta})$,则$\boldsymbol{\beta}$不能由$\boldsymbol{\alpha}_1,\boldsymbol{\alpha}_2,\cdots,\boldsymbol{\alpha}_m$线性表示.

例 1 设

$$\boldsymbol{\alpha}_1=\begin{pmatrix}1\\-1\\2\end{pmatrix},\boldsymbol{\alpha}_2=\begin{pmatrix}-1\\2\\-3\end{pmatrix},\boldsymbol{\alpha}_3=\begin{pmatrix}2\\-3\\6\end{pmatrix},\boldsymbol{\beta}=\begin{pmatrix}2\\3\\-1\end{pmatrix},$$

判断向量$\boldsymbol{\beta}$能否由向量组$\boldsymbol{\alpha}_1,\boldsymbol{\alpha}_2,\boldsymbol{\alpha}_3$线性表示,若能够,写出它的一种表达式.

解 设$\boldsymbol{\beta}=x_1\boldsymbol{\alpha}_1+x_2\boldsymbol{\alpha}_2+x_3\boldsymbol{\alpha}_3$,由此可得

$$\begin{cases}x_1-x_2+2x_3=2,\\-x_1+2x_2-3x_3=3,\\2x_1-3x_2+6x_3=-1.\end{cases}$$

因为

$$\boldsymbol{B}=(\boldsymbol{A},\boldsymbol{\beta})=\begin{pmatrix}1&-1&2&2\\-1&2&-3&3\\2&-3&6&-1\end{pmatrix}\to\begin{pmatrix}1&-1&2&2\\0&1&-1&5\\0&-1&2&-5\end{pmatrix}$$

$$\to\begin{pmatrix}1&0&1&7\\0&1&-1&5\\0&0&1&0\end{pmatrix}\to\begin{pmatrix}1&0&0&7\\0&1&0&5\\0&0&1&0\end{pmatrix},$$

方程组的解为$x_1=7,x_2=5,x_3=0$.所以$\boldsymbol{\beta}=7\boldsymbol{\alpha}_1+5\boldsymbol{\alpha}_2+0\boldsymbol{\alpha}_3$.

例 2 设有向量组$\boldsymbol{\beta}=(2,0,0,3)^{\mathrm T},\boldsymbol{\alpha}_1=(1,1,1,1)^{\mathrm T},\boldsymbol{\alpha}_2=(-1,0,2,1)^{\mathrm T}$,$\boldsymbol{\alpha}_3=(1,2,4,3)^{\mathrm T},\boldsymbol{\alpha}_4=(2,2,2,2)^{\mathrm T}$,问:$\boldsymbol{\beta}$是否可由$\boldsymbol{\alpha}_1,\boldsymbol{\alpha}_2,\boldsymbol{\alpha}_3,\boldsymbol{\alpha}_4$线性表示?

解 $(\boldsymbol{\alpha}_1,\boldsymbol{\alpha}_2,\boldsymbol{\alpha}_3,\boldsymbol{\alpha}_4,\boldsymbol{\beta})=\begin{pmatrix}1&-1&1&2&2\\1&0&2&2&0\\1&2&4&2&0\\1&1&3&2&3\end{pmatrix}\xrightarrow{\text{初等行变换}}\begin{pmatrix}1&-1&1&2&2\\0&1&1&0&-2\\0&0&0&0&4\\0&0&0&0&0\end{pmatrix}$,

显然 $R(\boldsymbol{\alpha}_1,\boldsymbol{\alpha}_2,\boldsymbol{\alpha}_3,\boldsymbol{\alpha}_4)=2\neq R(\boldsymbol{\alpha}_1,\boldsymbol{\alpha}_2,\boldsymbol{\alpha}_3,\boldsymbol{\alpha}_4,\boldsymbol{\beta})=3$,所以 $\boldsymbol{\beta}$ 不可由 $\boldsymbol{\alpha}_1,\boldsymbol{\alpha}_2,\boldsymbol{\alpha}_3,\boldsymbol{\alpha}_4$ 线性表示.

二、向量组的线性相关性

1. 对于向量组 $\boldsymbol{\alpha}_1,\boldsymbol{\alpha}_2,\cdots,\boldsymbol{\alpha}_m$,若存在 m 个不全为零的数 $k_1,k_2,\cdots,k_m$,使得

$$k_1\boldsymbol{\alpha}_1+k_2\boldsymbol{\alpha}_2+\cdots+k_m\boldsymbol{\alpha}_m=\boldsymbol{0},$$

则称向量组 $\boldsymbol{\alpha}_1,\boldsymbol{\alpha}_2,\cdots,\boldsymbol{\alpha}_m$ 线性相关;否则称向量组 $\boldsymbol{\alpha}_1,\boldsymbol{\alpha}_2,\cdots,\boldsymbol{\alpha}_m$ 线性无关.

2. 对于向量组 $\boldsymbol{\alpha}_1,\boldsymbol{\alpha}_2,\cdots,\boldsymbol{\alpha}_m$,若齐次线性方程组

$$k_1\boldsymbol{\alpha}_1+k_2\boldsymbol{\alpha}_2+\cdots+k_m\boldsymbol{\alpha}_m=\boldsymbol{0}$$

有非零解,则向量组 $\boldsymbol{\alpha}_1,\boldsymbol{\alpha}_2,\cdots,\boldsymbol{\alpha}_m$ 线性相关;若齐次线性方程组只有零解,则向量组 $\boldsymbol{\alpha}_1,\boldsymbol{\alpha}_2,\cdots,\boldsymbol{\alpha}_m$ 线性无关.

3. 关于列向量组 $\boldsymbol{\alpha}_1,\boldsymbol{\alpha}_2,\cdots,\boldsymbol{\alpha}_m$,设矩阵 $\boldsymbol{A}=(\boldsymbol{\alpha}_1,\boldsymbol{\alpha}_2,\cdots,\boldsymbol{\alpha}_m)$,则

$R(\boldsymbol{A})<m\Leftrightarrow\boldsymbol{\alpha}_1,\boldsymbol{\alpha}_2,\cdots,\boldsymbol{\alpha}_m$ 线性相关;

$R(\boldsymbol{A})=m\Leftrightarrow\boldsymbol{\alpha}_1,\boldsymbol{\alpha}_2,\cdots,\boldsymbol{\alpha}_m$ 线性无关.

4. 任意 $n+1$ 个 n 维向量一定线性相关.

5. 对于 n 个 n 维列向量 $\boldsymbol{\alpha}_1,\boldsymbol{\alpha}_2,\cdots,\boldsymbol{\alpha}_n$,设矩阵 $\boldsymbol{A}=(\boldsymbol{\alpha}_1,\boldsymbol{\alpha}_2,\cdots,\boldsymbol{\alpha}_n)$,则

$|\boldsymbol{A}|=0\Leftrightarrow\boldsymbol{\alpha}_1,\boldsymbol{\alpha}_2,\cdots,\boldsymbol{\alpha}_n$线性相关;

$|\boldsymbol{A}|\neq0\Leftrightarrow\boldsymbol{\alpha}_1,\boldsymbol{\alpha}_2,\cdots,\boldsymbol{\alpha}_n$线性无关.

6. 向量组 $\boldsymbol{\alpha}_1,\boldsymbol{\alpha}_2,\cdots,\boldsymbol{\alpha}_m(m\geqslant2)$ 线性相关的充分必要条件是:其中至少有一个向量可以由其余向量线性表示.

7. 若向量组的一个部分向量组线性相关,则整个向量组也线性相关;若一个向量组线性无关,则它的任意一个部分向量组也线性无关.

例 3 若向量组 $\boldsymbol{\alpha},\boldsymbol{\beta},\boldsymbol{\gamma}$ 线性无关,$\boldsymbol{\alpha},\boldsymbol{\beta},\boldsymbol{\delta}$ 线性相关,证明:$\boldsymbol{\delta}$ 必可由 $\boldsymbol{\alpha},\boldsymbol{\beta},\boldsymbol{\gamma}$ 线性表示.

证 $\boldsymbol{\alpha},\boldsymbol{\beta},\boldsymbol{\gamma}$ 线性无关$\Rightarrow\boldsymbol{\alpha},\boldsymbol{\beta}$ 线性无关,又 $\boldsymbol{\alpha},\boldsymbol{\beta},\boldsymbol{\delta}$ 线性相关,所以

$$\boldsymbol{\delta}=\lambda_1\boldsymbol{\alpha}+\lambda_2\boldsymbol{\beta}=\lambda_1\boldsymbol{\alpha}+\lambda_2\boldsymbol{\beta}+\lambda_3\boldsymbol{\gamma}\quad(\text{其中 }\lambda_3=0).$$

例 4 已知向量组 $\boldsymbol{\alpha}_1,\boldsymbol{\alpha}_2,\cdots,\boldsymbol{\alpha}_s(s\geqslant2)$ 线性无关,$\boldsymbol{\beta}_1=\boldsymbol{\alpha}_1+\boldsymbol{\alpha}_2,\boldsymbol{\beta}_2=\boldsymbol{\alpha}_2+\boldsymbol{\alpha}_3,\cdots,\boldsymbol{\beta}_{s-1}=\boldsymbol{\alpha}_{s-1}+\boldsymbol{\alpha}_s,\boldsymbol{\beta}_s=\boldsymbol{\alpha}_s+\boldsymbol{\alpha}_1$,试讨论向量组 $\boldsymbol{\beta}_1,\boldsymbol{\beta}_2,\cdots,\boldsymbol{\beta}_s$ 的线性相关性.

解 设 $k_1\boldsymbol{\beta}_1+k_2\boldsymbol{\beta}_2+\cdots+k_s\boldsymbol{\beta}_s=\boldsymbol{0}$.即

$$k_1(\boldsymbol{\alpha}_1+\boldsymbol{\alpha}_2)+k_2(\boldsymbol{\alpha}_2+\boldsymbol{\alpha}_3)+\cdots+k_s(\boldsymbol{\alpha}_s+\boldsymbol{\alpha}_1)=\boldsymbol{0}.$$

所以

$$(k_1+k_s)\boldsymbol{\alpha}_1+(k_1+k_2)\boldsymbol{\alpha}_2+\cdots+(k_{s-1}+k_s)\boldsymbol{\alpha}_s=\mathbf{0}.$$

又 $\boldsymbol{\alpha}_1,\boldsymbol{\alpha}_2,\cdots,\boldsymbol{\alpha}_s$ 线性无关，所以

$$\begin{cases}k_1+k_s=0,\\ k_1+k_2=0,\\ \cdots\cdots\cdots\cdots\\ k_{s-1}+k_s=0.\end{cases}$$

系数行列式

$$D=\begin{vmatrix}1&0&\cdots&0&1\\1&1&\ddots&&0\\0&\ddots&\ddots&\ddots&\vdots\\&&\ddots&\ddots&0\\0&&&1&1\end{vmatrix}=1+(-1)^{1+s}.$$

所以，当 s 为偶数时，$D=0$，方程组有非零解，$\boldsymbol{\beta}_1,\cdots,\boldsymbol{\beta}_s$ 线性相关；当 s 为奇数时，$D=2\neq0$，方程组只有零解，$\boldsymbol{\beta}_1,\cdots,\boldsymbol{\beta}_s$ 线性无关.

例 5　设 $\boldsymbol{\alpha}_1=(1,0,5,2)$，$\boldsymbol{\alpha}_2=(3,-2,3,-4)$，$\boldsymbol{\alpha}_3=(-1,1,t,3)$ 线性相关，求参数 t.

解

$$(\boldsymbol{\alpha}_1^{\mathrm T},\boldsymbol{\alpha}_2^{\mathrm T},\boldsymbol{\alpha}_3^{\mathrm T})=\begin{pmatrix}1&3&-1\\0&-2&1\\5&3&t\\2&-4&3\end{pmatrix}\xrightarrow[r_4-2r_1]{r_3-5r_1}\begin{pmatrix}1&3&-1\\0&-2&1\\0&-12&t+5\\0&-10&5\end{pmatrix}\xrightarrow[r_4-5r_2]{r_3-6r_2}\begin{pmatrix}1&3&-1\\0&-2&1\\0&0&t-1\\0&0&0\end{pmatrix}.$$

$t=1$ 时，$r=2<3\Leftrightarrow\boldsymbol{\alpha}_1,\boldsymbol{\alpha}_2,\boldsymbol{\alpha}_3$ 线性相关，所以，$t=1$.

例 6　若 $\boldsymbol{\alpha}_1=(1,-1,2,4)$，$\boldsymbol{\alpha}_2=(0,3,1,2)$，$\boldsymbol{\alpha}_3=(3,0,7,a)$，$\boldsymbol{\alpha}_4=(1,2,2,0)$ 线性无关，求参数 a 应满足的条件.

解　设 $\boldsymbol{A}=\begin{pmatrix}\boldsymbol{\alpha}_1\\\boldsymbol{\alpha}_2\\\boldsymbol{\alpha}_3\\\boldsymbol{\alpha}_4\end{pmatrix}$，则 $\boldsymbol{\alpha}_1,\boldsymbol{\alpha}_2,\boldsymbol{\alpha}_3,\boldsymbol{\alpha}_4$ 线性无关 $\Leftrightarrow|\boldsymbol{A}|\neq0$. 又

$$|\boldsymbol{A}|=\begin{vmatrix}1&-1&2&4\\0&3&1&2\\3&0&7&a\\1&2&2&0\end{vmatrix}\overline{\overline{\underset{r_4-r_1}{r_3-3r_1}}}\begin{vmatrix}1&-1&2&4\\0&3&1&2\\0&3&1&a-12\\0&3&0&-4\end{vmatrix}\overline{\overline{\underset{r_4-r_2}{r_3-r_2}}}\begin{vmatrix}1&-1&2&4\\0&3&1&2\\0&0&0&a-14\\0&0&-1&-6\end{vmatrix}$$

$$\xlongequal{r_3 \leftrightarrow r_4} -\begin{vmatrix} 1 & -1 & 2 & 4 \\ 0 & 3 & 1 & 2 \\ 0 & 0 & -1 & -6 \\ 0 & 0 & 0 & a-14 \end{vmatrix} = -1\cdot 3\cdot(-1)\cdot(a-14) = 3(a-14) \neq 0,$$

所以 $a \neq 14$.

三、向量组的最大无关组、秩

1. 设有非空向量组 T,$\boldsymbol{\alpha}_1,\cdots,\boldsymbol{\alpha}_r \in T$,满足:$\boldsymbol{\alpha}_1,\cdots,\boldsymbol{\alpha}_r$ 线性无关;$\forall \boldsymbol{\alpha} \in T$,$\boldsymbol{\alpha},\boldsymbol{\alpha}_1,\cdots,\boldsymbol{\alpha}_r$ 线性相关,则称 $\boldsymbol{\alpha}_1,\cdots,\boldsymbol{\alpha}_r$ 为向量组 T 的一个最大无关组,r 称为向量组 T 的秩,记为 $R(T)=r$.

2. 向量组的最大无关组所含向量个数称为这个向量组的**秩**.

3. 一个向量组线性相关的充要条件是它的秩小于它所含向量的个数;

一个向量组线性无关的充要条件是它的秩与它所含向量个数相同.

4. 等价的向量组必有相同的秩.

5. 若向量组 $\boldsymbol{\alpha}_1,\boldsymbol{\alpha}_2,\cdots,\boldsymbol{\alpha}_r$ 可由向量组 $\boldsymbol{\beta}_1,\boldsymbol{\beta}_2,\cdots,\boldsymbol{\beta}_s$ 线性表示出来,则

$$R(\boldsymbol{\alpha}_1,\boldsymbol{\alpha}_2,\cdots,\boldsymbol{\alpha}_r) \leqslant R(\boldsymbol{\beta}_1,\boldsymbol{\beta}_2,\cdots,\boldsymbol{\beta}_s).$$

6. 向量组的最大无关组的求法.

方法一. 逐步添加法——当秩为 2 时很好用,只需找两个不成比例的向量,以此为基础,根据定义逐步添加向量,由定义求出秩大于 2 的向量组的最大无关组.

方法二. 初等变换法——把向量按列向量摆放合成一个矩阵,作初等行变换将矩阵化为行阶梯形矩阵即可求出秩;再在阶梯的同一高度上各取一个向量,即可得到最大无关组.

方法三. 线性无关法——验证向量组线性无关,则向量组即为其最大无关组.

下面举例说明.

例 7 设 $\boldsymbol{\alpha}_1=(1,0,3,4,3)$,$\boldsymbol{\alpha}_2=(3,-1,2,1,3)$,$\boldsymbol{\alpha}_3=(-1,1,0,5,2)$,$\boldsymbol{\alpha}_4=(3,0,5,10,8)$,$\boldsymbol{\alpha}_5=(-1,0,1,-2,-2)$,求 $\boldsymbol{\alpha}_1,\boldsymbol{\alpha}_2,\boldsymbol{\alpha}_3,\boldsymbol{\alpha}_4,\boldsymbol{\alpha}_5$ 的一个最大无关组和秩.

解 **方法一**(逐步添加法). 可以看出,$\boldsymbol{\alpha}_1,\boldsymbol{\alpha}_2$ 线性无关,又 $\begin{vmatrix} 1 & 0 & 3 \\ 3 & -1 & 2 \\ -1 & 1 & 0 \end{vmatrix} \neq 0$,所以 $\boldsymbol{\alpha}_1,\boldsymbol{\alpha}_2,\boldsymbol{\alpha}_3$ 线性无关.添加 $\boldsymbol{\alpha}_4$,则有 $\boldsymbol{\alpha}_4=\boldsymbol{\alpha}_1+\boldsymbol{\alpha}_2+\boldsymbol{\alpha}_3$,同样有 $\boldsymbol{\alpha}_5=\boldsymbol{\alpha}_1-\boldsymbol{\alpha}_2-\boldsymbol{\alpha}_3$.所以 $\boldsymbol{\alpha}_1,\boldsymbol{\alpha}_2,\boldsymbol{\alpha}_3$ 是一个最大无关组,秩为 3.

方法二(初等变换法). 以 $\boldsymbol{\alpha}_1,\boldsymbol{\alpha}_2,\boldsymbol{\alpha}_3,\boldsymbol{\alpha}_4,\boldsymbol{\alpha}_5$ 为列作矩阵 $\boldsymbol{A}$,对 $\boldsymbol{A}$ 作初等行

变换,得

$$A=\begin{pmatrix}1&3&-1&3&-1\\0&-1&1&0&0\\3&2&0&5&1\\4&1&5&10&-2\\3&3&2&8&-2\end{pmatrix}\longrightarrow\begin{pmatrix}1&0&0&1&1\\0&1&0&1&-1\\0&0&1&1&-1\\0&0&0&0&0\\0&0&0&0&0\end{pmatrix}=B.$$

易见,矩阵 $\boldsymbol{B}$ 的列向量 $\boldsymbol{\beta}_1,\boldsymbol{\beta}_2,\boldsymbol{\beta}_3$ 线性无关,且 $\boldsymbol{\beta}_4=\boldsymbol{\beta}_1+\boldsymbol{\beta}_2+\boldsymbol{\beta}_3,\boldsymbol{\beta}_5=\boldsymbol{\beta}_1-\boldsymbol{\beta}_2-\boldsymbol{\beta}_3$. 因而,$\boldsymbol{\alpha}_1,\boldsymbol{\alpha}_2,\boldsymbol{\alpha}_3$ 也线性无关,且 $\boldsymbol{\alpha}_4=\boldsymbol{\alpha}_1+\boldsymbol{\alpha}_2+\boldsymbol{\alpha}_3,\boldsymbol{\alpha}_5=\boldsymbol{\alpha}_1-\boldsymbol{\alpha}_2-\boldsymbol{\alpha}_3$. 所以 $\boldsymbol{\alpha}_1,\boldsymbol{\alpha}_2,\boldsymbol{\alpha}_3$ 是一个最大无关组,秩为 3.

例 8 已知向量组(Ⅰ)$\boldsymbol{\alpha}_1,\boldsymbol{\alpha}_2,\boldsymbol{\alpha}_3$;(Ⅱ)$\boldsymbol{\alpha}_1,\boldsymbol{\alpha}_2,\boldsymbol{\alpha}_3,\boldsymbol{\alpha}_4$;(Ⅲ)$\boldsymbol{\alpha}_1,\boldsymbol{\alpha}_2,\boldsymbol{\alpha}_3,\boldsymbol{\alpha}_5$;如果 R(Ⅰ)$=R$(Ⅱ)$=3$,R(Ⅲ)$=4$. 证明:$R(\boldsymbol{\alpha}_1,\boldsymbol{\alpha}_2,\boldsymbol{\alpha}_3,\boldsymbol{\alpha}_5-\boldsymbol{\alpha}_4)=4$.

证 由 R(Ⅰ)$=R$(Ⅱ)$=3$,得 $\boldsymbol{\alpha}_1,\boldsymbol{\alpha}_2,\boldsymbol{\alpha}_3$ 线性无关,$\boldsymbol{\alpha}_1,\boldsymbol{\alpha}_2,\boldsymbol{\alpha}_3,\boldsymbol{\alpha}_4$ 线性相关,所以

$$\boldsymbol{\alpha}_4=\lambda_1\boldsymbol{\alpha}_1+\lambda_2\boldsymbol{\alpha}_2+\lambda_3\boldsymbol{\alpha}_3.$$

设 $k_1\boldsymbol{\alpha}_1+k_2\boldsymbol{\alpha}_2+k_3\boldsymbol{\alpha}_3+k_4(\boldsymbol{\alpha}_5-\boldsymbol{\alpha}_4)=\mathbf{0}$, 有

$$(k_1-\lambda_1k_4)\boldsymbol{\alpha}_1+(k_2-\lambda_2k_4)\boldsymbol{\alpha}_2+(k_3-\lambda_3k_4)\boldsymbol{\alpha}_3+k_4\boldsymbol{\alpha}_5=\mathbf{0},$$

因为 R(Ⅲ)$=4$,知 $\boldsymbol{\alpha}_1,\boldsymbol{\alpha}_2,\boldsymbol{\alpha}_3,\boldsymbol{\alpha}_5$ 线性无关,所以

$$\begin{cases}k_1-\lambda_1k_4=0\\k_2-\lambda_2k_4=0\\k_3-\lambda_3k_4=0\\k_4=0\end{cases}\Rightarrow k_1=k_2=k_3=k_4=0.$$

所以,$\boldsymbol{\alpha}_1,\boldsymbol{\alpha}_2,\boldsymbol{\alpha}_3,\boldsymbol{\alpha}_5-\boldsymbol{\alpha}_4$ 线性无关,$R(\boldsymbol{\alpha}_1,\boldsymbol{\alpha}_2,\boldsymbol{\alpha}_3,\boldsymbol{\alpha}_5-\boldsymbol{\alpha}_4)=4$.

例 9 已知向量组 $\boldsymbol{\beta}_1=\begin{pmatrix}0\\1\\-1\end{pmatrix},\boldsymbol{\beta}_2=\begin{pmatrix}a\\2\\1\end{pmatrix},\boldsymbol{\beta}_3=\begin{pmatrix}b\\1\\0\end{pmatrix}$ 与向量组 $\boldsymbol{\alpha}_1=\begin{pmatrix}1\\2\\-3\end{pmatrix}$,$\boldsymbol{\alpha}_2=\begin{pmatrix}3\\0\\1\end{pmatrix},\boldsymbol{\alpha}_3=\begin{pmatrix}9\\6\\-7\end{pmatrix}$ 有相同的秩,且 $\boldsymbol{\beta}_3$ 可由 $\boldsymbol{\alpha}_1,\boldsymbol{\alpha}_2,\boldsymbol{\alpha}_3$ 线性表示. 求 a,b 的值.

解 $$(\boldsymbol{\alpha}_1,\boldsymbol{\alpha}_2,\boldsymbol{\alpha}_3)=\begin{pmatrix}1&3&9\\2&0&6\\-3&1&-7\end{pmatrix}\xrightarrow[r_3+3r_1]{r_2-2r_1}\begin{pmatrix}1&3&9\\0&-6&-12\\0&10&20\end{pmatrix}\xrightarrow[r_3-10r_2]{r_2\times\frac{-1}{6}}\begin{pmatrix}1&3&9\\0&1&2\\0&0&0\end{pmatrix}.$$

所以,$R(\boldsymbol{\alpha}_1,\boldsymbol{\alpha}_2,\boldsymbol{\alpha}_3)=2$,$\boldsymbol{\alpha}_1,\boldsymbol{\alpha}_2$ 线性无关,$\boldsymbol{\alpha}_1,\boldsymbol{\alpha}_2,\boldsymbol{\alpha}_3$ 线性相关,$\boldsymbol{\alpha}_3=\lambda_1\boldsymbol{\alpha}_1+\lambda_2\boldsymbol{\alpha}_2$,故 $\boldsymbol{\beta}_1,\boldsymbol{\beta}_2,\boldsymbol{\beta}_3$ 的秩为 2.

$$|(\boldsymbol{\beta}_1,\boldsymbol{\beta}_2,\boldsymbol{\beta}_3)|=\begin{vmatrix}0 & a & b\\ 1 & 2 & 1\\ -1 & 1 & 0\end{vmatrix}=3b-a=0.$$

又$\boldsymbol{\beta}_3$可由$\boldsymbol{\alpha}_1,\boldsymbol{\alpha}_2,\boldsymbol{\alpha}_3$线性表示,因而可由$\boldsymbol{\alpha}_1,\boldsymbol{\alpha}_2$线性表示,所以$\boldsymbol{\alpha}_1,\boldsymbol{\alpha}_2,\boldsymbol{\beta}_3$线性相关,

$$|(\boldsymbol{\alpha}_1,\boldsymbol{\alpha}_2,\boldsymbol{\beta}_3)|=\begin{vmatrix}1 & 3 & b\\ 2 & 0 & 1\\ -3 & 1 & 0\end{vmatrix}=2b-10=0.$$

所以$b=5,a=3b=15$.

例 10 设向量组$\boldsymbol{\beta}_1=(a,b,b,\cdots,b),\boldsymbol{\beta}_2=(b,a,b,\cdots,b),\cdots,\boldsymbol{\beta}_{n-1}=(b,b,\cdots,a,b),\boldsymbol{\beta}_n=(b,b,\cdots,b,a)$,满足$a+(n-1)b=0(n>1)$,试确定其中线性无关的向量的个数.

解 (1) 当$a=0$时,$b=0$,所有向量为$\mathbf{0}$,故线性无关 的向量的个数为0.

(2) 当$a\neq 0$时,因为$\boldsymbol{\beta}_1+\boldsymbol{\beta}_2+\cdots+\boldsymbol{\beta}_n=\mathbf{0}$,所以线性无关的向量的个数不超过$n-1$. 由$a\neq 0$知,$b\neq 0,b\neq a$,设$k_1\boldsymbol{\beta}_1+k_2\boldsymbol{\beta}_2+\cdots+k_{n-1}\boldsymbol{\beta}_{n-1}=\mathbf{0}$,比较等式两端的最后一个分量,有$k_1+k_2+\cdots+k_{n-1}=0$,又由第$i$个分量知$k_ia+\sum\limits_{j=1}^{i-1}k_jb+\sum\limits_{j=i+1}^{n-1}k_jb=k_i(a-b)=0$.但是,$a-b\neq 0$,所以$k_1=k_2=\cdots=k_{n-1}=0$.这就证明了向量组$\boldsymbol{\beta}_1,\boldsymbol{\beta}_2,\cdots,\boldsymbol{\beta}_{n-1}$线性无关.由上面讨论知,向量组$\boldsymbol{\beta}_1,\boldsymbol{\beta}_2,\cdots,\boldsymbol{\beta}_{n-1}$即为一个最大无关组.

四、齐次线性方程组

1. 设$\boldsymbol{A}$是$m\times n$矩阵,则齐次线性方程组$\boldsymbol{Ax}=\mathbf{0}$恒有零解.

当$R(\boldsymbol{A})=n$时,方程组只有零解;

当$R(\boldsymbol{A})<n$时,方程组有无穷多解,其基础解系中解向量的个数是$n-R(\boldsymbol{A})$.

2. 设$\boldsymbol{A}$是$m\times n$矩阵,齐次线性方程组$\boldsymbol{Ax}=\mathbf{0}$有非零解的充要条件是$R(\boldsymbol{A})<n$;充分条件是$m<n$(即方程个数小于未知量个数).

3. 若$\boldsymbol{A}$是n阶方阵,则$\boldsymbol{Ax}=\mathbf{0}$有非零解的充要条件是$|\boldsymbol{A}|=0$.

4. 齐次线性方程组的基础解系和通解的求法(当$R(\boldsymbol{A})=r<n$时).

(1) 通过初等行变换把系数矩阵化为行最简形,行最简形的非零行数就是系数矩阵的秩;

(2) 将每一非零行最左端对应的未知量保留在方程组的左端,其余$n-r$个未知量移到等式右端;

(3) 令右端$n-r$个未知量其中的一个为1,其余为0,得到$n-r$个解向量,

即为基础解系;齐次线性方程组的通解即为基础解系的线性组合:

$$\boldsymbol{x} = k_1\boldsymbol{\xi}_1 + k_2\boldsymbol{\xi}_2 + \cdots + k_{n-r}\boldsymbol{\xi}_{n-r}$$

(也可由齐次线性方程组的通解来求基础解系).

例 11　求下面齐次线性方程组的一个基础解系和通解:

$$\begin{cases} x_1 - x_2 - 3x_3 + x_4 = 0, \\ 2x_1 - 2x_2 - 5x_3 + 3x_4 = 0, \\ 4x_1 - 4x_2 + 3x_3 + 19x_4 = 0, \\ x_1 - x_2 - 2x_3 + 2x_4 = 0. \end{cases}$$

解　(第一步)对系数矩阵 $\boldsymbol{A}$ 作初等行变换化为行最简形 $\boldsymbol{B}$.

$$\boldsymbol{A} = \begin{pmatrix} 1 & -1 & -3 & 1 \\ 2 & -2 & -5 & 3 \\ 4 & -4 & 3 & 19 \\ 1 & -1 & -2 & 2 \end{pmatrix} \xrightarrow{\text{行变换}} \begin{pmatrix} 1 & -1 & 0 & 4 \\ 0 & 0 & 1 & 1 \\ 0 & 0 & 0 & 0 \\ 0 & 0 & 0 & 0 \end{pmatrix} = \boldsymbol{B},$$

因 $R(\boldsymbol{A}) = R(\boldsymbol{B}) = 2 < 4$, 故有无穷多解.

(第二步)按行最简形矩阵 $\boldsymbol{B}$,写出同解方程组

$$\begin{cases} x_1 - x_2 + 4x_4 = 0, \\ x_3 + x_4 = 0. \end{cases}$$

移项:保留每个方程中第一未知量在等号的左边,其余的移到右边

$$\begin{cases} x_1 = x_2 - 4x_4, \\ x_3 = \quad\quad - x_4, \end{cases}$$

这时的 x_2, x_4 为自由未知量.

(第三步)令自由未知量为 $\begin{pmatrix} x_2 \\ x_4 \end{pmatrix} = \begin{pmatrix} 1 \\ 0 \end{pmatrix}$ 和 $\begin{pmatrix} 0 \\ 1 \end{pmatrix}$,得 $\begin{pmatrix} x_1 \\ x_3 \end{pmatrix} = \begin{pmatrix} 1 \\ 0 \end{pmatrix}$ 和 $\begin{pmatrix} -4 \\ -1 \end{pmatrix}$, 基础解系为

$$\boldsymbol{\xi}_1 = \begin{pmatrix} 1 \\ 1 \\ 0 \\ 0 \end{pmatrix}, \boldsymbol{\xi}_2 = \begin{pmatrix} -4 \\ 0 \\ -1 \\ 1 \end{pmatrix},$$

所以,齐次线性方程组的通解为 $\boldsymbol{x} = k_1\boldsymbol{\xi}_1 + k_2\boldsymbol{\xi}_2 \quad (k_1, k_2 \in \mathbf{R})$.

说明:基础解系并不唯一.任意 $n - R(\boldsymbol{A})$ 个线性无关的解向量均为基础解系.本例,只要对 $\begin{pmatrix} x_2 \\ x_4 \end{pmatrix}$ 取两个线性无关的向量代入第二步中的等价方程组,求出

$\begin{pmatrix} x_1 \\ x_3 \end{pmatrix}$,并拼成解向量即得基础解系,如取$\begin{pmatrix} x_2 \\ x_4 \end{pmatrix} = \begin{pmatrix} 1 \\ 1 \end{pmatrix}$和$\begin{pmatrix} 1 \\ 0 \end{pmatrix}$,求得$\begin{pmatrix} x_1 \\ x_3 \end{pmatrix} = \begin{pmatrix} -3 \\ -1 \end{pmatrix}$和$\begin{pmatrix} 1 \\ 0 \end{pmatrix}$.基础解系为

$$\boldsymbol{\xi}_1 = \begin{pmatrix} -3 \\ 1 \\ -1 \\ 1 \end{pmatrix}, \boldsymbol{\xi}_2 = \begin{pmatrix} 1 \\ 1 \\ 0 \\ 0 \end{pmatrix},$$

由此得通解为

$$\boldsymbol{x} = k_1\boldsymbol{\xi}_1 + k_2\boldsymbol{\xi}_2 \quad (k_1, k_2 \in \mathbf{R}).$$

另外,也可用拆分的方法,直接得到齐次线性方程组的通解,从而得到基础解系:

(第三步)令自由未知量为任意实数,$x_2 = k_1, x_4 = k_2$ 代入上面同解方程组(变量最好对齐),得

$$\begin{cases} x_1 = k_1 - 4k_2, \\ x_2 = k_1, \\ x_3 = -k_2, \\ x_4 = k_2. \end{cases}$$

写成向量形式,得通解

$$\begin{pmatrix} x_1 \\ x_2 \\ x_3 \\ x_4 \end{pmatrix} = k_1\begin{pmatrix} 1 \\ 1 \\ 0 \\ 0 \end{pmatrix} + k_2\begin{pmatrix} -4 \\ 0 \\ -1 \\ 1 \end{pmatrix}.$$

基础解系自然就得到了.

注:求通解和基础解系,后一种方法更为便捷.

例 12 求齐次线性方程组的通解:

$$\begin{cases} x_1 + 2x_2 + 2x_3 + x_4 = 0, \\ 2x_1 + x_2 - 2x_3 - 2x_4 = 0, \\ x_1 - x_2 - 4x_3 - 3x_4 = 0. \end{cases}$$

解 化系数矩阵为行最简形:

$$A=\begin{pmatrix}1&2&2&1\\2&1&-2&-2\\1&-1&-4&-3\end{pmatrix}\to\begin{pmatrix}1&0&-2&-\frac{5}{3}\\0&1&2&\frac{4}{3}\\0&0&0&0\end{pmatrix},$$

得

$$\begin{cases}x_1=2x_3+\frac{5}{3}x_4,\\x_2=-2x_3-\frac{4}{3}x_4,\\x_3=x_3,\\x_4=x_4,\end{cases}$$

则通解为

$$\boldsymbol{x}=x_3\begin{pmatrix}2\\-2\\1\\0\end{pmatrix}+x_4\begin{pmatrix}\frac{5}{3}\\-\frac{4}{3}\\0\\1\end{pmatrix}\quad(x_3,x_4\in\mathbf{R}).$$

例 13　设 $\boldsymbol{\xi}$ 是 n 维列向量,且 $\boldsymbol{\xi}^{\mathrm{T}}\boldsymbol{\xi}=1$,若 $\boldsymbol{A}=\boldsymbol{E}-\boldsymbol{\xi}\boldsymbol{\xi}^{\mathrm{T}}$,证明:$|\boldsymbol{A}|=0$.

证　由 $\boldsymbol{A}=\boldsymbol{E}-\boldsymbol{\xi}\boldsymbol{\xi}^{\mathrm{T}}$,两边右乘 $\boldsymbol{\xi}$,有

$$\boldsymbol{A\xi}=\boldsymbol{\xi}-\boldsymbol{\xi}\boldsymbol{\xi}^{\mathrm{T}}\boldsymbol{\xi}=\boldsymbol{\xi}-\boldsymbol{\xi}=\boldsymbol{0}.$$

所以 $\boldsymbol{\xi}$ 为 $\boldsymbol{Ax}=\boldsymbol{0}$ 的解向量,又 $\boldsymbol{\xi}^{\mathrm{T}}\boldsymbol{\xi}=1$,$\boldsymbol{\xi}\neq\boldsymbol{0}$,所以 $\boldsymbol{Ax}=\boldsymbol{0}$ 有非零解,从而 $|\boldsymbol{A}|=0$.

注:本题与第三章例 12(2)是同一个问题,但这里所用的方法是线性方程组理论.请注意一题多解.

例 14　设 $\boldsymbol{A}$ 是 $n\times s$ 矩阵,$\boldsymbol{B}$ 是 $s\times n$ 矩阵,证明:方程组 $(\boldsymbol{AB})\boldsymbol{x}=\boldsymbol{0}$ 与 $\boldsymbol{Bx}=\boldsymbol{0}$ 同解的充分必要条件是 $R(\boldsymbol{AB})=R(\boldsymbol{B})$.

证　(必要性)已知 $(\boldsymbol{AB})\boldsymbol{x}=\boldsymbol{0}$ 与 $\boldsymbol{Bx}=\boldsymbol{0}$ 同解,则它们的基础解系相同,所以 $n-R(\boldsymbol{AB})=n-R(\boldsymbol{B})$,从而,$R(\boldsymbol{AB})=R(\boldsymbol{B})$.

(充分性)因为 $R(\boldsymbol{AB})=R(\boldsymbol{B})$,所以 $n-R(\boldsymbol{AB})=n-R(\boldsymbol{B})$,可见方程组 $(\boldsymbol{AB})\boldsymbol{x}=\boldsymbol{0}$ 与 $\boldsymbol{Bx}=\boldsymbol{0}$ 的基础解系中有相同个数的向量.显然 $\boldsymbol{Bx}=\boldsymbol{0}$ 的解均为 $(\boldsymbol{AB})\boldsymbol{x}=\boldsymbol{0}$ 的解,因此 $\boldsymbol{Bx}=\boldsymbol{0}$ 的基础解系也是 $(\boldsymbol{AB})\boldsymbol{x}=\boldsymbol{0}$ 的基础解系.所以方程组 $(\boldsymbol{AB})\boldsymbol{x}=\boldsymbol{0}$ 与 $\boldsymbol{Bx}=\boldsymbol{0}$ 同解.

五、非齐次线性方程组

1. 设 $\boldsymbol{A}$ 是 $m \times n$ 矩阵，增广矩阵 $\boldsymbol{B}=(\boldsymbol{A},\boldsymbol{b})$，则

方程组 $\boldsymbol{Ax}=\boldsymbol{b}$ 有唯一解 $\Leftrightarrow R(\boldsymbol{A})=R(\boldsymbol{B})=n$；

方程组 $\boldsymbol{Ax}=\boldsymbol{b}$ 有无穷多解 $\Leftrightarrow R(\boldsymbol{A})=R(\boldsymbol{B})<n$；

方程组 $\boldsymbol{Ax}=\boldsymbol{b}$ 无解 $\Leftrightarrow R(\boldsymbol{A})\neq R(\boldsymbol{B})$.

2. 设 $\boldsymbol{A}$ 是 $m \times n$ 矩阵，则

方程组 $\boldsymbol{Ax}=\boldsymbol{b}$ 有解 $\Leftrightarrow R(\boldsymbol{A})=R(\boldsymbol{B})$；

$\Leftrightarrow \boldsymbol{b}$ 可由 $\boldsymbol{A}$ 的列向量 $\boldsymbol{\alpha}_1,\boldsymbol{\alpha}_2,\cdots,\boldsymbol{\alpha}_n$ 线性表示；

$\Leftrightarrow \boldsymbol{\alpha}_1,\boldsymbol{\alpha}_2,\cdots,\boldsymbol{\alpha}_n$ 与 $\boldsymbol{\alpha}_1,\boldsymbol{\alpha}_2,\cdots,\boldsymbol{\alpha}_n,\boldsymbol{b}$ 是等价向量组.

3. 线性方程组解的性质

(1) 若 $\boldsymbol{\xi}_1,\boldsymbol{\xi}_2$ 是 $\boldsymbol{Ax}=\boldsymbol{0}$ 的解，则 $k_1\boldsymbol{\xi}_1+k_2\boldsymbol{\xi}_2$ 也是 $\boldsymbol{Ax}=\boldsymbol{0}$ 的解.

(2) 若 $\boldsymbol{\eta}_1,\boldsymbol{\eta}_2$ 是 $\boldsymbol{Ax}=\boldsymbol{b}$ 的解，则 $\boldsymbol{\eta}_1-\boldsymbol{\eta}_2$ 是 $\boldsymbol{Ax}=\boldsymbol{0}$ 的解.

(3) 若 $\boldsymbol{\xi}$ 是 $\boldsymbol{Ax}=\boldsymbol{0}$ 的解，$\boldsymbol{\eta}$ 是 $\boldsymbol{Ax}=\boldsymbol{b}$ 的解，则 $\boldsymbol{\xi}+\boldsymbol{\eta}$ 仍是 $\boldsymbol{Ax}=\boldsymbol{b}$ 的解.

(4) 若 $\boldsymbol{Ax}=\boldsymbol{b}$ 有唯一解，则 $\boldsymbol{Ax}=\boldsymbol{0}$ 只有零解；反之，当 $\boldsymbol{Ax}=\boldsymbol{0}$ 只有零解时，$\boldsymbol{Ax}=\boldsymbol{b}$ 不可能有无穷多解(可能无解，也可能只有唯一解).

4. 设 $\boldsymbol{A}$ 是 n 阶方阵，则

$\boldsymbol{Ax}=\boldsymbol{b}$ 有唯一解 $\Leftrightarrow \boldsymbol{A}$ 可逆；

$\Leftrightarrow$ 存在 $\boldsymbol{B}$，使 $\boldsymbol{AB}=\boldsymbol{E}(\boldsymbol{B}=\boldsymbol{A}^{-1})$；

$\Leftrightarrow |\boldsymbol{A}|\neq 0$；

$\Leftrightarrow r(\boldsymbol{A})=n$；

$\Leftrightarrow \boldsymbol{A}$ 的行(或列)向量组线性无关；

$\Leftrightarrow \boldsymbol{Ax}=\boldsymbol{0}$ 只有零解.

5. 非齐次线性方程组通解的求法(当 $R(\boldsymbol{A})=R(\boldsymbol{B})=r<n$ 时)

(1) 通过初等行变换把增广矩阵化为行最简形，行最简形的非零行数就是增广矩阵的秩；

(2) 将每一非零行最左端对应的未知量保留在方程组的左端，其余 $n-r$ 个未知量移到等式右端；

(3) 令右端 $n-r$ 个未知量全部等于零，得到非齐次方程组的一个特解 $\boldsymbol{\eta}$；

(4) 在相应齐次方程组的同解方程组中，令右端 $n-r$ 个未知量其中的一个为 1，其余为 0，得到 $n-r$ 个相应齐次方程组的解向量，即基础解系；

(5) 非齐次线性方程组的通解即为基础解系的线性组合加上非齐次方程组的一个特解 $\boldsymbol{\eta}$：

$$\boldsymbol{x}=k_1\boldsymbol{\xi}_1+k_2\boldsymbol{\xi}_2+\cdots+k_{n-r}\boldsymbol{\xi}_{n-r}+\boldsymbol{\eta},k_i\in\mathbf{R},i=1,2,\cdots,n-r.$$

例 15　求非齐次线性方程组 $\begin{cases}2x_1+7x_2+3x_3+x_4=6,\\ 9x_1+4x_2+x_3+7x_4=2,\\ 3x_1+5x_2+2x_3+2x_4=4\end{cases}$ 的通解.

解　（第一步）将增广矩阵化为行最简形矩阵.

$$B=(A,b)=\begin{pmatrix}2&7&3&1&6\\9&4&1&7&2\\3&5&2&2&4\end{pmatrix}\xrightarrow{\text{行变换}}\begin{pmatrix}1&0&-\frac{1}{11}&\frac{9}{11}&-\frac{2}{11}\\0&1&\frac{5}{11}&-\frac{1}{11}&\frac{10}{11}\\0&0&0&0&0\end{pmatrix}=C,$$

由 $R(A)=R(B)=2<n=4$ 知,原方程组有无穷多解.

(第二步)由行最简形矩阵 C 写出原方程组的一个同解方程组为

$$\begin{cases}x_1=\frac{1}{11}x_3-\frac{9}{11}x_4-\frac{2}{11},\\ x_2=-\frac{5}{11}x_3+\frac{1}{11}x_4+\frac{10}{11},\end{cases}$$

其中 x_3,x_4 为自由未知量.

(第三步)令 $\begin{pmatrix}x_3\\x_4\end{pmatrix}=\begin{pmatrix}0\\0\end{pmatrix}$,得原方程组的一个特解 $\boldsymbol{\eta}=\left(-\frac{2}{11},\frac{10}{11},0,0\right)^{\mathrm T}$.

(第四步)将同解方程组中的常数项都改为0,则得到相应齐次方程组的同解方程组为

$$\begin{cases}x_1=\frac{1}{11}x_3-\frac{9}{11}x_4,\\ x_2=-\frac{5}{11}x_3+\frac{1}{11}x_4.\end{cases}$$

分别令 $\begin{pmatrix}x_3\\x_4\end{pmatrix}=\begin{pmatrix}1\\0\end{pmatrix},\begin{pmatrix}0\\1\end{pmatrix}$,得相应齐次方程组的一个基础解系

$$\boldsymbol{\xi}_1=\left(\frac{1}{11},-\frac{5}{11},1,0\right)^{\mathrm T},\boldsymbol{\xi}_2=\left(-\frac{9}{11},\frac{1}{11},0,1\right)^{\mathrm T}.$$

(第五步)所以,原方程组的通解为

$$x=k_1\boldsymbol{\xi}_1+k_2\boldsymbol{\xi}_2+\boldsymbol{\eta}=k_1'(1,-5,11,0)^{\mathrm T}+k'_2(-9,1,0,11)^{\mathrm T}+\boldsymbol{\eta},$$

其中 $k_1=11k_1',k_2=11k_2',k_1,k_2$ 为任意常数.

说明:答案不唯一.因为基础解系不唯一;此外,我们也可以取 x_1,x_2 作为自由未知量等.另外,也可用拆分的方法,直接得到非齐次线性方程组的通解.

（第三步）令自由未知量为任意实数，$x_3=k_1$，$x_4=k_2$代入上面同解方程组（变量最好对齐），得

$$\begin{cases} x_1 = \dfrac{1}{11}k_1 - \dfrac{9}{11}k_2 - \dfrac{2}{11}, \\ x_2 = -\dfrac{5}{11}k_1 + \dfrac{1}{11}k_2 + \dfrac{10}{11}, \\ x_3 = k_1, \\ x_4 = k_2. \end{cases}$$

写成向量形式，得通解

$$\boldsymbol{\xi} = k_1 \begin{pmatrix} \dfrac{1}{11} \\ -\dfrac{5}{11} \\ 1 \\ 0 \end{pmatrix} + k_2 \begin{pmatrix} -\dfrac{9}{11} \\ \dfrac{1}{11} \\ 0 \\ 1 \end{pmatrix} + \begin{pmatrix} -\dfrac{2}{11} \\ \dfrac{10}{11} \\ 0 \\ 0 \end{pmatrix} = k'_1 \begin{pmatrix} 1 \\ -5 \\ 11 \\ 0 \end{pmatrix} + k'_2 \begin{pmatrix} -9 \\ 1 \\ 0 \\ 11 \end{pmatrix} + \begin{pmatrix} -\dfrac{2}{11} \\ \dfrac{10}{11} \\ 0 \\ 0 \end{pmatrix},$$

其中 $k_1 = 11k'_1$，$k_2 = 11k'_2$，k_1，k_2 为任意常数.

注：求通解，后一种方法更为便捷.

例 16 求方程组的通解：

$$\begin{cases} x_1 + x_2 - 3x_3 - x_4 = 1, \\ 3x_1 - x_2 - 3x_3 + 4x_4 = 4, \\ x_1 + 5x_2 - 9x_3 - 8x_4 = 0. \end{cases}$$

解 化增广矩阵为行最简形矩阵.

$$\boldsymbol{B} = \begin{pmatrix} 1 & 1 & -3 & -1 & 1 \\ 3 & -1 & -3 & 4 & 4 \\ 1 & 5 & -9 & -8 & 0 \end{pmatrix} \to \begin{pmatrix} 1 & 0 & -\dfrac{3}{2} & \dfrac{3}{4} & \dfrac{5}{4} \\ 0 & 1 & -\dfrac{3}{2} & -\dfrac{7}{4} & -\dfrac{1}{4} \\ 0 & 0 & 0 & 0 & 0 \end{pmatrix}.$$

得

$$\begin{cases} x_1 = \dfrac{3}{2}x_3 - \dfrac{3}{4}x_4 + \dfrac{5}{4}, \\ x_2 = \dfrac{3}{2}x_3 + \dfrac{7}{4}x_4 - \dfrac{1}{4}, \\ x_3 = x_3, \\ x_4 = x_4, \end{cases}$$

则通解为

$$\begin{pmatrix}x_1\\x_2\\x_3\\x_4\end{pmatrix}=k_1\begin{pmatrix}3\\3\\2\\0\end{pmatrix}+k_2\begin{pmatrix}-3\\7\\0\\4\end{pmatrix}+\begin{pmatrix}\frac{5}{4}\\-\frac{1}{4}\\0\\0\end{pmatrix}\left(k_1=\frac{x_3}{2},k_2=\frac{x_4}{4}\in\mathbf{R}\right).$$

例 17 已知线性方程组 $\boldsymbol{Ax}=\boldsymbol{b}$ 的三个解为 $\boldsymbol{\eta}_1=(1,-1,1)^{\mathrm{T}},\boldsymbol{\eta}_2=(2,0,1)^{\mathrm{T}},\boldsymbol{\eta}_3=(2,-1,2)^{\mathrm{T}}$,且 $R(\boldsymbol{A})=1$,求线性方程组 $\boldsymbol{Ax}=\boldsymbol{b}$ 的通解.

解 由所给方程组的解可知方程组有三个未知量,即 $n=3$,而 $R(\boldsymbol{A})=1$,相应齐次线性方程组 $\boldsymbol{Ax}=\boldsymbol{0}$ 的基础解系中应有 $n-R(\boldsymbol{A})=3-1=2$ 个解向量.

令 $\boldsymbol{\xi}_1=\boldsymbol{\eta}_2-\boldsymbol{\eta}_1=(1,1,0)^{\mathrm{T}},\boldsymbol{\xi}_2=\boldsymbol{\eta}_3-\boldsymbol{\eta}_1=(1,0,1)^{\mathrm{T}}$,则 $\boldsymbol{\xi}_1,\boldsymbol{\xi}_2$ 是 $\boldsymbol{Ax}=\boldsymbol{0}$ 的两个线性无关的解向量.因而 $\boldsymbol{\xi}_1,\boldsymbol{\xi}_2$ 是 $\boldsymbol{Ax}=\boldsymbol{0}$ 的一个基础解系,所以 $\boldsymbol{Ax}=\boldsymbol{b}$ 的通解为 $\boldsymbol{x}=k_1\boldsymbol{\xi}_1+k_2\boldsymbol{\xi}_2+\boldsymbol{\eta}_1$($k_1,k_2$ 为任意常数).

例 18 已知 $\boldsymbol{\alpha}_1,\boldsymbol{\alpha}_2$ 是方程组

$$\begin{cases}x_1-x_2+2x_3=3,\\2x_1-3x_3=1,\\-2x_1+ax_2+10x_3=4\end{cases}$$

的两个不同的解,求参数 a 的值.

解 因为 $\boldsymbol{\alpha}_1-\boldsymbol{\alpha}_2$ 是相应齐次方程组的非零解,所以 $|\boldsymbol{A}|=0$.

由

$$|\boldsymbol{A}|=\begin{vmatrix}1&-1&2\\2&0&-3\\-2&a&10\end{vmatrix}\xlongequal[r_2-2r_1]{r_3+r_2}\begin{vmatrix}1&-1&2\\0&2&-7\\0&a&7\end{vmatrix}=14+7a=0,$$

得 $a=-2$.

六、含参数的线性方程组

线性方程组 $\boldsymbol{Ax}=\boldsymbol{b}$ 的系数矩阵 $\boldsymbol{A}$ 或右端 $\boldsymbol{b}$ 中含有待定参数时,可以分以下情形处理:

1. 方程个数等于未知量个数时,有两种求解方法:

方法一. 行列式法——适用于系数矩阵 $\boldsymbol{A}$ 中含有参数的情形,先计算系数行列式 $|\boldsymbol{A}|$,它是关于参数的函数式.

(1) 当参数使 $|\boldsymbol{A}|\neq 0$ 时,由克拉默法则,方程组有唯一解,用初等行变换

法求解.

(2) 使 $|\boldsymbol{A}|=0$ 的参数逐个代入增广矩阵 $\boldsymbol{B}=(\boldsymbol{A},\boldsymbol{b})$，作初等行变换，

当 $R(\boldsymbol{A})\neq R(\boldsymbol{B})$ 时,方程组无解；

当 $R(\boldsymbol{A})=R(\boldsymbol{B})<n$ 时,方程组有无穷多个解,用初等行变换法求解.

方法二. 初等行变换讨论法.

用初等行变换化增广矩阵 $\boldsymbol{B}=(\boldsymbol{A},\boldsymbol{b})$ 为阶梯形矩阵,讨论参数：

(1) 当参数为使 $R(\boldsymbol{A})\neq R(\boldsymbol{B})$ 的值时,方程组无解.

(2) 当参数为使 $R(\boldsymbol{A})=R(\boldsymbol{B})=n$ 的值时,方程组有唯一解,用初等行变换法求解.

(3) 当参数为使 $R(\boldsymbol{A})=R(\boldsymbol{B})<n$ 的值时,方程组有无穷多个解,用初等行变换法求解.

2. 方程个数不等于未知量个数时,用初等行变换讨论法.

3. 方程组的系数矩阵不含参数,而右端项含有参数时,一般用初等行变换讨论法.

例 19 讨论 a,b 取什么值时,下列方程组有唯一解、无解或有无穷多解,并求出通解.

$$\begin{cases} ax_1+x_2+x_3=4, \\ x_1+bx_2+x_3=3, \\ x_1+2bx_2+x_3=4. \end{cases}$$

分析 此类问题根据题目不同有两种方法,若方程个数等于未知量个数,可考虑其系数矩阵的行列式是否为零来讨论；一般情况可通过对其增广矩阵作初等行变换化为行最简形矩阵来讨论.

解 **方法一.** 方程组的系数矩阵的行列式为

$$|\boldsymbol{A}|=\begin{vmatrix} a & 1 & 1 \\ 1 & b & 1 \\ 1 & 2b & 1 \end{vmatrix}=-b(a-1).$$

当 $b\neq 0$ 且 $a\neq 1$ 时，$|\boldsymbol{A}|\neq 0$，方程组有唯一解.

当 $a=1$ 时,对线性方程组的增广矩阵作初等行变换化为行最简形：

$$\boldsymbol{B}=\begin{pmatrix} 1 & 1 & 1 & 4 \\ 1 & b & 1 & 3 \\ 1 & 2b & 1 & 4 \end{pmatrix}\rightarrow\begin{pmatrix} 1 & 0 & 1 & 2 \\ 0 & 1 & 0 & 2 \\ 0 & 0 & 0 & 1-2b \end{pmatrix}.$$

故当 $a=1,b=\dfrac{1}{2}$ 时,方程组有无穷多解,解同解方程组,得 $x_1=2-x_3,x_2=2$，通

解为

$$x = x_3\begin{pmatrix}-1\\0\\1\end{pmatrix} + \begin{pmatrix}2\\2\\0\end{pmatrix}, x_3 \in \mathbf{R}.$$

当 $a = 1, b \neq \dfrac{1}{2}$ 时,方程组无解.

当 $b = 0$ 时,对线性方程组的增广矩阵作初等行变换

$$\boldsymbol{B} = \begin{pmatrix}a & 1 & 1 & 4\\1 & 0 & 1 & 3\\1 & 0 & 1 & 4\end{pmatrix} \to \begin{pmatrix}a & 1 & 1 & 4\\1 & 0 & 1 & 3\\0 & 0 & 0 & 1\end{pmatrix},$$

即当 $b = 0$ 时,$R(\boldsymbol{A}) \neq R(\boldsymbol{B})$,方程组无解.

方法二. 直接对增广矩阵作初等行变换化为阶梯形矩阵:

$$\boldsymbol{A} = \begin{pmatrix}a & 1 & 1 & 4\\1 & b & 1 & 3\\1 & 2b & 1 & 4\end{pmatrix} \to \begin{pmatrix}1 & b & 1 & 3\\0 & 1 & 1-a & 4-2a\\0 & 0 & ab-b & 2ab-4b+1\end{pmatrix}.$$

当 $ab - b \neq 0$ 时,即 $a \neq 1$ 且 $b \neq 0$ 时,$R(\boldsymbol{A}) = R(\boldsymbol{B}) = 3$, 方程组有唯一解.

当 $a = 1, b = \dfrac{1}{2}$ 时,$R(\boldsymbol{A}) = R(\boldsymbol{B}) = 2 < 3$, 方程组有无穷多解,解同解方程组,得

$$x_1 = 2 - x_3, x_2 = 2,$$

通解为

$$x = x_3\begin{pmatrix}-1\\0\\1\end{pmatrix} + \begin{pmatrix}2\\2\\0\end{pmatrix}, x_3 \in \mathbf{R}.$$

其他情况, $R(\boldsymbol{A}) \neq R(\boldsymbol{B})$,方程组无解.

例 20 当 a 为何值时,方程组

$$\begin{cases} x_1 + x_2 + x_3 + x_4 = 1, \\ x_1 + 2x_2 + 3x_3 - 4x_4 = 2, \\ 2x_1 + 3x_2 + 4x_3 - 3x_4 = a \end{cases}$$

(1) 无解;(2) 有解,并求全部解.

分析 该方程组系数矩阵不是方阵,不能求行列式,只能用初等行变换讨论法.另外,即使系数矩阵为方阵,但不含参数,而参数在右端项,也只能用初等行变换讨论法.

解 对线性方程组的增广矩阵作初等行变换化为阶梯形：

$$B=(A,b)=\begin{pmatrix}1&1&1&1&1\\1&2&3&-4&2\\2&3&4&-3&a\end{pmatrix}\to\begin{pmatrix}1&1&1&1&1\\0&1&2&-5&1\\0&0&0&0&a-3\end{pmatrix}.$$

$a\neq 3$ 时，$R(A)=2<R(B)=3$，方程组无解.

$a=3$ 时，继续对增广矩阵作初等行变换，化为行最简形：

$$B=(A,b)\to\begin{pmatrix}1&1&1&1&1\\0&1&2&-5&1\\0&0&0&0&0\end{pmatrix}\xrightarrow{\text{行变换}}\begin{pmatrix}1&0&-1&6&0\\0&1&2&-5&1\\0&0&0&0&0\end{pmatrix}.$$

等价方程组

$$\begin{cases}x_1=\quad x_3-6x_4,\\x_2=1-2x_3+5x_4,\end{cases}$$

令 $x_3=k_1,x_4=k_2$，得全部解

$$\begin{cases}x_1=0+k_1-6k_2,\\x_2=1-2k_1+5k_2,\\x_3=0+k_1,\\x_4=0+k_2.\end{cases}$$

写成向量形式

$$x=\begin{pmatrix}0\\1\\0\\0\end{pmatrix}+k_1\begin{pmatrix}1\\-2\\1\\0\end{pmatrix}+k_2\begin{pmatrix}-6\\5\\0\\1\end{pmatrix}\quad(k_1,k_2\in\mathbf{R}).$$

例 21 设 $\boldsymbol{\alpha}_1=(1,0,2,3)$，$\boldsymbol{\alpha}_2=(1,1,3,5)$，$\boldsymbol{\alpha}_3=(1,-1,a+2,1)$，$\boldsymbol{\alpha}_4=(1,2,4,a+8)$ 及 $\boldsymbol{\beta}=(1,1,b+3,5)$.

(1) a,b 为何值时，$\boldsymbol{\beta}$ 不能表示成 $\boldsymbol{\alpha}_1,\boldsymbol{\alpha}_2,\boldsymbol{\alpha}_3,\boldsymbol{\alpha}_4$ 的线性组合？

(2) a,b 为何值时，$\boldsymbol{\beta}$ 有 $\boldsymbol{\alpha}_1,\boldsymbol{\alpha}_2,\boldsymbol{\alpha}_3,\boldsymbol{\alpha}_4$ 的唯一的线性表示式？并写出该表示式.

解 设 $\boldsymbol{\beta}=x_1\boldsymbol{\alpha}_1+x_2\boldsymbol{\alpha}_2+x_3\boldsymbol{\alpha}_3+x_4\boldsymbol{\alpha}_4$，由此可得

$$\begin{cases}x_1+x_2+x_3+x_4=1,\\x_2-x_3+2x_4=1,\\2x_1+3x_2+(a+2)x_3+4x_4=b+3,\\3x_1+5x_2+x_3+(a+8)x_4=5.\end{cases}$$

对其增广矩阵进行初等行变换化为阶梯形矩阵：

$$\boldsymbol{B}=(\boldsymbol{A},\boldsymbol{b})=\begin{pmatrix}1&1&1&1&1\\0&1&-1&2&1\\2&3&a+2&4&b+3\\3&5&1&a+8&5\end{pmatrix}\to\begin{pmatrix}1&1&1&1&1\\0&1&-1&2&1\\0&1&a&2&b+1\\0&2&-2&a+5&2\end{pmatrix}$$

$$\to\begin{pmatrix}1&1&1&1&1\\0&1&-1&2&1\\0&0&a+1&0&b\\0&0&0&a+1&0\end{pmatrix}.$$

所以，当 $a=-1,b\neq 0$ 时，$\boldsymbol{\beta}$ 不能表示成 $\boldsymbol{\alpha}_1,\boldsymbol{\alpha}_2,\boldsymbol{\alpha}_3,\boldsymbol{\alpha}_4$ 的线性组合；

当 $a\neq -1$ 时，表示式唯一，且

$$\boldsymbol{\beta}=-\frac{2b}{a+1}\boldsymbol{\alpha}_1+\frac{a+b+1}{a+1}\boldsymbol{\alpha}_2+\frac{b}{a+1}\boldsymbol{\alpha}_3+0\boldsymbol{\alpha}_4.$$

例 22　已知非齐次线性方程组

$$\begin{cases}x_1+x_2+x_3+x_4=-1,\\4x_1+3x_2+5x_3-x_4=-1,\\ax_1+x_2+3x_3+bx_4=1\end{cases}$$

有 3 个线性无关的解.

(1) 证明此方程组的系数矩阵 $\boldsymbol{A}$ 的秩为 2；

(2) 求 a,b 的值和方程组的通解.

解　(1) 设 $\boldsymbol{\alpha}_1,\boldsymbol{\alpha}_2,\boldsymbol{\alpha}_3$ 是方程组的 3 个线性无关的解，则 $\boldsymbol{\alpha}_2-\boldsymbol{\alpha}_1,\boldsymbol{\alpha}_3-\boldsymbol{\alpha}_1$ 是相应齐次方程组 $\boldsymbol{Ax}=\boldsymbol{0}$ 的两个线性无关的解，于是 $\boldsymbol{Ax}=\boldsymbol{0}$ 的基础解系中解的个数不少于 2，即 $4-R(\boldsymbol{A})\geqslant 2$，从而 $R(\boldsymbol{A})\leqslant 2$.

又因为 $\boldsymbol{A}$ 的行向量是两两线性无关的，所以 $R(\boldsymbol{A})\geqslant 2$.

所以 $R(\boldsymbol{A})=2$.

(2) 对方程组的增广矩阵作初等行变换：

$$\boldsymbol{B}=(\boldsymbol{A},\boldsymbol{b})=\begin{pmatrix}1&1&1&1&-1\\4&3&5&-1&-1\\a&1&3&b&1\end{pmatrix}\xrightarrow{\text{行变换}}\begin{pmatrix}1&0&2&-4&2\\0&1&-1&5&-3\\0&0&4-2a&4a+b-5&4-2a\end{pmatrix}.$$

由 $R(\boldsymbol{A})=2$，得 $a=2,b=-3$，代入后继续作初等行变换

$$\boldsymbol{B}=(\boldsymbol{A},\boldsymbol{b})\xrightarrow{\text{行变换}}\begin{pmatrix}1&0&2&-4&2\\0&1&-1&5&-3\\0&0&0&0&0\end{pmatrix},$$

得同解方程组

$$\begin{cases} x_1 = \quad 2-2x_3+4x_4, \\ x_2 = -3+\ \ x_3-5x_4. \end{cases}$$

求出一个特解 $(2,-3,0,0)^{\mathrm{T}}$ 和 $\boldsymbol{A}x=0$ 的基础解系 $(-2,1,1,0)^{\mathrm{T}}$，$(4,-5,0,1)^{\mathrm{T}}$. 得到方程组的通解：

$$\boldsymbol{x}=(2,-3,0,0)^{\mathrm{T}}+k_1(-2,1,1,0)^{\mathrm{T}}+k_2(4,-5,0,1)^{\mathrm{T}}(k_1,k_2\text{ 为任意常数}).$$

例 23 证明线性方程组 $\begin{cases} x_1-x_2=b_1, \\ x_2-x_3=b_2, \\ x_3-x_4=b_3, \\ x_4-x_5=b_4, \\ -x_1+x_5=b_5 \end{cases}$ 有解的充分必要条件是 $\sum\limits_{i=1}^{5}b_i=0$.

分析 关于线性方程组的解的存在性问题，一般来说，主要依据线性方程组解的定义及有解判别定理进行证明.

证 对方程组的增广矩阵作初等行变换：

$$\boldsymbol{B}=(\boldsymbol{A},\boldsymbol{b})=\begin{pmatrix} 1 & -1 & 0 & 0 & 0 & b_1 \\ 0 & 1 & -1 & 0 & 0 & b_2 \\ 0 & 0 & 1 & -1 & 0 & b_3 \\ 0 & 0 & 0 & 1 & -1 & b_4 \\ -1 & 0 & 0 & 0 & 1 & b_5 \end{pmatrix} \xrightarrow[\substack{r_5+r_3 \\ r_5+r_4}]{\substack{r_5+r_1 \\ r_5+r_2}} \begin{pmatrix} 1 & -1 & 0 & 0 & 0 & b_1 \\ 0 & 1 & -1 & 0 & 0 & b_2 \\ 0 & 0 & 1 & -1 & 0 & b_3 \\ 0 & 0 & 0 & 1 & -1 & b_4 \\ 0 & 0 & 0 & 0 & 0 & \sum\limits_{i=1}^{5}b_i \end{pmatrix},$$

所以，$R(\boldsymbol{A})=R(\boldsymbol{B})$ 的充分必要条件为 $\sum\limits_{i=1}^{5}b_i=0$. 又方程组有解的充分必要条件为 $R(\boldsymbol{A})=R(\boldsymbol{B})$，所以原方程组有解的充分必要条件为 $\sum\limits_{i=1}^{5}b_i=0$.

七、综合应用

例 24 设 $\boldsymbol{\alpha}_1=\begin{pmatrix} a_1 \\ a_2 \\ a_3 \end{pmatrix}$，$\boldsymbol{\alpha}_2=\begin{pmatrix} b_1 \\ b_2 \\ b_3 \end{pmatrix}$，$\boldsymbol{\alpha}_3=\begin{pmatrix} c_1 \\ c_2 \\ c_3 \end{pmatrix}$，则三条直线 $a_ix+b_iy+c_i=0$ $(i=1,2,3)$（其中 $a_i^2+b_i^2\neq 0,i=1,2,3$）交于一点的充要条件是（　　）.

(A) $\boldsymbol{\alpha}_1,\boldsymbol{\alpha}_2,\boldsymbol{\alpha}_3$ 线性无关　　(B) $\boldsymbol{\alpha}_1,\boldsymbol{\alpha}_2,\boldsymbol{\alpha}_3$ 线性相关

(C) $R(\boldsymbol{\alpha}_1,\boldsymbol{\alpha}_2,\boldsymbol{\alpha}_3)=R(\boldsymbol{\alpha}_1,\boldsymbol{\alpha}_2)$　　(D) $\boldsymbol{\alpha}_1,\boldsymbol{\alpha}_2,\boldsymbol{\alpha}_3$ 线性相关，$\boldsymbol{\alpha}_1,\boldsymbol{\alpha}_2$ 线性无关

解　三条直线交于一点

$$\Leftrightarrow \text{非齐次线性方程组}(\boldsymbol{\alpha}_1,\boldsymbol{\alpha}_2)\begin{pmatrix}x\\y\end{pmatrix}=-\boldsymbol{\alpha}_3\text{ 有唯一解}$$

$$\Leftrightarrow R(\boldsymbol{\alpha}_1,\boldsymbol{\alpha}_2)=R(\boldsymbol{\alpha}_1,\boldsymbol{\alpha}_2,-\boldsymbol{\alpha}_3)=2$$

$$\Leftrightarrow \boldsymbol{\alpha}_1,\boldsymbol{\alpha}_2\text{ 线性无关，而 }\boldsymbol{\alpha}_1,\boldsymbol{\alpha}_2,\boldsymbol{\alpha}_3\text{ 线性相关，}$$

所以，答案为(D).

例 25　设矩阵 $\begin{pmatrix}a_1 & b_1 & c_1\\ a_2 & b_2 & c_2\\ a_3 & b_3 & c_3\end{pmatrix}$ 是满秩的，则直线 $\dfrac{x-a_3}{a_1-a_2}=\dfrac{y-b_3}{b_1-b_2}=\dfrac{z-c_3}{c_1-c_2}$ 与直线 $\dfrac{x-a_1}{a_2-a_3}=\dfrac{y-b_1}{b_2-b_3}=\dfrac{z-c_1}{c_2-c_3}$ (　　).

(A) 相交于一点　　(B) 重合　　(C) 平行但不重合　　(D) 异面

解　取 $M_1(a_3,b_3,c_3)$，$M_2(a_1,b_1,c_1)$，作 $\overrightarrow{M_2M_1}=(a_3-a_1,b_3-b_1,c_3-c_1)$，又

$$\boldsymbol{s}_1=(a_1-a_2,b_1-b_2,c_1-c_2),\boldsymbol{s}_2=(a_2-a_3,b_2-b_3,c_2-c_3),$$

由三向量的混合积

$$(\boldsymbol{s}_1\times\boldsymbol{s}_2)\cdot\overrightarrow{M_2M_1}=\begin{vmatrix}a_1-a_2 & b_1-b_2 & c_1-c_2\\ a_2-a_3 & b_2-b_3 & c_2-c_3\\ a_3-a_1 & b_3-b_1 & c_3-c_1\end{vmatrix}\xlongequal{r_3+r_1+r_2}0,$$

得 $\boldsymbol{s}_1,\boldsymbol{s}_2,\overrightarrow{M_2M_1}$ 共面，又

$$|\boldsymbol{A}|=\begin{vmatrix}a_1 & b_1 & c_1\\ a_2 & b_2 & c_2\\ a_3 & b_3 & c_3\end{vmatrix}\xlongequal[r_2-r_3]{r_1-r_2}\begin{vmatrix}a_1-a_2 & b_1-b_2 & c_1-c_2\\ a_2-a_3 & b_2-b_3 & c_2-c_3\\ a_3 & b_3 & c_3\end{vmatrix}\neq 0\quad(\text{因为满秩})$$

得 $\boldsymbol{s}_1,\boldsymbol{s}_2$ 不平行.所以，两直线交于一点，(A)为正确答案.

例 26　设有四元齐次线性方程组（Ⅰ）$\begin{cases}x_1+x_2=0,\\ x_2-x_4=0,\end{cases}$ 又已知某齐次线性方程组(Ⅱ)的通解为

$$k_1(0,1,1,0)^{\mathrm{T}}+k_2(-1,2,2,1)^{\mathrm{T}}.$$

(1) 求(Ⅰ)的通解；

(2) 问(Ⅰ)与(Ⅱ)是否有非零公共解？若有，求出所有的非零公共解；若没有，说明理由.

解 (1) $\begin{cases} x_1 = -x_4, \\ x_2 = x_4, \\ x_3 = x_3, \\ x_4 = x_4, \end{cases} \quad x = \begin{pmatrix} x_1 \\ x_2 \\ x_3 \\ x_4 \end{pmatrix} = x_3\begin{pmatrix} 0 \\ 0 \\ 1 \\ 0 \end{pmatrix} + x_4\begin{pmatrix} -1 \\ 1 \\ 0 \\ 1 \end{pmatrix} \quad (x_3, x_4 \in \mathbf{R}).$

(2) 将(Ⅱ)的通解 $(-k_2, k_1+2k_2, k_1+2k_2, k_2)^{\mathrm{T}}$ 代入方程组(Ⅰ):

$$\begin{cases} -k_2+(k_1+2k_2)=0 \\ (k_1+2k_2)-k_2=0 \end{cases} \Rightarrow k_1=-k_2.$$

当 $k_1=-k_2\neq 0$ 时,(Ⅱ)的通解化为 $k_2(-1,1,1,1)^{\mathrm{T}}(k_2\neq 0)$,它同时也是(Ⅰ)的解.所以,(Ⅰ)与(Ⅱ)有非零公共解 $k_2(-1,1,1,1)^{\mathrm{T}}(k_2\neq 0)$.

例 27 设线性方程组

$$\begin{cases} x_1 + x_2 + x_3 = 0, \\ x_1 + 2x_2 + ax_3 = 0, \\ x_1 + 4x_2 + a^2x_3 = 0, \end{cases}$$

与方程

$$x_1 + 2x_2 + x_3 = a - 1$$

有公共解,求 a 的值及所有公共解.

解 由题意知若有公共解,即方程组

$$\begin{cases} x_1 + x_2 + x_3 = 0, \\ x_1 + 2x_2 + ax_3 = 0, \\ x_1 + 4x_2 + a^2x_3 = 0, \\ x_1 + 2x_2 + x_3 = a - 1 \end{cases}$$

有解,则对其对应的增广矩阵作初等行变换为

$$(\boldsymbol{A}\mid\boldsymbol{b})=\begin{pmatrix} 1 & 1 & 1 & 0 \\ 1 & 2 & a & 0 \\ 1 & 4 & a^2 & 0 \\ 1 & 2 & 1 & a-1 \end{pmatrix} \to \begin{pmatrix} 1 & 1 & 1 & 0 \\ 0 & 1 & a-1 & 0 \\ 0 & 3 & a^2-1 & 0 \\ 0 & 1 & 0 & a-1 \end{pmatrix}$$

$$\to \begin{pmatrix} 1 & 0 & 2-a & 0 \\ 0 & 1 & a-1 & 0 \\ 0 & 0 & (a-1)(a-2) & 0 \\ 0 & 0 & 1-a & a-1 \end{pmatrix}.$$

(1) 当 $a=1$ 时,

$$(\boldsymbol{A}\mid\boldsymbol{b})\rightarrow\begin{pmatrix}1&0&1&0\\0&1&0&0\\0&0&0&0\\0&0&0&0\end{pmatrix},$$

方程组有解,为

$$\begin{pmatrix}x_1\\x_2\\x_3\end{pmatrix}=k\begin{pmatrix}-1\\0\\1\end{pmatrix}\quad(k\text{ 为任意实数}).$$

(2) 当 $a=2$ 时,

$$(\boldsymbol{A}\mid\boldsymbol{b})\rightarrow\begin{pmatrix}1&0&0&0\\0&1&1&0\\0&0&0&0\\0&0&-1&1\end{pmatrix}\rightarrow\begin{pmatrix}1&0&0&0\\0&1&0&1\\0&0&1&-1\\0&0&0&0\end{pmatrix},$$

方程组有解,为

$$\begin{pmatrix}x_1\\x_2\\x_3\end{pmatrix}=\begin{pmatrix}0\\1\\-1\end{pmatrix}.$$

(3) 当 $a\neq1$ 且 $a\neq2$ 时,

$$(\boldsymbol{A}\mid\boldsymbol{b})\rightarrow\begin{pmatrix}1&0&2-a&0\\0&1&a-1&0\\0&0&1&0\\0&0&1&-1\end{pmatrix}\rightarrow\begin{pmatrix}1&0&2-a&0\\0&1&a-1&0\\0&0&1&0\\0&0&0&-1\end{pmatrix},$$

方程组无解.

八、向量空间

1. 设 V 为 n 维向量的集合,如果集合 V 非空,且集合 V 对于加法和数乘两种运算封闭,即满足:

(1) 若 $\boldsymbol{\alpha}\in V,\boldsymbol{\beta}\in V$,则 $\boldsymbol{\alpha}+\boldsymbol{\beta}\in V$;

(2) 若 $\boldsymbol{\alpha}\in V,\lambda\in\mathbf{R}$,则 $\lambda\boldsymbol{\alpha}\in V$,

则称集合 V 为向量空间.

2. 设有向量空间 U 及 V,若 $U\subset V$,则称 U 是 V 的子空间.

3. 设 V 为向量空间,如果有 r 个向量 $\boldsymbol{\alpha}_1,\boldsymbol{\alpha}_2,\cdots,\boldsymbol{\alpha}_r\in V$,满足

(1) $\boldsymbol{\alpha}_1,\boldsymbol{\alpha}_2,\cdots,\boldsymbol{\alpha}_r$线性无关;

(2) V 中任一向量都可由 $\boldsymbol{\alpha}_1,\boldsymbol{\alpha}_2,\cdots,\boldsymbol{\alpha}_r$线性表示,

则称向量组 $\boldsymbol{\alpha}_1,\boldsymbol{\alpha}_2,\cdots,\boldsymbol{\alpha}_r$为向量空间 V 的一个基,数 r 称为向量空间 V 的维数,并称 V 为 r 维向量空间.

如果向量空间 V 没有基,则 V 的维数为零.零维向量空间只含有一个零向量 $\mathbf{0}$.

4. 若把向量空间 V 看作向量组,则 V 的基就是向量组的最大无关组,V 的维数就是向量组的秩.

5. n 维向量的全体 $\mathbf{R}^n$ 是一个向量空间,维数为 n ,称为 n 维向量空间.

6. 若 $\boldsymbol{\alpha}_1,\boldsymbol{\alpha}_2,\cdots,\boldsymbol{\alpha}_n$为 n 维向量空间 $\mathbf{R}^n$ 的一个基,则 $\mathbf{R}^n$ 中任一向量 $\boldsymbol{\alpha}$ 都可由 $\boldsymbol{\alpha}_1,\boldsymbol{\alpha}_2,\cdots,\boldsymbol{\alpha}_n$线性表示:

$$\boldsymbol{\alpha}=x_1\boldsymbol{\alpha}_1+x_2\boldsymbol{\alpha}_2+\cdots+x_n\boldsymbol{\alpha}_n,$$

称数组 $x_1,x_2,\cdots,x_n$为向量 $\boldsymbol{\alpha}$ 对于基 $\boldsymbol{\alpha}_1,\boldsymbol{\alpha}_2,\cdots,\boldsymbol{\alpha}_n$的坐标,记为 $x_1,x_2,\cdots,x_n$.

7. 设 $\boldsymbol{\alpha}_1,\boldsymbol{\alpha}_2,\cdots,\boldsymbol{\alpha}_n$和 $\boldsymbol{\beta}_1,\boldsymbol{\beta}_2,\cdots,\boldsymbol{\beta}_n$为 n 维向量空间 $\mathbf{R}^n$的两个基,有

$$(\boldsymbol{\beta}_1,\boldsymbol{\beta}_2,\cdots,\boldsymbol{\beta}_n)=(\boldsymbol{\alpha}_1,\boldsymbol{\alpha}_2,\cdots,\boldsymbol{\alpha}_n)\boldsymbol{P},$$

其中 $\boldsymbol{P}=\begin{pmatrix}a_{11}&\cdots&a_{1n}\\ \vdots&&\vdots\\ a_{n1}&\cdots&a_{nn}\end{pmatrix}$,则称 $\boldsymbol{P}$ 为由基 $\boldsymbol{\alpha}_1,\boldsymbol{\alpha}_2,\cdots,\boldsymbol{\alpha}_n$到基 $\boldsymbol{\beta}_1,\boldsymbol{\beta}_2,\cdots,\boldsymbol{\beta}_n$的过渡矩阵.

例 28 设 $\mathbf{R}^n$ 的子集

$$V=\{(a_1,a_2,a_3,\cdots,a_n)\mid a_2=2a_1\},$$

求证 V 是一个向量空间.

证 因为零向量 $\mathbf{0}$ 满足条件 $a_2=2a_1$,所以 $\mathbf{0}\in V$,V 不是空集.

如果 $\boldsymbol{\alpha},\boldsymbol{\beta}\in V$:

$$\boldsymbol{\alpha}=(a_1,a_2,\cdots,a_n),\quad \boldsymbol{\beta}=(b_1,b_2,\cdots,b_n),$$

那么 $a_2=2a_1,b_2=2b_1$,于是

$$\boldsymbol{\alpha}+\boldsymbol{\beta}=(a_1+b_1,a_2+b_2,\cdots,a_n+b_n),$$

其中

$$a_2+b_2=2(a_1+b_1),$$

所以

$$\boldsymbol{\alpha}+\boldsymbol{\beta}\in V,$$

V 对加法封闭.

对任一个 $k\in\mathbf{R}$,有

$$k\boldsymbol{\alpha}=(ka_1,ka_2,\cdots,ka_n),$$

其中

$$ka_2 = 2(ka_1).$$

所以

$$k\boldsymbol{\alpha} \in V,$$

V 对数乘封闭.

根据定义,V 是一个向量空间.

例 29　证明:$\boldsymbol{\alpha}_1 = (1, -1, 0)^{\mathrm{T}}, \boldsymbol{\alpha}_2 = (2, 1, 3)^{\mathrm{T}}, \boldsymbol{\alpha}_3 = (3, 1, 2)^{\mathrm{T}}$ 为 $\mathbf{R}^3$ 的一个基,并将 $\boldsymbol{\alpha} = (5, 0, 7)^{\mathrm{T}}$ 用这个基线性表示.

证　设 $\boldsymbol{A} = (\boldsymbol{\alpha}_1, \boldsymbol{\alpha}_2, \boldsymbol{\alpha}_3)$,由

$$|\boldsymbol{A}| = \begin{vmatrix} 1 & 2 & 3 \\ -1 & 1 & 1 \\ 0 & 3 & 2 \end{vmatrix} = -6 \neq 0,$$

知 $\boldsymbol{\alpha}_1, \boldsymbol{\alpha}_2, \boldsymbol{\alpha}_3$ 线性无关,所以 $\boldsymbol{\alpha}_1, \boldsymbol{\alpha}_2, \boldsymbol{\alpha}_3$ 为 $\mathbf{R}^3$ 的一个基.

设 $x_1\boldsymbol{\alpha}_1 + x_2\boldsymbol{\alpha}_2 + x_3\boldsymbol{\alpha}_3 = \boldsymbol{\alpha}$,则

$$\begin{cases} x_1 + 2x_2 + 3x_3 = 5, \\ -x_1 + x_2 + x_3 = 0, \\ 3x_2 + 2x_3 = 7, \end{cases}$$

解之得 $x_1 = 2, x_2 = 3, x_3 = -1$,故线性表示为 $\boldsymbol{\alpha} = 2\boldsymbol{\alpha}_1 + 3\boldsymbol{\alpha}_2 - \boldsymbol{\alpha}_3$.

例 30　已知 $\mathbf{R}^3$ 的两个基为

$$\boldsymbol{a}_1 = \begin{pmatrix} 1 \\ 1 \\ 1 \end{pmatrix}, \boldsymbol{a}_2 = \begin{pmatrix} 1 \\ 0 \\ -1 \end{pmatrix}, \boldsymbol{a}_3 = \begin{pmatrix} 1 \\ 0 \\ 1 \end{pmatrix} \text{及} \ \boldsymbol{b}_1 = \begin{pmatrix} 1 \\ 2 \\ 1 \end{pmatrix}, \boldsymbol{b}_2 = \begin{pmatrix} 2 \\ 3 \\ 4 \end{pmatrix}, \boldsymbol{b}_3 = \begin{pmatrix} 3 \\ 4 \\ 3 \end{pmatrix},$$

求由基 $\boldsymbol{a}_1, \boldsymbol{a}_2, \boldsymbol{a}_3$ 到基 $\boldsymbol{b}_1, \boldsymbol{b}_2, \boldsymbol{b}_3$ 的过渡矩阵 $\boldsymbol{P}$.

解　$(\boldsymbol{b}_1, \boldsymbol{b}_2, \boldsymbol{b}_3) = (\boldsymbol{a}_1, \boldsymbol{a}_2, \boldsymbol{a}_3)\boldsymbol{P}$,令 $\boldsymbol{B} = (\boldsymbol{b}_1, \boldsymbol{b}_2, \boldsymbol{b}_3), \boldsymbol{A} = (\boldsymbol{a}_1, \boldsymbol{a}_2, \boldsymbol{a}_3)$,则 $\boldsymbol{P} = \boldsymbol{A}^{-1}\boldsymbol{B}$.

$$(\boldsymbol{A} \mid \boldsymbol{B}) = \begin{pmatrix} 1 & 1 & 1 & 1 & 2 & 3 \\ 1 & 0 & 0 & 2 & 3 & 4 \\ 1 & -1 & 1 & 1 & 4 & 3 \end{pmatrix} \to \begin{pmatrix} 0 & 1 & 1 & -1 & -1 & -1 \\ 1 & 0 & 0 & 2 & 3 & 4 \\ 0 & -1 & 1 & -1 & 1 & -1 \end{pmatrix}$$

$$\to \begin{pmatrix} 0 & 1 & 0 & 0 & -1 & 0 \\ 1 & 0 & 0 & 2 & 3 & 4 \\ 0 & 0 & 1 & -1 & 0 & -1 \end{pmatrix} \to \begin{pmatrix} 1 & 0 & 0 & 2 & 3 & 4 \\ 0 & 1 & 0 & 0 & -1 & 0 \\ 0 & 0 & 1 & -1 & 0 & -1 \end{pmatrix},$$

故 $\boldsymbol{P}=\begin{pmatrix}2&3&4\\0&-1&0\\-1&0&-1\end{pmatrix}.$

Ⅲ 习题选解

习题 4-1 线性方程组有解的条件

3. 求下列线性方程组的通解：

(2) $\begin{cases}2x_1+\ x_2-\ x_3+x_4=1,\\4x_1+2x_2-2x_3+x_4=2,\\2x_1+\ x_2-\ x_3-x_4=1.\end{cases}$

解 $\begin{pmatrix}2&1&-1&1&1\\4&2&-2&1&2\\2&1&-1&-1&1\end{pmatrix}\to\begin{pmatrix}2&1&-1&1&1\\0&0&0&-1&0\\0&0&0&-2&0\end{pmatrix}\to\begin{pmatrix}2&1&-1&0&1\\0&0&0&1&0\\0&0&0&0&0\end{pmatrix},$

故

$$\begin{pmatrix}x_1\\x_2\\x_3\\x_4\end{pmatrix}=\begin{pmatrix}0\\1\\0\\0\end{pmatrix}+k_1\begin{pmatrix}1\\-2\\0\\0\end{pmatrix}+k_2\begin{pmatrix}0\\1\\1\\0\end{pmatrix}\qquad(k_1,k_2\in\mathbf{R}).$$

4. 设线性方程组

$$\begin{cases}x_1+a_1x_2+a_1^2x_3=a_1^3,\\x_1+a_2x_2+a_2^2x_3=a_2^3,\\x_1+a_3x_2+a_3^2x_3=a_3^3,\\x_1+a_4x_2+a_4^2x_3=a_4^3.\end{cases}$$

证明：若 a_1,a_2,a_3,a_4 两两互不相等，则此线性方程组无解.

证 设系数矩阵 $\boldsymbol{A}=\begin{pmatrix}1&a_1&a_1^2\\1&a_2&a_2^2\\1&a_3&a_3^2\\1&a_4&a_4^2\end{pmatrix}$，增广矩阵 $\boldsymbol{B}=\begin{pmatrix}1&a_1&a_1^2&a_1^3\\1&a_2&a_2^2&a_2^3\\1&a_3&a_3^2&a_3^3\\1&a_4&a_4^2&a_4^3\end{pmatrix}$，

$$|\boldsymbol{B}| = \prod_{1 \leqslant j < i \leqslant 4} (a_i - a_j) \neq 0.$$

故 $R(\boldsymbol{B}) = 4 > R(\boldsymbol{A}) = 3$，所以此线性方程组无解.

5. 讨论线性方程组 $\begin{cases} ax_1 + x_2 + x_3 = 4, \\ x_1 + bx_2 + x_3 = 3, \\ x_1 + 2bx_2 + x_3 = 4, \end{cases}$ 当 a,b 取何值时有唯一解？无解？有无穷多组解？

解 参见例 19.

6. 设 $\begin{cases} (1+\lambda) x_1 + x_2 + x_3 = 0, \\ x_1 + (1+\lambda) x_2 + x_3 = 3, \\ x_1 + x_2 + (1+\lambda) x_3 = \lambda, \end{cases}$ 问 λ 为何值时，此方程组有唯一解？无解或有无穷多解？并在有无穷多解时，求其通解.

解 (1) 当 $\begin{vmatrix} 1+\lambda & 1 & 1 \\ 1 & 1+\lambda & 1 \\ 1 & 1 & 1+\lambda \end{vmatrix} \neq 0$ 时，方程组有唯一解；

而 $\begin{vmatrix} 1+\lambda & 1 & 1 \\ 1 & 1+\lambda & 1 \\ 1 & 1 & 1+\lambda \end{vmatrix} = \lambda^2(\lambda+3)$，即 $\lambda \neq 0$ 且 $\lambda \neq -3$ 时，有唯一解.

(2) $\lambda = 0$ 时，

$$\begin{pmatrix} 1 & 1 & 1 & 0 \\ 1 & 1 & 1 & 3 \\ 1 & 1 & 1 & 0 \end{pmatrix} \to \begin{pmatrix} 1 & 1 & 1 & 0 \\ 0 & 0 & 0 & 3 \\ 0 & 0 & 0 & 0 \end{pmatrix},$$

方程组无解.

(3) $\lambda = -3$ 时，

$$\begin{pmatrix} -2 & 1 & 1 & 0 \\ 1 & -2 & 1 & 3 \\ 1 & 1 & -2 & -3 \end{pmatrix} \to \begin{pmatrix} 0 & 0 & 0 & 0 \\ 1 & -2 & 1 & 3 \\ 0 & 3 & -3 & -6 \end{pmatrix} \to \begin{pmatrix} 0 & 0 & 0 & 0 \\ 1 & 0 & -1 & -1 \\ 0 & 1 & -1 & -2 \end{pmatrix},$$

此时方程组有无穷多解，通解为

$$\begin{pmatrix} x_1 \\ x_2 \\ x_3 \end{pmatrix} = \begin{pmatrix} -1 \\ -2 \\ 0 \end{pmatrix} + k \begin{pmatrix} 1 \\ 1 \\ 1 \end{pmatrix} \quad (k \in \mathbf{R}).$$

7. 给定方程组 $\begin{cases} x_1 - x_2 = a_1, \\ x_2 - x_3 = a_2, \\ x_3 - x_4 = a_3, \\ x_4 - x_5 = a_4, \\ x_5 - x_1 = a_5, \end{cases}$ 证明这个方程组有解的充要条件是 $\sum_{i=1}^{5} a_i = 0$.

证 参见例 23.

习题 4-2 *n* 维向量及其线性运算

4. 设 $3(\boldsymbol{\alpha}_1 - \boldsymbol{\alpha}) + 2(\boldsymbol{\alpha}_2 + \boldsymbol{\alpha}) = 5(\boldsymbol{\alpha}_3 + \boldsymbol{\alpha})$，其中 $\boldsymbol{\alpha}_1 = (2,5,1)^{\mathrm{T}}, \boldsymbol{\alpha}_2 = (10,1,5)^{\mathrm{T}}, \boldsymbol{\alpha}_3 = (4,1,-1)^{\mathrm{T}}$，求 $\boldsymbol{\alpha}$.

解 $3(\boldsymbol{\alpha}_1 - \boldsymbol{\alpha}) + 2(\boldsymbol{\alpha}_2 + \boldsymbol{\alpha}) = 5(\boldsymbol{\alpha}_3 + \boldsymbol{\alpha}) \Rightarrow 3\boldsymbol{\alpha}_1 + 2\boldsymbol{\alpha}_2 - \boldsymbol{\alpha} = 5\boldsymbol{\alpha}_3 + 5\boldsymbol{\alpha}$

$$\Rightarrow 6\boldsymbol{\alpha} = 3\boldsymbol{\alpha}_1 + 2\boldsymbol{\alpha}_2 - 5\boldsymbol{\alpha}_3 \Rightarrow \boldsymbol{\alpha} = \frac{1}{6}(3\boldsymbol{\alpha}_1 + 2\boldsymbol{\alpha}_2 - 5\boldsymbol{\alpha}_3),$$

即 $\boldsymbol{\alpha} = (1,2,3)^{\mathrm{T}}$.

5. 设 $\boldsymbol{\alpha} = (2,k,0)^{\mathrm{T}}, \boldsymbol{\beta} = (-1,0,\lambda)^{\mathrm{T}}, \boldsymbol{\gamma} = (\mu,-5,4)^{\mathrm{T}}$，且有 $\boldsymbol{\alpha} + \boldsymbol{\beta} + \boldsymbol{\gamma} = 0$，求参数 k,λ,μ.

解 $\boldsymbol{\alpha} + \boldsymbol{\beta} + \boldsymbol{\gamma} = (1+\mu, k-5, 4+\lambda)^{\mathrm{T}} = \mathbf{0}$. 即有 $1+\mu = 0, k-5 = 0, 4+\lambda = 0$，故 $\mu = -1, k = 5, \lambda = -4$.

习题 4-3 向量组的线性相关性

1. 下列各题中的向量 $\boldsymbol{\beta}$ 能否为其余向量组成的向量组的线性组合？若能，写出一个线性表示式.

(2) $\boldsymbol{\beta} = (0,8,-1,5)^{\mathrm{T}}, \boldsymbol{\alpha}_1 = (1,3,-1,2)^{\mathrm{T}}, \boldsymbol{\alpha}_2 = (0,-1,2,1)^{\mathrm{T}}, \boldsymbol{\alpha}_3 = (-2,1,3,2)^{\mathrm{T}}$.

解 $$(\boldsymbol{\alpha}_1, \boldsymbol{\alpha}_2, \boldsymbol{\alpha}_3, \boldsymbol{\beta}) = \begin{pmatrix} 1 & 0 & -2 & 0 \\ 3 & -1 & 1 & 8 \\ -1 & 2 & 3 & -1 \\ 2 & 1 & 2 & 5 \end{pmatrix} \xrightarrow{\text{行变换}} \begin{pmatrix} 1 & 0 & 0 & 2 \\ 0 & 1 & 0 & -1 \\ 0 & 0 & 1 & 1 \\ 0 & 0 & 0 & 0 \end{pmatrix},$$

故 $\boldsymbol{\beta} = 2\boldsymbol{\alpha}_1 - \boldsymbol{\alpha}_2 + \boldsymbol{\alpha}_3$.

(3) $\boldsymbol{\beta} = (-1,1,0,1)^{\mathrm{T}}, \boldsymbol{\alpha}_1 = (5,0,1,2)^{\mathrm{T}}, \boldsymbol{\alpha}_2 = (4,1,0,1)^{\mathrm{T}}, \boldsymbol{\alpha}_3 = (1,1,1,0)^{\mathrm{T}}$.

解　$$(\boldsymbol{\alpha}_1,\boldsymbol{\alpha}_2,\boldsymbol{\alpha}_3,\boldsymbol{\beta})=\begin{pmatrix}5&4&1&-1\\0&1&1&1\\1&0&1&0\\2&1&0&1\end{pmatrix}\xrightarrow{\text{行变换}}\begin{pmatrix}1&0&0&0\\0&1&0&1\\0&0&1&0\\0&0&0&-5\end{pmatrix},$$

$\boldsymbol{\beta}$ 不能由 $\boldsymbol{\alpha}_1,\boldsymbol{\alpha}_2,\boldsymbol{\alpha}_3$ 线性表示.

2. 若 $\boldsymbol{\beta}$ 可由 $\boldsymbol{\alpha}_1,\boldsymbol{\alpha}_2,\boldsymbol{\alpha}_3$ 线性表示，且 $\boldsymbol{\beta}=(7,-2,\lambda)^{\mathrm{T}},\boldsymbol{\alpha}_1=(2,3,5)^{\mathrm{T}},\boldsymbol{\alpha}_2=(3,7,8)^{\mathrm{T}},\boldsymbol{\alpha}_3=(1,-6,1)^{\mathrm{T}}$，求 λ.

解　$$(\boldsymbol{\alpha}_1,\boldsymbol{\alpha}_2,\boldsymbol{\alpha}_3,\boldsymbol{\beta})=\begin{pmatrix}2&3&1&7\\3&7&-6&-2\\5&8&1&\lambda\end{pmatrix}\xrightarrow{\text{行变换}}\begin{pmatrix}2&3&1&7\\3&5&0&8\\0&0&0&\lambda-15\end{pmatrix},$$

当 $\lambda-15=0$，即 $\lambda=15$ 时，$\boldsymbol{\beta}$ 可由 $\boldsymbol{\alpha}_1,\boldsymbol{\alpha}_2,\boldsymbol{\alpha}_3$ 线性表示.

3. 判断下列命题（或说法）是否正确，为什么？

（1）如果向量 $\boldsymbol{\beta}$ 可由向量组 $\boldsymbol{\alpha}_1,\boldsymbol{\alpha}_2,\boldsymbol{\alpha}_3$ 线性表示，即 $\boldsymbol{\beta}=k_1\boldsymbol{\alpha}_1+k_2\boldsymbol{\alpha}_2+k_3\boldsymbol{\alpha}_3$，则表示系数 k_1,k_2,k_3 不全为零.

解　不正确.

例：$\mathbf{0}=0(1,0,0)^{\mathrm{T}}+0(0,1,0)^{\mathrm{T}}+0(0,0,1)^{\mathrm{T}}$.

（2）若向量组 $\boldsymbol{\alpha}_1,\boldsymbol{\alpha}_2,\cdots,\boldsymbol{\alpha}_m$ 是线性相关的，则 $\boldsymbol{\alpha}_1$ 一定可由 $\boldsymbol{\alpha}_2,\cdots,\boldsymbol{\alpha}_m$ 线性表示.

解　不正确.

例：$\boldsymbol{\alpha}_1=(0,0,1)^{\mathrm{T}},\boldsymbol{\alpha}_2=(1,0,0)^{\mathrm{T}},\boldsymbol{\alpha}_3=(0,0,0)^{\mathrm{T}}$，线性相关.但 $\boldsymbol{\alpha}_1$ 不能由 $\boldsymbol{\alpha}_2,\boldsymbol{\alpha}_3$ 线性表示.

（3）若向量组 $\boldsymbol{\alpha}_1,\boldsymbol{\alpha}_2$ 线性相关，向量组 $\boldsymbol{\beta}_1,\boldsymbol{\beta}_2$ 线性相关，则有不全为零的数 k_1,k_2，使 $k_1\boldsymbol{\alpha}_1+k_2\boldsymbol{\alpha}_2=\mathbf{0}$ 且 $k_1\boldsymbol{\beta}_1+k_2\boldsymbol{\beta}_2=\mathbf{0}$，从而使 $k_1(\boldsymbol{\alpha}_1+\boldsymbol{\beta}_1)+k_2(\boldsymbol{\alpha}_2+\boldsymbol{\beta}_2)=\mathbf{0}$，故 $\boldsymbol{\alpha}_1+\boldsymbol{\beta}_1,\boldsymbol{\alpha}_2+\boldsymbol{\beta}_2$ 线性相关；

解　不正确.

例：$\boldsymbol{\alpha}_1=(1,0)^{\mathrm{T}},\boldsymbol{\alpha}_2=(2,0)^{\mathrm{T}},\boldsymbol{\beta}_1=(0,1)^{\mathrm{T}},\boldsymbol{\beta}_2=(0,3)^{\mathrm{T}}$，$\boldsymbol{\alpha}_1,\boldsymbol{\alpha}_2$ 线性相关，$\boldsymbol{\beta}_1,\boldsymbol{\beta}_2$ 线性相关，但 $\boldsymbol{\alpha}_1+\boldsymbol{\beta}_1,\boldsymbol{\alpha}_2+\boldsymbol{\beta}_2$ 线性无关.

（4）如果存在不全为零的数 $k_1,k_2,\cdots,k_m$ 使 $k_1\boldsymbol{\alpha}_1+k_2\boldsymbol{\alpha}_2+\cdots+k_m\boldsymbol{\alpha}_m\neq\mathbf{0}$，则向量组 $\boldsymbol{\alpha}_1,\boldsymbol{\alpha}_2,\cdots,\boldsymbol{\alpha}_m$ 线性无关.

解　不正确.

例：$\boldsymbol{\alpha}_1=(0,0)^{\mathrm{T}},\boldsymbol{\alpha}_2=(1,0)^{\mathrm{T}},k_1=2,k_2=1,k_1\boldsymbol{\alpha}_1+k_1\boldsymbol{\alpha}_2\neq\mathbf{0}$.但 $\boldsymbol{\alpha}_1,\boldsymbol{\alpha}_2$ 线性相关.

（5）若 $\boldsymbol{\alpha}_1,\boldsymbol{\alpha}_2,\boldsymbol{\alpha}_3$ 线性无关，$\boldsymbol{\alpha}_2,\boldsymbol{\alpha}_3,\boldsymbol{\alpha}_4$ 线性相关，则 $\boldsymbol{\alpha}_1$ 不可由 $\boldsymbol{\alpha}_2,\boldsymbol{\alpha}_3,\boldsymbol{\alpha}_4$ 线性表示.

解 正确.

$\boldsymbol{\alpha}_1,\boldsymbol{\alpha}_2,\boldsymbol{\alpha}_3$线性无关$\Rightarrow\boldsymbol{\alpha}_2,\boldsymbol{\alpha}_3$线性无关，又$\boldsymbol{\alpha}_2,\boldsymbol{\alpha}_3,\boldsymbol{\alpha}_4$线性相关，故$\boldsymbol{\alpha}_4$可由$\boldsymbol{\alpha}_2$，$\boldsymbol{\alpha}_3$线性表示，若$\boldsymbol{\alpha}_1$可由$\boldsymbol{\alpha}_2,\boldsymbol{\alpha}_3,\boldsymbol{\alpha}_4$线性表示，即有$\boldsymbol{\alpha}_1$可由$\boldsymbol{\alpha}_2,\boldsymbol{\alpha}_3$线性表示，这与$\boldsymbol{\alpha}_1,\boldsymbol{\alpha}_2,\boldsymbol{\alpha}_3$线性无关矛盾，故$\boldsymbol{\alpha}_1$不可由$\boldsymbol{\alpha}_2,\boldsymbol{\alpha}_3,\boldsymbol{\alpha}_4$线性表示.

4. 判断下列向量组的线性相关性.

(1) $\boldsymbol{\alpha}_1=(3,-1,2)^{\mathrm T},\boldsymbol{\alpha}_2=(1,5,-7)^{\mathrm T},\boldsymbol{\alpha}_3=(7,-13,20)^{\mathrm T}$.

解 $$\begin{vmatrix}3&1&7\\-1&5&-13\\2&-7&20\end{vmatrix}=\begin{vmatrix}0&16&-32\\-1&5&-13\\0&3&-6\end{vmatrix}=0,$$

故$\boldsymbol{\alpha}_1,\boldsymbol{\alpha}_2,\boldsymbol{\alpha}_3$线性相关.

(2) $\boldsymbol{\alpha}_1=(1,-2,4,-8)^{\mathrm T},\boldsymbol{\alpha}_2=(1,3,9,27)^{\mathrm T},\boldsymbol{\alpha}_3=(1,4,16,64)^{\mathrm T},\boldsymbol{\alpha}_4=(1,-1,1,-1)^{\mathrm T}$.

解 $$\begin{vmatrix}1&1&1&1\\-2&3&4&-1\\4&9&16&1\\-8&27&64&-1\end{vmatrix}=\begin{vmatrix}1&1&1&1\\-1&4&5&0\\2&12&20&0\\-6&24&60&0\end{vmatrix}=12\begin{vmatrix}-1&4&5\\1&6&10\\1&-4&-10\end{vmatrix}$$

$$=12\begin{vmatrix}-1&4&5\\0&10&15\\0&0&-5\end{vmatrix}$$

$$=(-12)\cdot(-50)\neq 0,$$

故$\boldsymbol{\alpha}_1,\boldsymbol{\alpha}_2,\boldsymbol{\alpha}_3,\boldsymbol{\alpha}_4$线性无关.

(3) $\boldsymbol{\alpha}_1=(1,2,1,1)^{\mathrm T},\boldsymbol{\alpha}_2=(1,1,2,-1)^{\mathrm T},\boldsymbol{\alpha}_3=(3,4,5,1)^{\mathrm T}$.

解 取$\boldsymbol{\beta}_1=(2,1,1)^{\mathrm T},\boldsymbol{\beta}_2=(1,2,-1)^{\mathrm T},\boldsymbol{\beta}_3=(4,5,1)^{\mathrm T}$，

$$\begin{vmatrix}2&1&1\\1&2&-1\\4&5&1\end{vmatrix}=\begin{vmatrix}3&3&0\\1&2&-1\\5&7&0\end{vmatrix}=\begin{vmatrix}3&3\\5&7\end{vmatrix}\neq 0,$$

故$\boldsymbol{\beta}_1,\boldsymbol{\beta}_2,\boldsymbol{\beta}_3$线性无关，故$\boldsymbol{\alpha}_1,\boldsymbol{\alpha}_2,\boldsymbol{\alpha}_3$线性无关.

5. 设$\boldsymbol{b}_1=\boldsymbol{\alpha}_1+\boldsymbol{\alpha}_2,\boldsymbol{b}_2=\boldsymbol{\alpha}_2+\boldsymbol{\alpha}_3,\boldsymbol{b}_3=\boldsymbol{\alpha}_3+\boldsymbol{\alpha}_4,\boldsymbol{b}_4=\boldsymbol{\alpha}_4+\boldsymbol{\alpha}_1$，证明向量组$\boldsymbol{b}_1,\boldsymbol{b}_2,\boldsymbol{b}_3,\boldsymbol{b}_4$线性相关.

证 $b_1-\boldsymbol{b}_2+\boldsymbol{b}_3-\boldsymbol{b}_4=\boldsymbol{0}$，故$\boldsymbol{b}_1,\boldsymbol{b}_2,\boldsymbol{b}_3,\boldsymbol{b}_4$线性相关.

6. 若向量组$\boldsymbol{\alpha}_1,\boldsymbol{\alpha}_2,\boldsymbol{\alpha}_3$线性无关，证明向量组$\boldsymbol{b}_1=\boldsymbol{\alpha}_1,\boldsymbol{b}_2=\boldsymbol{\alpha}_1+\boldsymbol{\alpha}_2,\boldsymbol{b}_3=\boldsymbol{\alpha}_1+\boldsymbol{\alpha}_2+\boldsymbol{\alpha}_3$也线性无关.

证 假设存在数k_1,k_2,k_3使得

$$k_1\boldsymbol{b}_1+k_2\boldsymbol{b}_2+k_3\boldsymbol{b}_3=\boldsymbol{0},$$

即

$$(k_1+k_2+k_3)\boldsymbol{\alpha}_1+(k_2+k_3)\boldsymbol{\alpha}_2+k_3\boldsymbol{\alpha}_3=\mathbf{0}.$$

由于 $\boldsymbol{\alpha}_1,\boldsymbol{\alpha}_2,\boldsymbol{\alpha}_3$ 线性无关,则

$$\begin{cases}k_1+k_2+k_3=0,\\ k_2+k_3=0,\\ k_3=0,\end{cases}$$

故 $k_1=k_2=k_3=0$, 所以 $\boldsymbol{b}_1,\boldsymbol{b}_2,\boldsymbol{b}_3$ 线性无关.

7. 问 t 取何值时,下列向量组线性相关?

$$\boldsymbol{\alpha}_1=(t,-1,-1)^{\mathrm{T}},\boldsymbol{\alpha}_2=(-1,t,-1)^{\mathrm{T}},\boldsymbol{\alpha}_3=(-1,-1,t)^{\mathrm{T}}.$$

解

$$\begin{vmatrix}t&-1&-1\\-1&t&-1\\-1&-1&t\end{vmatrix}=\begin{vmatrix}t-2&t-2&t-2\\-1&t&-1\\-1&-1&t\end{vmatrix}$$

$$=(t-2)\begin{vmatrix}1&1&1\\0&t+1&0\\0&0&t+1\end{vmatrix}$$

$$=(t-2)(t+1)^2,$$

故当 $t=2$ 或 $t=-1$ 时,$\boldsymbol{\alpha}_1,\boldsymbol{\alpha}_2,\boldsymbol{\alpha}_3$ 线性相关.

8. 已知 $\boldsymbol{\alpha}_1=(1,0,2,3)^{\mathrm{T}},\boldsymbol{\alpha}_2=(1,1,3,5)^{\mathrm{T}},\boldsymbol{\alpha}_3=(1,-1,a+2,1)^{\mathrm{T}}$, $\boldsymbol{\alpha}_4=(1,2,4,a+8)^{\mathrm{T}},\boldsymbol{\beta}=(1,1,b+3,5)^{\mathrm{T}}$,

(1) a,b 为何值时,$\boldsymbol{\beta}$ 不能表示成 $\boldsymbol{\alpha}_1,\boldsymbol{\alpha}_2,\boldsymbol{\alpha}_3,\boldsymbol{\alpha}_4$ 的线性组合;

(2) a,b 为何值时,$\boldsymbol{\beta}$ 能唯一由 $\boldsymbol{\alpha}_1,\boldsymbol{\alpha}_2,\boldsymbol{\alpha}_3,\boldsymbol{\alpha}_4$ 线性表示.

解　参见例 21.

9. 指出下列各题中向量组 A 和向量组 B 的线性相关性.

(1) A: $\boldsymbol{\alpha}_1=(1,1)^{\mathrm{T}},\boldsymbol{\alpha}_2=(2,2)^{\mathrm{T}}$, B: $\boldsymbol{\beta}_1=(1,1,2,2)^{\mathrm{T}},\boldsymbol{\beta}_2=(2,2,1,1)^{\mathrm{T}}$;

解　向量组 A 线性相关,向量组 B 线性无关.

(2) A: $\boldsymbol{\alpha}_1=(1,1)^{\mathrm{T}},\boldsymbol{\alpha}_2=(1,0)^{\mathrm{T}}$, B: $\boldsymbol{\beta}_1=(1,1,2,2)^{\mathrm{T}},\boldsymbol{\beta}_2=(1,0,4,4)^{\mathrm{T}}$;

解　向量组 A 线性无关,向量组 B 线性无关.

(3) A: $\boldsymbol{\alpha}_1=(2,3)^{\mathrm{T}},\boldsymbol{\alpha}_2=(1,1)^{\mathrm{T}}$, B: $\boldsymbol{\beta}_1=(2,3)^{\mathrm{T}},\boldsymbol{\beta}_2=(1,1)^{\mathrm{T}},\boldsymbol{\beta}_3=(0,1)^{\mathrm{T}}$.

解　向量组 A 线性无关,向量组 B 线性相关.

习题 4-4　向量组的秩

1. 利用矩阵的初等行变换求下列矩阵的列向量组的秩及一个最大无关组,并把不属于最大无关组的列向量用最大无关组线性表示.

(1) $\boldsymbol{A}=\begin{pmatrix}2 & -1 & -1 & 1 & 2\\ 1 & 1 & -2 & 1 & 4\\ 4 & -6 & 2 & -2 & 4\\ 3 & 6 & -9 & 7 & 9\end{pmatrix}$;

解 $\boldsymbol{A}=\begin{pmatrix}2 & -1 & -1 & 1 & 2\\ 1 & 1 & -2 & 1 & 4\\ 4 & -6 & 2 & -2 & 4\\ 3 & 6 & -9 & 7 & 9\end{pmatrix}\xrightarrow{\text{行变换}}\begin{pmatrix}0 & 0 & 0 & 0 & 0\\ 1 & 0 & -1 & 0 & 4\\ 0 & 1 & -1 & 0 & 3\\ 0 & 0 & 0 & 1 & -3\end{pmatrix}$.

设 $\boldsymbol{A}=(\boldsymbol{\alpha}_1,\boldsymbol{\alpha}_2,\boldsymbol{\alpha}_3,\boldsymbol{\alpha}_4,\boldsymbol{\alpha}_5)$，则 $R(\boldsymbol{A})=3$. $\boldsymbol{A}$ 的列向量组的一个最大无关组为 $\boldsymbol{\alpha}_1,\boldsymbol{\alpha}_2,\boldsymbol{\alpha}_4$，

$$\boldsymbol{\alpha}_3=-\boldsymbol{\alpha}_1-\boldsymbol{\alpha}_2,\qquad \boldsymbol{\alpha}_5=4\boldsymbol{\alpha}_1+3\boldsymbol{\alpha}_2-3\boldsymbol{\alpha}_4.$$

2. 求下列向量组的秩，并求一个最大无关组.

(1) $\boldsymbol{\alpha}_1=(4,-1,-5,-6)^{\mathrm{T}},\boldsymbol{\alpha}_2=(1,-3,-4,-7)^{\mathrm{T}},\boldsymbol{\alpha}_3=(1,2,1,3)^{\mathrm{T}}$，$\boldsymbol{\alpha}_4=(2,1,-1,0)^{\mathrm{T}}$.

解 $\boldsymbol{A}=(\boldsymbol{\alpha}_1,\boldsymbol{\alpha}_2,\boldsymbol{\alpha}_3,\boldsymbol{\alpha}_4)=\begin{pmatrix}4 & 1 & 1 & 2\\ -1 & -3 & 2 & 1\\ -5 & -4 & 1 & -1\\ -6 & -7 & 3 & 0\end{pmatrix}\xrightarrow{\text{行变换}}\begin{pmatrix}0 & 0 & 0 & 0\\ -6 & -7 & 3 & 0\\ -5 & -4 & 1 & -1\\ 0 & 0 & 0 & 0\end{pmatrix}$，

故 $R(\boldsymbol{A})=2$，最大无关组为 $\boldsymbol{\alpha}_1,\boldsymbol{\alpha}_2$ 或 $\boldsymbol{\alpha}_1,\boldsymbol{\alpha}_3$ 或 $\boldsymbol{\alpha}_2,\boldsymbol{\alpha}_3$ 或 $\boldsymbol{\alpha}_1,\boldsymbol{\alpha}_4$.

(2) $\boldsymbol{\alpha}_1=(1,0,1)^{\mathrm{T}},\boldsymbol{\alpha}_2=(2,1,0)^{\mathrm{T}},\boldsymbol{\alpha}_3=(0,1,1)^{\mathrm{T}},\boldsymbol{\alpha}_4=(1,1,1)^{\mathrm{T}}$.

解 $\boldsymbol{A}=(\boldsymbol{\alpha}_1,\boldsymbol{\alpha}_2,\boldsymbol{\alpha}_3,\boldsymbol{\alpha}_4)=\begin{pmatrix}1 & 2 & 0 & 1\\ 0 & 1 & 1 & 1\\ 1 & 0 & 1 & 1\end{pmatrix}\xrightarrow{\text{行变换}}\begin{pmatrix}1 & 0 & 0 & \frac{1}{3}\\ 0 & 1 & 0 & \frac{1}{3}\\ 0 & 0 & 1 & \frac{2}{3}\end{pmatrix}$，

$R(\boldsymbol{A})=3$.向量组的一个最大无关组为 $\boldsymbol{\alpha}_1,\boldsymbol{\alpha}_2,\boldsymbol{\alpha}_3$.

3. 向量组 $\boldsymbol{\alpha}_1,\boldsymbol{\alpha}_2,\boldsymbol{\alpha}_3$ 线性相关，向量组 $\boldsymbol{\alpha}_2,\boldsymbol{\alpha}_3,\boldsymbol{\alpha}_4$ 线性无关，求向量组 $\boldsymbol{\alpha}_1,\boldsymbol{\alpha}_2,\boldsymbol{\alpha}_3,\boldsymbol{\alpha}_4$ 的秩，并说明理由.

解 考虑向量组 $\boldsymbol{\alpha}_1,\boldsymbol{\alpha}_2,\boldsymbol{\alpha}_3,\boldsymbol{\alpha}_4$，由于 $\boldsymbol{\alpha}_1,\boldsymbol{\alpha}_2,\boldsymbol{\alpha}_3$ 线性相关，显然 $\boldsymbol{\alpha}_1,\boldsymbol{\alpha}_2,\boldsymbol{\alpha}_3,\boldsymbol{\alpha}_4$ 线性相关，而 $\boldsymbol{\alpha}_2,\boldsymbol{\alpha}_3,\boldsymbol{\alpha}_4$ 线性无关，则 $\boldsymbol{\alpha}_2,\boldsymbol{\alpha}_3,\boldsymbol{\alpha}_4$ 是 $\boldsymbol{\alpha}_1,\boldsymbol{\alpha}_2,\boldsymbol{\alpha}_3,\boldsymbol{\alpha}_4$ 的一个最大无关组.故 $\boldsymbol{\alpha}_1,\boldsymbol{\alpha}_2,\boldsymbol{\alpha}_3,\boldsymbol{\alpha}_4$ 的秩为 3.

4. 作一个秩是 4 的方阵，它的两个行向量是 $(1,0,1,0,0)$，$(0,-1,0,0,0)$.

解 $A=\begin{pmatrix}1&0&1&0&0\\0&-1&0&0&0\\1&0&0&0&0\\0&0&0&1&0\\0&0&0&0&0\end{pmatrix}.$

5. 证明:如果 n 维单位向量组 $\boldsymbol{e}_1,\boldsymbol{e}_2,\cdots,\boldsymbol{e}_n$ 可以由 n 维向量组 $\boldsymbol{\alpha}_1,\boldsymbol{\alpha}_2,\cdots,\boldsymbol{\alpha}_n$ 线性表示,则向量组 $\boldsymbol{\alpha}_1,\boldsymbol{\alpha}_2,\cdots,\boldsymbol{\alpha}_n$ 线性无关.

证 设向量组 $A:\boldsymbol{e}_1,\boldsymbol{e}_2,\cdots,\boldsymbol{e}_n;B:\boldsymbol{\alpha}_1,\boldsymbol{\alpha}_2,\cdots,\boldsymbol{\alpha}_n$, 向量组 A 的秩为 n,且向量组 A 可由向量组 B 线性表示.故有

$$n=R(A)\leqslant R(B)\Rightarrow R(B)=n\Rightarrow \text{向量组 } B \text{ 线性无关.}$$

6. 设 $\boldsymbol{\alpha}_1,\boldsymbol{\alpha}_2,\cdots,\boldsymbol{\alpha}_n$ 是一组 n 维向量,证明它们线性无关的充要条件是任一 n 维向量都可由它们线性表示.

证 (1) 若 $\boldsymbol{\alpha}_1,\boldsymbol{\alpha}_2,\cdots,\boldsymbol{\alpha}_n$ 线性无关,任取一 n 维向量 $\boldsymbol{\beta}$. $\boldsymbol{\alpha}_1,\boldsymbol{\alpha}_2,\cdots,\boldsymbol{\alpha}_n,\boldsymbol{\beta}$ 线性相关,故 $\boldsymbol{\beta}$ 可由 $\boldsymbol{\alpha}_1,\boldsymbol{\alpha}_2,\cdots,\boldsymbol{\alpha}_n$ 线性表示.

(2) 若任意 n 维向量都可由 $\boldsymbol{\alpha}_1,\boldsymbol{\alpha}_2,\cdots,\boldsymbol{\alpha}_n$ 线性表示,取 n 维单位向量 $\boldsymbol{e}_1,\boldsymbol{e}_2,\cdots,\boldsymbol{e}_n$,它们可由 $\boldsymbol{\alpha}_1,\boldsymbol{\alpha}_2,\cdots,\boldsymbol{\alpha}_n$ 线性表示,由第 5 题可知 $\boldsymbol{\alpha}_1,\boldsymbol{\alpha}_2,\cdots,\boldsymbol{\alpha}_n$ 线性无关.

7. 设向量组 $A:\boldsymbol{\alpha}_1,\boldsymbol{\alpha}_2,\cdots,\boldsymbol{\alpha}_r$ 的秩为 r_1;向量组 $B:\boldsymbol{\beta}_1,\boldsymbol{\beta}_2,\cdots,\boldsymbol{\beta}_n$ 的秩为 r_2;向量组 $C:\boldsymbol{\alpha}_1,\boldsymbol{\alpha}_2,\cdots,\boldsymbol{\alpha}_r,\boldsymbol{\beta}_1,\boldsymbol{\beta}_2,\cdots,\boldsymbol{\beta}_n$ 的秩为 r_3,则有 $\max(r_1,r_2)\leqslant r_3\leqslant r_1+r_2$.

证 不妨设 $\max(r_1,r_2)=r_1$,向量组 A 的一个最大无关组为 $\boldsymbol{\alpha}_1,\boldsymbol{\alpha}_2\cdots\boldsymbol{\alpha}_{r_1}$,向量组 B 的一个最大无关组为 $\boldsymbol{\beta}_1,\boldsymbol{\beta}_2,\cdots,\boldsymbol{\beta}_{r_2}$,记向量组 $\boldsymbol{\alpha}_1,\boldsymbol{\alpha}_2,\cdots,\boldsymbol{\alpha}_{r_1},\boldsymbol{\beta}_1,\boldsymbol{\beta}_2\cdots,\boldsymbol{\beta}_{r_2}$ 为 D.则向量组 A 可由向量组 C 线性表示,向量组 C 可由向量组 D 线性表示,故

$$R(A)\leqslant R(C)\leqslant R(D),$$

同理,可得

$$R(B)\leqslant R(C)\leqslant R(D),$$

而 $R(D)\leqslant r_1+r_2$, 故有

$$\max(r_1,r_2)\leqslant r_3\leqslant r_1+r_2.$$

8. 设向量组 $B:\boldsymbol{\beta}_1,\boldsymbol{\beta}_2,\cdots,\boldsymbol{\beta}_r$ 能由向量组 $A:\boldsymbol{\alpha}_1,\boldsymbol{\alpha}_2,\cdots,\boldsymbol{\alpha}_s$ 线性表示为

$$(\boldsymbol{\beta}_1,\boldsymbol{\beta}_2,\cdots,\boldsymbol{\beta}_r)=(\boldsymbol{\alpha}_1,\boldsymbol{\alpha}_2,\cdots,\boldsymbol{\alpha}_s)\boldsymbol{K},$$

其中 $\boldsymbol{K}$ 为 $s\times r$ 矩阵,且 A 组线性无关,证明 B 组线性无关的充分必要条件是矩阵 $\boldsymbol{K}$ 的秩 $R(\boldsymbol{K})=r$.

证 (1) 若向量组 B 线性无关,而 $R(\boldsymbol{K})<r$, 则存在

$$\boldsymbol{x}=\begin{pmatrix}x_1\\x_2\\\vdots\\x_r\end{pmatrix}\neq\mathbf{0},\qquad \boldsymbol{K}\boldsymbol{x}=\mathbf{0}.$$

从而

$$(\boldsymbol{\beta}_1,\boldsymbol{\beta}_2,\cdots,\boldsymbol{\beta}_r)\begin{pmatrix}x_1\\x_2\\\vdots\\x_r\end{pmatrix}=(\boldsymbol{\alpha}_1,\boldsymbol{\alpha}_2,\cdots,\boldsymbol{\alpha}_3)\boldsymbol{K}\begin{pmatrix}x_1\\x_2\\\vdots\\x_r\end{pmatrix}=\mathbf{0},$$

即有$\boldsymbol{\beta}_1,\boldsymbol{\beta}_2,\cdots,\boldsymbol{\beta}_r$线性相关,矛盾.故当向量组 B 线性无关时,必有 $R(\boldsymbol{K})=r$.

(2) 若 $R(\boldsymbol{K})=r$, 假设存在 $\boldsymbol{x}=\begin{pmatrix}x_1\\x_2\\\vdots\\x_r\end{pmatrix}$, 使得 $(\boldsymbol{\beta}_1,\boldsymbol{\beta}_2,\cdots,\boldsymbol{\beta}_r)\begin{pmatrix}x_1\\x_2\\\vdots\\x_r\end{pmatrix}=\mathbf{0}$, 则有

$$(\boldsymbol{\beta}_1,\boldsymbol{\beta}_2,\cdots,\boldsymbol{\beta}_r)\begin{pmatrix}x_1\\x_2\\\vdots\\x_r\end{pmatrix}=(\boldsymbol{\alpha}_1,\boldsymbol{\alpha}_2,\cdots,\boldsymbol{\alpha}_s)\boldsymbol{K}\begin{pmatrix}x_1\\x_2\\\vdots\\x_r\end{pmatrix}=\mathbf{0}.$$

由于$\boldsymbol{\alpha}_1,\boldsymbol{\alpha}_2,\cdots,\boldsymbol{\alpha}_s$线性无关,故 $\boldsymbol{K}\boldsymbol{x}=\mathbf{0}$,又 $R(\boldsymbol{K})=r$,故 $\boldsymbol{x}=\mathbf{0}$, 从而$\boldsymbol{\beta}_1,\boldsymbol{\beta}_2,\cdots,\boldsymbol{\beta}_r$线性无关.

9. 设 $\boldsymbol{\alpha}_1=(1,-1,1,-1)^{\mathrm{T}},\boldsymbol{\alpha}_2=(3,1,1,3)^{\mathrm{T}},\boldsymbol{b}_1=(2,0,1,1)^{\mathrm{T}},\boldsymbol{b}_2=(3,-1,2,0)^{\mathrm{T}},\boldsymbol{b}_3=(3,-1,2,0)^{\mathrm{T}}$, 证明向量组$\boldsymbol{\alpha}_1,\boldsymbol{\alpha}_2$与向量组$\boldsymbol{b}_1,\boldsymbol{b}_2,\boldsymbol{b}_3$等价.

证 设 $\boldsymbol{A}=(\boldsymbol{\alpha}_1,\boldsymbol{\alpha}_2)$,$\boldsymbol{B}=(\boldsymbol{b}_1,\boldsymbol{b}_2,\boldsymbol{b}_3)$,$\boldsymbol{C}=(\boldsymbol{\alpha}_1,\boldsymbol{\alpha}_2,\boldsymbol{b}_1,\boldsymbol{b}_2,\boldsymbol{b}_3)$

$$\begin{pmatrix}1&3&2&3&3\\-1&1&0&-1&-1\\1&1&1&2&2\\-1&3&1&0&0\end{pmatrix}\xrightarrow{\text{行变换}}\begin{pmatrix}1&3&2&3&3\\0&2&1&1&1\\0&0&0&0&0\\0&0&0&0&0\end{pmatrix},$$

故 $R(\boldsymbol{A})=R(\boldsymbol{B})=R(\boldsymbol{C})=2$, 即有 $\boldsymbol{A}\sim\boldsymbol{B}$.

习题 4-5 线性方程组解的结构

2. 求下列齐次线性方程组的一个基础解系及通解:

(1) $\begin{cases} x_1 - x_2 + 5x_3 - x_4 = 0, \\ x_1 + x_2 - 2x_3 + 3x_4 = 0, \\ 3x_1 - x_2 + 8x_3 + x_4 = 0, \\ x_1 + 3x_2 - 9x_3 + 7x_4 = 0; \end{cases}$

解

$$\begin{pmatrix} 1 & -1 & 5 & -1 \\ 1 & 1 & -2 & 3 \\ 3 & -1 & 8 & 1 \\ 1 & 3 & -9 & 7 \end{pmatrix} \xrightarrow{\text{行变换}} \begin{pmatrix} 1 & 0 & \frac{3}{2} & 1 \\ 0 & 1 & -\frac{7}{2} & 2 \\ 0 & 0 & 0 & 0 \\ 0 & 0 & 0 & 0 \end{pmatrix},$$

故

$$\begin{pmatrix} x_1 \\ x_2 \\ x_3 \\ x_4 \end{pmatrix} = k_1 \begin{pmatrix} -\frac{3}{2} \\ \frac{7}{2} \\ 1 \\ 0 \end{pmatrix} + k_2 \begin{pmatrix} -1 \\ -2 \\ 0 \\ 1 \end{pmatrix} \qquad (k_1, k_2 \in \mathbf{R}).$$

(2) $nx_1 + (n-1)x_2 + \cdots + 2x_{n-1} + x_n = 0$.

解　系数矩阵的秩为 1,方程组的基础解系有 $n-1$ 个向量.只要找出 $n-1$ 个线性无关的解向量,即为其基础解系.易观察出 $\boldsymbol{\alpha}_1 = (1,0,\cdots,0,-n)$, $\boldsymbol{\alpha}_2 = (0,1,\cdots,0,-n+1)$, $\cdots$, $\boldsymbol{\alpha}_{n-1} = (0,0,\cdots,1,-2)$ 是方程的解且线性无关,故通解为

$$\begin{pmatrix} x_1 \\ x_2 \\ \vdots \\ x_n \end{pmatrix} = k_1\boldsymbol{\alpha}_1 + k_2\boldsymbol{\alpha}_2 + \cdots + k_{n-1}\boldsymbol{\alpha}_{n-1} \quad (k_1, k_2, \cdots, k_{n-1} \in \mathbf{R}).$$

3. 已知 n 阶方阵 $\boldsymbol{A} = (a_{ij})_{n\times n}$ 的每行中的元之和为零,且 $R(\boldsymbol{A}) = n-1$, 求方程 $\boldsymbol{Ax} = \mathbf{0}$ 的通解.

解　$R(\boldsymbol{A}) = n-1 \Rightarrow \boldsymbol{Ax} = \mathbf{0}$ 的基础解系只含一个向量,而

$$\boldsymbol{A}\begin{pmatrix} 1 \\ 1 \\ \vdots \\ 1 \end{pmatrix} = \mathbf{0}.$$

故 $\boldsymbol{Ax}=\mathbf{0}$ 的通解为

$$\boldsymbol{x}=k\begin{pmatrix}1\\1\\\vdots\\1\end{pmatrix}\quad(k\in\mathbf{R}).$$

4. 设 $\boldsymbol{A}=\begin{pmatrix}2&-2&1&3\\9&-5&2&8\end{pmatrix}$，求一个 4×2 的矩阵 $\boldsymbol{B}$，使 $\boldsymbol{AB}=\mathbf{0}$，且 $R(\boldsymbol{B})=2$.

解 求解齐次线性方程组 $\boldsymbol{Ax}=\mathbf{0}$，得

$$\boldsymbol{x}=k_1\begin{pmatrix}1\\5\\8\\0\end{pmatrix}+k_2\begin{pmatrix}0\\2\\1\\1\end{pmatrix}\quad(k_1,k_2\in\mathbf{R}),$$

故取 $\boldsymbol{B}=\begin{pmatrix}1&0\\5&2\\8&1\\0&1\end{pmatrix}$ 即可.

5. 设 n 阶矩阵 $\boldsymbol{A}$ 满足 $\boldsymbol{A}^2=\boldsymbol{A}$，$\boldsymbol{E}$ 为 n 阶单位矩阵，证明 $R(\boldsymbol{A})+R(\boldsymbol{A}-\boldsymbol{E})=n$.

证 $\boldsymbol{A}^2=\boldsymbol{A}\Rightarrow\boldsymbol{A}(\boldsymbol{A}-\boldsymbol{E})=\mathbf{0}\Rightarrow R(\boldsymbol{A})+R(\boldsymbol{A}-\boldsymbol{E})\leqslant n$，
又 $R(\boldsymbol{A})+R(\boldsymbol{A}-\boldsymbol{E})=R(\boldsymbol{A})+R(\boldsymbol{E}-\boldsymbol{A})\geqslant R(\boldsymbol{A}+\boldsymbol{E}-\boldsymbol{A})=R(\boldsymbol{E})=n$，
故 $R(\boldsymbol{A})+R(\boldsymbol{A}-\boldsymbol{E})=n$.

6. 求一个齐次线性方程组，使它的基础解系为

$\boldsymbol{\xi}_1=(1,1,0,0,0)^{\mathrm{T}}$，$\boldsymbol{\xi}_2=(-2,0,1,0,9)^{\mathrm{T}}$，$\boldsymbol{\xi}_3=(1,0,0,1,-5)^{\mathrm{T}}$.

解 设

$$\boldsymbol{A}=\begin{pmatrix}1&1&0&0&0\\-2&0&1&0&9\\1&0&0&1&-5\end{pmatrix}.$$

求解齐次线性方程组 $\boldsymbol{Ax}=\mathbf{0}$，得

$$\boldsymbol{\alpha}_1=\begin{pmatrix}-1\\1\\-2\\1\\0\end{pmatrix},\boldsymbol{\alpha}_2=\begin{pmatrix}0\\0\\-9\\5\\1\end{pmatrix}.$$

故所求齐次线性方程组可为

$$\begin{cases} -x_1+x_2-2x_3+x_4=0, \\ -9x_3+5x_4+x_5=0. \end{cases}$$

7. 求下列非齐次线性方程组的通解,并写出它的一个解及对应的齐次线性方程组的基础解系.

$$(2)\begin{cases} x_1+x_2+x_3+x_4+x_5=7, \\ 3x_1+2x_2+x_3+x_4-3x_5=-2, \\ x_2+2x_3+2x_4+6x_5=23, \\ 5x_1+4x_2+3x_3+3x_4-x_5=12. \end{cases}$$

解 $\begin{pmatrix} 1 & 1 & 1 & 1 & 1 & 7 \\ 3 & 2 & 1 & 1 & -3 & -2 \\ 0 & 1 & 2 & 2 & 6 & 23 \\ 5 & 4 & 3 & 3 & -1 & 12 \end{pmatrix} \xrightarrow{\text{行变换}} \begin{pmatrix} 1 & 0 & -1 & -1 & -5 & -16 \\ 0 & 1 & 2 & 2 & 6 & 23 \\ 0 & 0 & 0 & 0 & 0 & 0 \\ 0 & 0 & 0 & 0 & 0 & 0 \end{pmatrix}$,

故通解为

$$\boldsymbol{x}=\begin{pmatrix} -16 \\ 23 \\ 0 \\ 0 \\ 0 \end{pmatrix}+k_1\begin{pmatrix} 1 \\ -2 \\ 1 \\ 0 \\ 0 \end{pmatrix}+k_2\begin{pmatrix} 1 \\ -2 \\ 0 \\ 1 \\ 0 \end{pmatrix}+k_3\begin{pmatrix} 5 \\ -6 \\ 0 \\ 0 \\ 1 \end{pmatrix} \quad (k_1,k_2,k_3\in\mathbf{R}).$$

8. 设 $\boldsymbol{\eta}^*$ 是非齐次线性方程组 $\boldsymbol{Ax}=\boldsymbol{b}$ 的一个解,$\boldsymbol{\xi}_1,\boldsymbol{\xi}_2,\cdots,\boldsymbol{\xi}_{n-r}$ 是对应的齐次线性方程组的一个基础解系,证明

(1) $\boldsymbol{\eta}^*,\boldsymbol{\xi}_1,\boldsymbol{\xi}_2,\cdots,\boldsymbol{\xi}_{n-r}$ 线性无关;

(2) $\boldsymbol{\eta}^*,\boldsymbol{\eta}^*+\boldsymbol{\xi}_1,\cdots,\boldsymbol{\eta}^*+\boldsymbol{\xi}_{n-r}$ 线性无关.

证 (1) 设数 $k_0,k_1,\cdots,k_{n-r}$,使得

$$k_0\boldsymbol{\eta}^*+k_1\boldsymbol{\xi}_1+\cdots+k_{n-r}\boldsymbol{\xi}_{n-r}=\mathbf{0}. \qquad ①$$

① 式两边同左乘 $\boldsymbol{A}$ 得

$$k_0\boldsymbol{b}=\mathbf{0},$$

从而 $k_0=0$, 代入①式得

$$k_1\boldsymbol{\xi}_1+\cdots+k_{n-r}\boldsymbol{\xi}_{n-r}=\mathbf{0},$$

由 $\boldsymbol{\xi}_1,\boldsymbol{\xi}_2,\cdots,\boldsymbol{\xi}_{n-r}$ 线性无关知 $k_1=k_2=\cdots=k_{n-r}=0$, 故 $\boldsymbol{\eta}^*,\boldsymbol{\xi}_1,\boldsymbol{\xi}_2,\cdots,\boldsymbol{\xi}_{n-r}$ 线性无关.

(2) 设数 $\lambda_0,\lambda_1,\cdots,\lambda_{n-r}$ 使得

$$\lambda_0\boldsymbol{\eta}^*+\lambda_1(\boldsymbol{\eta}^*+\boldsymbol{\xi}_1)+\cdots+\lambda_{n-r}(\boldsymbol{\eta}^*+\boldsymbol{\xi}_{n-r})=\mathbf{0},$$

即为

$$(\lambda_0+\lambda_1+\cdots+\lambda_{n-r})\boldsymbol{\eta}^*+\lambda_1\boldsymbol{\xi}_1+\cdots+\lambda_{n-r}\boldsymbol{\xi}_{n-r}=\mathbf{0},$$

由(1)知 $\boldsymbol{\eta}^*,\boldsymbol{\xi}_1,\cdots,\boldsymbol{\xi}_{n-r}$ 线性无关,故

$$\lambda_0+\lambda_1+\cdots+\lambda_{n-r}=\lambda_1=\lambda_2=\cdots=\lambda_{n-r}=0,$$

即有 $\lambda_0=\lambda_1=\cdots=\lambda_{n-r}=0$, 故 $\boldsymbol{\eta}^*,\boldsymbol{\eta}^*+\boldsymbol{\xi}_1,\cdots,\boldsymbol{\eta}^*+\boldsymbol{\xi}_{n-r}$ 线性无关.

9. 设 $\boldsymbol{\eta}_1,\boldsymbol{\eta}_2,\cdots,\boldsymbol{\eta}_s$ 是非齐次线性方程组 $\boldsymbol{Ax}=\boldsymbol{b}$ 的 s 个解. $k_1,k_2,\cdots,k_s$ 为实数,满足 $k_1+k_2+\cdots+k_s=1$. 证明: $\boldsymbol{x}=k_1\boldsymbol{\eta}_1+k_2\boldsymbol{\eta}_2+\cdots+k_s\boldsymbol{\eta}_s$ 也是它的解.

证

$$\begin{aligned}\boldsymbol{Ax}&=\boldsymbol{A}(k_1\boldsymbol{\eta}_1+k_2\boldsymbol{\eta}_2+\cdots+k_s\boldsymbol{\eta}_s)\\&=k_1\boldsymbol{A\eta}_1+k_2\boldsymbol{A\eta}_2+\cdots+k_s\boldsymbol{A\eta}_s\\&=(k_1+k_2+\cdots+k_s)\boldsymbol{b}\\&=\boldsymbol{b}.\end{aligned}$$

10. 设非齐次线性方程组 $\boldsymbol{Ax}=\boldsymbol{b}$ 的系数矩阵的秩为 r. $\boldsymbol{\eta}_1,\boldsymbol{\eta}_2,\cdots,\boldsymbol{\eta}_{n-r+1}$ 是它的 $n-r+1$ 个线性无关的解,则它的任一解可表示为 $\boldsymbol{x}=k_1\boldsymbol{\eta}_1+k_2\boldsymbol{\eta}_2+\cdots+k_{n-r+1}\boldsymbol{\eta}_{n-r+1}$ (其中 $k_1+\cdots+k_{n-r+1}=1$).

证 任取 $\boldsymbol{Ax}=\boldsymbol{b}$ 的一个解 $\boldsymbol{x}$,则向量 $\boldsymbol{\eta}_1-\boldsymbol{x},\boldsymbol{\eta}_2-\boldsymbol{x},\cdots,\boldsymbol{\eta}_{n-r+1}-\boldsymbol{x}$ 线性相关. 从而存在一组不全为 0 的数 $\lambda_1,\lambda_2,\cdots,\lambda_{n-r+1}$ 使得

$$\lambda_1(\boldsymbol{\eta}_1-\boldsymbol{x})+\lambda_2(\boldsymbol{\eta}_2-\boldsymbol{x})+\cdots+\lambda_{n-r+1}(\boldsymbol{\eta}_{n-r+1}-\boldsymbol{x})=\mathbf{0}.$$

即为

$$\lambda_1\boldsymbol{\eta}_1+\lambda_2\boldsymbol{\eta}_2+\cdots+\lambda_{n-r+1}\boldsymbol{\eta}_{n-r+1}+\left(-\sum_{i=1}^{n-r+1}\lambda_i\right)\boldsymbol{x}=\mathbf{0}, \quad ①$$

其中 $\sum\limits_{i=1}^{n-r+1}\lambda_i\neq 0$, 否则,若 $\sum\limits_{i=1}^{n-r+1}\lambda_i=0$. 代入①式得

$$\lambda_1\boldsymbol{\eta}_1+\lambda_2\boldsymbol{\eta}_2+\cdots+\lambda_{n-r+1}\boldsymbol{\eta}_{n-r+1}=\mathbf{0},$$

而 $\boldsymbol{\eta}_1,\boldsymbol{\eta}_2,\cdots,\boldsymbol{\eta}_{n-r+1}$ 线性无关,故可得

$$\lambda_1=\lambda_2=\cdots=\lambda_{n-r+1}=0.$$

矛盾. 由①式知

$$\boldsymbol{x}=\frac{\lambda_1}{\sum\limits_{i=1}^{n-r+1}\lambda_i}\boldsymbol{\eta}_1+\frac{\lambda_2}{\sum\limits_{i=1}^{n-r+1}\lambda_i}\boldsymbol{\eta}_2+\cdots+\frac{\lambda_{n-r+1}}{\sum\limits_{i=1}^{n-r+1}\lambda_i}\boldsymbol{\eta}_{n-r+1}.$$

习题 4-6 向量空间

1. 设 $V_1=\{\boldsymbol{x}=(x_1,x_2,\cdots,x_n)^{\mathrm{T}}\mid x_1,\cdots,x_n\in\mathbf{R}$ 满足 $x_1+\cdots+x_n=0\}$,

$$V_2=\{\boldsymbol{x}=(x_1,x_2,\cdots,x_n)^{\mathrm{T}}\mid x_1,\cdots,x_n\in\mathbf{R}\text{ 满足 }x_1+\cdots+x_n=1\},$$

问 V_1,V_2 是不是向量空间？为什么？

解　V_1 是向量空间，V_2 不是向量空间.向量空间必包含零向量，显然 V_2 是不包含零向量的.

2. 试证由 $\boldsymbol{a}_1=(0,0,1)^{\mathrm{T}},\boldsymbol{a}_2=(1,0,1)^{\mathrm{T}},\boldsymbol{a}_3=(1,1,0)^{\mathrm{T}}$ 所生成的向量空间就是 $\mathbf{R}^3$.

证　显然 $L=\{\lambda_1\boldsymbol{a}_1+\lambda_2\boldsymbol{a}_2+\lambda_3\boldsymbol{a}_3\mid\lambda_1,\lambda_2,\lambda_3\in\mathbf{R}\}\subseteq\mathbf{R}^3$，只要证明对任意的 $\boldsymbol{a}\in\mathbf{R}^3$，都有 $\boldsymbol{a}\in L$，这只需证明 $\boldsymbol{a}_1,\boldsymbol{a}_2,\boldsymbol{a}_3$ 线性无关.

$$|(\boldsymbol{a}_1,\boldsymbol{a}_2,\boldsymbol{a}_3)|=\begin{vmatrix}0&1&1\\0&0&1\\1&1&0\end{vmatrix}=1\neq0\Rightarrow\boldsymbol{a}_1,\boldsymbol{a}_2,\boldsymbol{a}_3\text{ 线性无关}.$$

3. 由 $\boldsymbol{a}_1=(1,1,0,0)^{\mathrm{T}},\boldsymbol{a}_2=(1,0,1,1)^{\mathrm{T}}$ 所生成的向量空间记作 L_1，由 $\boldsymbol{b}_1=(2,-1,3,3)^{\mathrm{T}},\boldsymbol{b}_2=(0,1,-1,-1)^{\mathrm{T}}$ 所生成的向量空间记作 L_2，试证 $L_1=L_2$.

证　只要证明向量组 $\boldsymbol{a}_1,\boldsymbol{a}_2$ 与向量组 $\boldsymbol{b}_1,\boldsymbol{b}_2$ 等价即可.

$$(\boldsymbol{a}_1,\boldsymbol{a}_2,\boldsymbol{b}_1,\boldsymbol{b}_2,)=\begin{pmatrix}1&1&2&0\\1&0&-1&1\\0&1&3&-1\\0&1&3&-1\end{pmatrix}\xrightarrow{\text{行变换}}\begin{pmatrix}0&1&3&-1\\1&0&-1&1\\0&0&0&0\\0&0&0&0\end{pmatrix},$$

易知 $R(\boldsymbol{a}_1,\boldsymbol{a}_2,\boldsymbol{b}_1,\boldsymbol{b}_2)=R(\boldsymbol{a}_1,\boldsymbol{a}_2)=R(\boldsymbol{b}_1,\boldsymbol{b}_2)=2$，故向量组 $\boldsymbol{a}_1,\boldsymbol{a}_2$ 与向量组 $\boldsymbol{b}_1,\boldsymbol{b}_2$ 等价.

5. 已知 $\mathbf{R}^3$ 的两个基为

$$\boldsymbol{a}_1=\begin{pmatrix}1\\1\\1\end{pmatrix},\boldsymbol{a}_2=\begin{pmatrix}1\\0\\-1\end{pmatrix},\boldsymbol{a}_3=\begin{pmatrix}1\\0\\1\end{pmatrix}\quad\text{及 }\boldsymbol{b}_1=\begin{pmatrix}1\\2\\1\end{pmatrix},\boldsymbol{b}_2=\begin{pmatrix}2\\3\\4\end{pmatrix},\boldsymbol{b}_3=\begin{pmatrix}3\\4\\3\end{pmatrix},$$

求由基 $\boldsymbol{a}_1,\boldsymbol{a}_2,\boldsymbol{a}_3$ 到基 $\boldsymbol{b}_1,\boldsymbol{b}_2,\boldsymbol{b}_3$ 的过渡矩阵 $\boldsymbol{P}$.

解　见例 30.

第四章总习题

4. 设有向量组 $\boldsymbol{\alpha}_1=(1+\lambda,1,1)^{\mathrm{T}},\boldsymbol{\alpha}_2=(1,1+\lambda,1)^{\mathrm{T}},\boldsymbol{\alpha}_3=(1,1,1+\lambda)^{\mathrm{T}},\boldsymbol{\beta}=(0,\lambda,\lambda^2)^{\mathrm{T}}$，问 λ 为何值时，

(1) $\boldsymbol{\beta}$ 能由 $\boldsymbol{\alpha}_1,\boldsymbol{\alpha}_2,\boldsymbol{\alpha}_3$ 线性表示；

(2) $\boldsymbol{\beta}$ 不能由 $\boldsymbol{\alpha}_1,\boldsymbol{\alpha}_2,\boldsymbol{\alpha}_3$ 线性表示.

解 $\boldsymbol{\beta}$ 能否由 $\boldsymbol{\alpha}_1,\boldsymbol{\alpha}_2,\boldsymbol{\alpha}_3$ 线性表示,等价于下列线性方程组是否有解

$$\begin{cases}(1+\lambda)x_1+x_2+x_3=0,\\x_1+(1+\lambda)x_2+x_3=\lambda,\\x_1+x_2+(1+\lambda)x_3=\lambda^2.\end{cases}$$

考虑系数行列式

$$D=\begin{vmatrix}1+\lambda & 1 & 1\\1 & 1+\lambda & 1\\1 & 1 & 1+\lambda\end{vmatrix}=\lambda^2(\lambda+3).$$

当 $D\neq 0$,即 $\lambda\neq 0$ 且 $\lambda\neq -3$ 时,线性方程组有唯一解;

当 $\lambda=0$ 时,显然方程组有解;

当 $\lambda=-3$ 时,方程组无解.

故(1) 当 $\lambda\neq -3$ 时,方程组有解,即 $\boldsymbol{\beta}$ 能由 $\boldsymbol{\alpha}_1,\boldsymbol{\alpha}_2,\boldsymbol{\alpha}_3$ 线性表示;

(2) 当 $\lambda=-3$ 时,方程组无解,即 $\boldsymbol{\beta}$ 不能由 $\boldsymbol{\alpha}_1,\boldsymbol{\alpha}_2,\boldsymbol{\alpha}_3$ 线性表示.

5. 已知向量组 $\boldsymbol{\beta}_1=(0,1,-1)^{\mathrm T},\boldsymbol{\beta}_2=(a,2,1)^{\mathrm T},\boldsymbol{\beta}_3=(b,1,0)^{\mathrm T}$ 与向量组 $\boldsymbol{\alpha}_1=(1,2,-3)^{\mathrm T},\boldsymbol{\alpha}_2=(3,0,1)^{\mathrm T},\boldsymbol{\alpha}_3=(9,6,-7)^{\mathrm T}$ 具有相同的秩,且 $\boldsymbol{\beta}_3$ 可由 $\boldsymbol{\alpha}_1,\boldsymbol{\alpha}_2,\boldsymbol{\alpha}_3$ 线性表示,求 a,b 之值.

解 参见例 9.

6. 设有四元线性方程组(Ⅰ)为 $\begin{cases}x_1+x_3=0,\\x_3-x_4=0,\end{cases}$ 另外,四元线性方程组(Ⅱ)的基础解系为

$$\boldsymbol{\xi}_1=(0,1,2,0)^{\mathrm T},\boldsymbol{\xi}_2=(-1,-3,-3,1)^{\mathrm T}.$$

(1) 求线性方程组(Ⅰ)的通解;

(2) 线性方程组(Ⅰ)和(Ⅱ)是否有非零的公共解?若有,求出所有非零的公共解;若没有,说明理由.

解 仿例 26.

7. 设 $\boldsymbol{A}$ 是 n 阶矩阵,且 $\boldsymbol{A}^2=\boldsymbol{E}$,证明 $R(\boldsymbol{A}+\boldsymbol{E})+R(\boldsymbol{A}-\boldsymbol{E})=n$.

证 $\boldsymbol{A}^2=\boldsymbol{E}\Rightarrow(\boldsymbol{A}+\boldsymbol{E})(\boldsymbol{A}-\boldsymbol{E})=\boldsymbol{0}\Rightarrow R(\boldsymbol{A}+\boldsymbol{E})+R(\boldsymbol{A}-\boldsymbol{E})\leqslant n$,

又

$$\begin{aligned}R(\boldsymbol{A}+\boldsymbol{E})+R(\boldsymbol{A}-\boldsymbol{E})&=R(\boldsymbol{A}+\boldsymbol{E})+R(\boldsymbol{E}-\boldsymbol{A})\\&\geqslant R(\boldsymbol{A}+\boldsymbol{E}+\boldsymbol{E}-\boldsymbol{A})=R(2\boldsymbol{E})=n,\end{aligned}$$

故 $R(\boldsymbol{A}+\boldsymbol{E})+R(\boldsymbol{A}-\boldsymbol{E})=n$.

8. 设 $\boldsymbol{A}$ 是 n 阶矩阵,证明

$$R(A^*)=\begin{cases} n, & \text{当 } R(A)=n, \\ 1, & \text{当 } R(A)=n-1, \\ 0, & \text{当 } R(A)<n-1. \end{cases}$$

证　$AA^*=|A|E$.

(1) 若 $R(A)=n$, 即 $|A|\neq 0$, 对 $AA^*=|A|E$ 两边取行列式得

$$|A||A^*|=|A|^n\Rightarrow |A^*|=|A|^{n-1}\neq 0\Rightarrow |A^*|\neq 0,$$

即 $R(A^*)=n$.

(2) 若 $R(A)=n-1\Rightarrow |A|=0$. 即有 $AA^*=0$, 故

$$R(A)+R(A^*)\leqslant n\Rightarrow R(A^*)\leqslant n-R(A)=1,$$

但 $A^*\neq\mathbf{0}$, 故 $R(A^*)=1$.

(3) 若 $R(A)<n-1$, 则 A^* 中的元均为 $0\Rightarrow A^*=\mathbf{0}$, 即 $R(A^*)=0$.

9. 证明:$R(A^{\mathrm{T}}A)=R(A)$.

提示　设 A 是 $m\times n$ 矩阵, 考虑线性方程组

$$A^{\mathrm{T}}Ax=\mathbf{0} \text{ 及 } Ax=\mathbf{0},$$

证明它们是同解的即可.

10. 设有向量组(Ⅰ):$\boldsymbol{\alpha}_1=(1,0,2)^{\mathrm{T}},\boldsymbol{\alpha}_2=(1,1,3)^{\mathrm{T}},\boldsymbol{\alpha}_3=(1,-1,a+2)^{\mathrm{T}}$和向量组(Ⅱ):$\boldsymbol{\beta}_1=(1,2,a+3)^{\mathrm{T}},\boldsymbol{\beta}_2=(2,1,a+6)^{\mathrm{T}},\boldsymbol{\beta}_3=(2,1,a+4)^{\mathrm{T}}$. 问 a 为何值时, 向量组(Ⅰ)与(Ⅱ)等价? 当 a 为何值时, 向量组(Ⅰ)与(Ⅱ)不等价?

解　$$A=(\boldsymbol{\alpha}_1,\boldsymbol{\alpha}_2,\boldsymbol{\alpha}_3,\boldsymbol{\beta}_1,\boldsymbol{\beta}_2,\boldsymbol{\beta}_3)\xrightarrow{\text{行变换}}\begin{pmatrix}1&0&2&-1&1&1\\0&1&-1&2&1&1\\0&0&a+1&a-1&a+1&a-1\end{pmatrix},$$

若 $a+1=0$, 则

$$A\xrightarrow{\text{行变换}}\begin{pmatrix}1&0&2&-1&1&1\\0&1&-1&2&1&1\\0&0&0&-2&0&-2\end{pmatrix}.$$

易见此时,$\boldsymbol{\beta}_1,\boldsymbol{\beta}_3$不能由$\boldsymbol{\alpha}_1,\boldsymbol{\alpha}_2,\boldsymbol{\alpha}_3$线性表示,故向量组(Ⅰ)与向量组(Ⅱ)不等价.

若 $a+1\neq 0$, 则 $\boldsymbol{\alpha}_1,\boldsymbol{\alpha}_2,\boldsymbol{\alpha}_3$线性无关,$\boldsymbol{\beta}_1,\boldsymbol{\beta}_2,\boldsymbol{\beta}_3$线性无关. 向量组(Ⅰ)与向量组(Ⅱ)等价.

11. 已知四阶方阵 $A=(\boldsymbol{\alpha}_1,\boldsymbol{\alpha}_2,\boldsymbol{\alpha}_3,\boldsymbol{\alpha}_4)$, $\boldsymbol{\alpha}_1,\boldsymbol{\alpha}_2,\boldsymbol{\alpha}_3,\boldsymbol{\alpha}_4$ 均为 4 维列向量, 其中 $\boldsymbol{\alpha}_2,\boldsymbol{\alpha}_3,\boldsymbol{\alpha}_4$ 线性无关, $\boldsymbol{\alpha}_1=2\boldsymbol{\alpha}_2-\boldsymbol{\alpha}_3$, 如果 $\boldsymbol{\beta}=\boldsymbol{\alpha}_1+\boldsymbol{\alpha}_2+\boldsymbol{\alpha}_3+\boldsymbol{\alpha}_4$, 求线性方程组 $Ax=\boldsymbol{\beta}$ 的通解.

解 $(\boldsymbol{\alpha}_1,\boldsymbol{\alpha}_2,\boldsymbol{\alpha}_3,\boldsymbol{\alpha}_4)\begin{pmatrix}1\\1\\1\\1\end{pmatrix}=\boldsymbol{\alpha}_1+\boldsymbol{\alpha}_2+\boldsymbol{\alpha}_3+\boldsymbol{\alpha}_4=\boldsymbol{\beta}$,

故$(1,1,1,1)^{\mathrm{T}}$是$\boldsymbol{Ax}=\boldsymbol{\beta}$的一个特解.

又$R(\boldsymbol{A})=3$,则$\boldsymbol{Ax}=\boldsymbol{0}$的基础解系只有一个向量,而

$$(\boldsymbol{\alpha}_1,\boldsymbol{\alpha}_2,\boldsymbol{\alpha}_3,\boldsymbol{\alpha}_4)\begin{pmatrix}1\\-2\\1\\0\end{pmatrix}=\boldsymbol{\alpha}_1-2\boldsymbol{\alpha}_2+\boldsymbol{\alpha}_3=\boldsymbol{0},$$

即$(1,-2,1,0)^{\mathrm{T}}$是$\boldsymbol{Ax}=\boldsymbol{0}$的一个非零解.故$\boldsymbol{Ax}=\boldsymbol{\beta}$的通解为

$$\boldsymbol{x}=\begin{pmatrix}1\\1\\1\\1\end{pmatrix}+k\begin{pmatrix}1\\-2\\1\\0\end{pmatrix}\qquad(k\in\mathbf{R}).$$

12. 已知下列非齐次线性方程组(Ⅰ),(Ⅱ):

$$(\mathrm{I})\begin{cases}x_1+x_2-2x_4=-6,\\4x_1-x_2-x_3-x_4=1,\\3x_1-x_2-x_3=3,\end{cases}\qquad(\mathrm{II})\begin{cases}x_1+mx_2-x_3-x_4=-5,\\nx_2-x_3-2x_4=-11,\\x_3-2x_4=-t+1.\end{cases}$$

(1) 求方程组(Ⅰ)的通解;

(2) 当方程组(Ⅱ)的参数m,n,t为何值时,方程组(Ⅰ)和(Ⅱ)同解.

解 (1) 方程组(Ⅰ)的通解为

$$\boldsymbol{x}=\begin{pmatrix}-2\\-4\\-5\\0\end{pmatrix}+k\begin{pmatrix}1\\1\\2\\1\end{pmatrix}\qquad(k\in\mathbf{R});$$

(2) 将$\boldsymbol{x}=\begin{pmatrix}-2\\-4\\-5\\0\end{pmatrix}$代入方程组(Ⅱ),得

$$m=2,n=4,t=6,$$

此时方程组(Ⅱ)为

$$\begin{cases} x_1 + 2x_2 - x_3 - x_4 = -5, \\ 4x_2 - x_3 - 2x_4 = -11, \\ x_3 - 2x_4 = -5. \end{cases}$$

方程组(Ⅱ)的通解为

$$\boldsymbol{x} = \begin{pmatrix} -2 \\ -4 \\ -5 \\ 0 \end{pmatrix} + k\begin{pmatrix} 1 \\ 1 \\ 2 \\ 1 \end{pmatrix} \quad (k \in \mathbf{R}).$$

故 $m = 2, n = 4, t = 6$ 时,方程组(Ⅰ)和(Ⅱ)同解.

13. 设有 n 个方程 n 个未知数的齐次线性方程组

$$\begin{cases} ax_1 + bx_2 + bx_3 + \cdots + bx_n = 0, \\ bx_1 + ax_2 + bx_3 + \cdots + bx_n = 0, \\ \cdots\cdots\cdots\cdots \\ bx_1 + bx_2 + bx_3 + \cdots + ax_n = 0, \end{cases}$$

其中 $a \neq 0, b \neq 0, n \geqslant 2$,讨论 a, b 为何值时,方程组仅有零解,有无穷多个解?在有无穷多个解时,求其通解.

解 考虑系数行列式

$$D = \begin{vmatrix} a & b & b & \cdots & b \\ b & a & b & \cdots & b \\ \vdots & \vdots & \vdots & & \vdots \\ b & b & b & \cdots & a \end{vmatrix} = [a + (n-1)b](a-b)^{n-1},$$

(1) 当 $D \neq 0$ 时,即 $a \neq b$ 且 $a \neq (1-n)b$ 时方程组仅有零解;

(2) 当 $a = b$ 或 $a = (1-n)b$ 时方程组有无穷多解.

若 $a = b$, 方程组的通解为

$$\boldsymbol{x} = k_1\begin{pmatrix} -1 \\ 1 \\ 0 \\ \vdots \\ 0 \\ 0 \end{pmatrix} + k_2\begin{pmatrix} -1 \\ 0 \\ 1 \\ \vdots \\ 0 \\ 0 \end{pmatrix} + \cdots + k_{n-1}\begin{pmatrix} -1 \\ 0 \\ 0 \\ \vdots \\ 0 \\ 1 \end{pmatrix} \quad (k_1, \cdots, k_{n-1} \in \mathbf{R}),$$

若 $a=(1-n)b$，方程组的通解为

$$x=k\begin{pmatrix}1\\1\\\vdots\\1\\1\end{pmatrix}\quad(k\in\mathbf{R}).$$

15. 设向量空间 V 的两组基为

$$\boldsymbol{\alpha}_1=\begin{pmatrix}1\\-1\\0\\0\end{pmatrix},\boldsymbol{\alpha}_2=\begin{pmatrix}1\\0\\-1\\0\end{pmatrix},\boldsymbol{\alpha}_3=\begin{pmatrix}1\\0\\0\\-1\end{pmatrix}\text{及}\boldsymbol{\beta}_1=\begin{pmatrix}1\\0\\-2\\1\end{pmatrix},\boldsymbol{\beta}_2=\begin{pmatrix}2\\1\\-3\\0\end{pmatrix},\boldsymbol{\beta}_3=\begin{pmatrix}0\\1\\-1\\0\end{pmatrix},$$

已知向量 $\boldsymbol{\alpha}$ 在前一组基 $\boldsymbol{\alpha}_1,\boldsymbol{\alpha}_2,\boldsymbol{\alpha}_3$ 下的坐标为 1,2,3，求此向量在后一组基下的坐标.

解 令 $\boldsymbol{B}=(\boldsymbol{\beta}_1,\boldsymbol{\beta}_2,\boldsymbol{\beta}_3)$，$\boldsymbol{A}=(\boldsymbol{\alpha}_1,\boldsymbol{\alpha}_2,\boldsymbol{\alpha}_3)$，设 $\boldsymbol{\alpha}$ 在后一组基下的坐标为 (y_1,y_2,y_3)，则

$$\boldsymbol{\alpha}=(\boldsymbol{\alpha}_1,\boldsymbol{\alpha}_2,\boldsymbol{\alpha}_3)\begin{pmatrix}1\\2\\3\end{pmatrix}=(\boldsymbol{\beta}_1,\boldsymbol{\beta}_2,\boldsymbol{\beta}_3)\begin{pmatrix}y_1\\y_2\\y_3\end{pmatrix}$$

即

$$\begin{pmatrix}1&2&0\\0&1&1\\-2&-3&-1\\1&0&0\end{pmatrix}\begin{pmatrix}y_1\\y_2\\y_3\end{pmatrix}=\begin{pmatrix}1&1&1\\-1&0&0\\0&-1&0\\0&0&-1\end{pmatrix}\begin{pmatrix}1\\2\\3\end{pmatrix}=\begin{pmatrix}6\\-1\\-2\\-3\end{pmatrix},$$

$$\begin{pmatrix}1&2&0&6\\0&1&1&-1\\-2&-3&-1&-2\\1&0&0&-3\end{pmatrix}\to\begin{pmatrix}1&2&0&6\\0&1&1&-1\\0&1&-1&10\\0&-2&0&-9\end{pmatrix}$$

$$\to\begin{pmatrix}1&0&-2&8\\0&1&1&-1\\0&0&1&-\frac{11}{2}\\0&0&0&0\end{pmatrix}\to\begin{pmatrix}1&0&0&-3\\0&1&0&\frac{9}{2}\\0&0&1&-\frac{11}{2}\\0&0&0&0\end{pmatrix},$$

$\boldsymbol{\alpha}$ 在后一组基下的坐标为 $-3,\frac{9}{2},-\frac{11}{2}$.

16. 已知 $\mathbf{R}^2$ 的两组基 $\boldsymbol{\alpha}_1,\boldsymbol{\alpha}_2$ 和 $\boldsymbol{\varepsilon}_1,\boldsymbol{\varepsilon}_2$,求非零向量 $\boldsymbol{\beta}\in\mathbf{R}^2$,使 $\boldsymbol{\beta}$ 关于这两组基有相同的坐标,并求 $\boldsymbol{\beta}$ 关于基 $\boldsymbol{\xi}_1,\boldsymbol{\xi}_2$ 的坐标,其中

$$\boldsymbol{\alpha}_1=\begin{pmatrix}2\\-1\end{pmatrix},\boldsymbol{\alpha}_2=\begin{pmatrix}5\\-4\end{pmatrix};\boldsymbol{\varepsilon}_1=\begin{pmatrix}1\\0\end{pmatrix},\boldsymbol{\varepsilon}_2=\begin{pmatrix}0\\1\end{pmatrix};\boldsymbol{\xi}_1=\begin{pmatrix}-1\\1\end{pmatrix},\boldsymbol{\xi}_2=\begin{pmatrix}1\\1\end{pmatrix}.$$

解　设 $\boldsymbol{\beta}$ 关于这两组基有相同的坐标为 x,y,则有

$$\boldsymbol{\beta}=x\boldsymbol{\alpha}_1+y\boldsymbol{\alpha}_2=x\boldsymbol{\varepsilon}_1+y\boldsymbol{\varepsilon}_2\Rightarrow x(\boldsymbol{\alpha}_1-\boldsymbol{\varepsilon}_1)+y(\boldsymbol{\alpha}_2-\boldsymbol{\varepsilon}_2)=\mathbf{0},$$

即 $(x,y)^{\mathrm{T}}$ 是齐次线性方程组 $x(\boldsymbol{\alpha}_1-\boldsymbol{\varepsilon}_1)+y(\boldsymbol{\alpha}_2-\boldsymbol{\varepsilon}_2)=\mathbf{0}$ 的非零解,求解得

$$\begin{pmatrix}x\\y\end{pmatrix}=k\begin{pmatrix}5\\-1\end{pmatrix}\ (k\text{ 为非零的任意实数}),$$

故 $\boldsymbol{\beta}=\begin{pmatrix}5k\\-k\end{pmatrix}$ (k 为非零的任意实数).

$$(\boldsymbol{\xi}_1,\boldsymbol{\xi}_2,\boldsymbol{\beta})=\begin{pmatrix}-1&1&5k\\1&1&-k\end{pmatrix}\to\begin{pmatrix}0&1&2k\\1&1&-k\end{pmatrix}\to\begin{pmatrix}0&1&2k\\1&0&-3k\end{pmatrix},$$

$\boldsymbol{\beta}$ 关于基 $\boldsymbol{\xi}_1,\boldsymbol{\xi}_2$ 的坐标为 $-3k,2k$.

Ⅳ 补充习题

1. 已知向量组 $A:\boldsymbol{a}_1=(0,1,1)^{\mathrm{T}},\boldsymbol{a}_2=(1,1,0)^{\mathrm{T}};B:\boldsymbol{b}_1=(-1,0,1)^{\mathrm{T}},\boldsymbol{b}_2=(1,2,1)^{\mathrm{T}},\boldsymbol{b}_3=(3,2,-1)^{\mathrm{T}}$,证明:$A$ 组与 B 组等价.

2. 已知 $R(\boldsymbol{a}_1,\boldsymbol{a}_2,\boldsymbol{a}_3)=2,R(\boldsymbol{a}_2,\boldsymbol{a}_3,\boldsymbol{a}_4)=3$,证明:

(1) $\boldsymbol{a}_1$ 能由 $\boldsymbol{a}_2,\boldsymbol{a}_3$ 线性表示;

(2) $\boldsymbol{a}_4$ 不能由 $\boldsymbol{a}_1,\boldsymbol{a}_2,\boldsymbol{a}_3$ 线性表示.

3. 设 $\boldsymbol{a}_1,\boldsymbol{a}_2$ 线性无关,$\boldsymbol{a}_1+\boldsymbol{b},\boldsymbol{a}_2+\boldsymbol{b}$ 线性相关,求向量 $\boldsymbol{b}$ 用 $\boldsymbol{a}_1,\boldsymbol{a}_2$ 线性表示的表示式.

4. 设向量组 $(a,3,1)^{\mathrm{T}},(2,b,3)^{\mathrm{T}},(1,2,1)^{\mathrm{T}},(2,3,1)^{\mathrm{T}}$ 的秩为 2,求 a,b.

5. 设向量组 $\boldsymbol{a}_1,\boldsymbol{a}_2,\cdots,\boldsymbol{a}_m$ 线性相关,且 $\boldsymbol{a}_1\neq\mathbf{0}$,证明存在某个向量 $\boldsymbol{a}_k(2\leqslant k\leqslant m)$,使 $\boldsymbol{a}_k$ 能由 $\boldsymbol{a}_1,\boldsymbol{a}_2,\cdots,\boldsymbol{a}_{k-1}$ 线性表示.

6. 设

$$\begin{cases}\boldsymbol{\beta}_1=\phantom{\boldsymbol{\alpha}_1+{}}\boldsymbol{\alpha}_2+\boldsymbol{\alpha}_3+\cdots+\boldsymbol{\alpha}_n,\\ \boldsymbol{\beta}_2=\boldsymbol{\alpha}_1\phantom{{}+\boldsymbol{\alpha}_2}+\boldsymbol{\alpha}_3+\cdots+\boldsymbol{\alpha}_n,\\ \cdots\cdots\cdots\cdots\\ \boldsymbol{\beta}_n=\boldsymbol{\alpha}_1+\boldsymbol{\alpha}_2+\boldsymbol{\alpha}_3+\cdots+\boldsymbol{\alpha}_{n-1},\end{cases}$$

证明向量组 $\boldsymbol{\alpha}_1,\boldsymbol{\alpha}_2,\cdots,\boldsymbol{\alpha}_n$ 与向量组 $\boldsymbol{\beta}_1,\boldsymbol{\beta}_2,\cdots,\boldsymbol{\beta}_n$ 等价.

7. 已知三阶矩阵 $\boldsymbol{A}$ 与三维列向量 $\boldsymbol{x}$ 满足 $\boldsymbol{A}^3\boldsymbol{x}=3\boldsymbol{A}\boldsymbol{x}-\boldsymbol{A}^2\boldsymbol{x}$,且向量组 $\boldsymbol{x},\boldsymbol{A}\boldsymbol{x},\boldsymbol{A}^2\boldsymbol{x}$ 线性无关.

(1) 记 $\boldsymbol{P}=(\boldsymbol{x},\boldsymbol{A}\boldsymbol{x},\boldsymbol{A}^2\boldsymbol{x})$,求三阶矩阵 $\boldsymbol{B}$,使 $\boldsymbol{AP}=\boldsymbol{PB}$;

(2) 求 $|\boldsymbol{A}|$.

8. 当 n 个未知量 m 个方程的齐次线性方程组满足条件(　　)时,此方程组有非零解.

(A) $n=m$　(B) 系数矩阵秩 $<m$　(C) $n<m$　(D) 系数矩阵秩 $<\min\{m,n\}$

9. 齐次线性方程组 $\begin{cases}x_1+x_2-2x_3+2x_4=0,\\x_1-x_2-2x_3-x_4=0,\\x_1+5x_2-2x_3+8x_4=0\end{cases}$ 的基础解系可取向量组(　　).

(A) $(2,1,1,0)^{\mathrm{T}},\left(-\dfrac{1}{2},-\dfrac{3}{2},0,1\right)^{\mathrm{T}}$

(B) $(1,-3,1,2)^{\mathrm{T}},(-1,-3,0,2)^{\mathrm{T}}$

(C) $\left(-\dfrac{1}{2},-\dfrac{3}{2},0,1\right)^{\mathrm{T}},(-1,-3,0,2)^{\mathrm{T}}$

(D) $(2,0,1,0)^{\mathrm{T}},(0,0,0,0)^{\mathrm{T}}$

10. 判断方程组 $\begin{cases}x_1+2x_2-x_3+2x_4=-1,\\2x_1-x_2-2x_3+2x_4=1,\\x_1+7x_2-x_3+4x_4=2\end{cases}$ 是否有非零解.

11. 判断下列齐次线性方程组是否有非零解:

(1) $\begin{cases}x_1+x_2-2x_3=0,\\4x_1+2x_2+x_3=0,\\x_1-x_2+7x_3=0,\\3x_1-x_2+12x_3=0;\end{cases}$　(2) $\begin{cases}x_1-x_2+x_3=0,\\x_1+x_2-x_3=0,\\x_1-x_2-x_3=0.\end{cases}$

12. 求下列线性方程组的基础解系,并写出其通解.

$$\begin{cases}x_1+x_2-3x_3-x_4=0,\\3x_1-x_2-3x_3+4x_4=0,\\x_1+5x_2-9x_3-8x_4=0.\end{cases}$$

13. 设四元非齐次线性方程组 $\boldsymbol{Ax}=\boldsymbol{b}$，$R(\boldsymbol{A})=3$，$\boldsymbol{\alpha}_1,\boldsymbol{\alpha}_2,\boldsymbol{\alpha}_3$ 是它的三个解向量，且 $\boldsymbol{\alpha}_1=(1,9,9,7)^{\mathrm{T}}$，$\boldsymbol{\alpha}_2+\boldsymbol{\alpha}_3=(1,9,9,8)^{\mathrm{T}}$，求该方程组的通解.

14. 线性方程组 $\begin{cases} x_1+2x_2-2x_3=0, \\ 2x_1-x_2+\lambda x_3=0, \\ 3x_1+x_2-x_3=0 \end{cases}$ 的系数矩阵为 $\boldsymbol{A}$，三阶非零方阵 $\boldsymbol{B}$ 满足 $\boldsymbol{AB}=\boldsymbol{0}$，求 λ 的值.

15. 设线性方程组 $\begin{cases} x_1+x_2=a_1, \\ x_3+x_4=a_2, \\ x_1+x_3=b_1, \\ x_2+x_4=b_2, \end{cases}$ 其中 $a_1+a_2=b_1+b_2$，证明：线性方程组有解，且其系数矩阵的秩为 3.

16. 讨论 a,b 取何值时，方程组

$$\begin{cases} x_1+x_2+x_3+x_4+x_5=1, \\ 3x_1+2x_2+x_3+x_4-3x_5=a, \\ x_2+2x_3+2x_4+6x_5=3, \\ 5x_1+4x_2+3x_3+3x_4-x_5=b \end{cases}$$

有唯一解、无解、有无穷解，并求解.

17. 设有线性方程组

$$(\text{I})\begin{cases} a_{11}x_1+a_{12}x_2+\cdots+a_{1n}x_n=b_1, \\ a_{21}x_1+a_{22}x_2+\cdots+a_{2n}x_n=b_2, \\ \cdots\cdots\cdots\cdots \\ a_{n1}x_1+a_{n2}x_2+\cdots+a_{nn}x_n=b_n; \end{cases}$$

$$(\text{II})\begin{cases} A_{11}x_1+A_{21}x_2+\cdots+A_{n1}x_n=c_1, \\ A_{12}x_1+A_{22}x_2+\cdots+A_{n2}x_n=c_2, \\ \cdots\cdots\cdots\cdots \\ A_{1n}x_1+A_{2n}x_2+\cdots+A_{nn}x_n=c_n; \end{cases}$$

其中 A_{ij} 为（Ⅰ）系数行列式 $D=|a_{ij}|$ 中元 a_{ij} 的代数余子式. 证明：方程组（Ⅰ）有唯一解的充要条件是（Ⅱ）有唯一解.

18. 设向量组 $\boldsymbol{\alpha}_1,\boldsymbol{\alpha}_2,\cdots,\boldsymbol{\alpha}_t$ 是齐次线性方程组 $\boldsymbol{Ax}=\boldsymbol{0}$ 的一个基础解系，向量

$\boldsymbol{\beta}$ 不是方程组 $\boldsymbol{Ax}=\boldsymbol{0}$ 的解，即 $\boldsymbol{A\beta}\neq\boldsymbol{0}$，试证明：向量组 $\boldsymbol{\beta},\boldsymbol{\beta}+\boldsymbol{\alpha}_1,\boldsymbol{\beta}+\boldsymbol{\alpha}_2,\cdots,\boldsymbol{\beta}+\boldsymbol{\alpha}_t$ 线性无关.

19. $\boldsymbol{A}$ 是 n 阶方阵，若有正整数 k 使线性方程组 $\boldsymbol{A}^k\boldsymbol{x}=\boldsymbol{0}$ 有解向量 $\boldsymbol{\alpha}$，且 $\boldsymbol{A}^{k-1}\boldsymbol{\alpha}\neq\boldsymbol{0}$，证明：向量组 $\boldsymbol{\alpha},\boldsymbol{A\alpha},\cdots,\boldsymbol{A}^{k-1}\boldsymbol{\alpha}$ 线性无关.

第 五 章

特征值和特征向量 矩阵的对角化

I 教学基本要求

1. 了解向量内积的定义;掌握线性无关向量组的正交化方法.

2. 了解正交矩阵的定义及主要性质.

3. 掌握矩阵特征值、特征向量等概念及有关性质;会求矩阵特征值和特征向量.

4. 了解相似矩阵的概念.

5. 掌握将实对称矩阵化为对角阵的方法.

II 典型方法与范例

一、向量组的正交化

1. 设有 n 维向量

$$\boldsymbol{x}=\begin{pmatrix}x_1\\x_2\\\vdots\\x_n\end{pmatrix},\boldsymbol{y}=\begin{pmatrix}y_1\\y_2\\\vdots\\y_n\end{pmatrix},$$

令 $[\boldsymbol{x},\boldsymbol{y}]=x_1y_1+x_2y_2+\cdots+x_ny_n$, 称之为向量 $\boldsymbol{x}$ 与 $\boldsymbol{y}$ 的**内积**.

2. 令 $\|\boldsymbol{x}\|=\sqrt{[\boldsymbol{x},\boldsymbol{x}]}=\sqrt{x_1^2+x_2^2+\cdots+x_n^2}$,称之为 n 维向量 $\boldsymbol{x}$ 的**长度**(或**范数**),当 $\|\boldsymbol{x}\|=1$ 时,向量 $\boldsymbol{x}$ 称为单位向量. $\|\boldsymbol{x}\|=0\Leftrightarrow\boldsymbol{x}=\boldsymbol{0}$.

3. 当 $[\boldsymbol{x},\boldsymbol{y}]=0$ 时,称向量 $\boldsymbol{x}$ 与 $\boldsymbol{y}$ **正交**.

4. 若一个非零向量组中任意两个向量都正交,则称此向量组为**正交向量组**.正交向量组一定线性无关.

若一个正交向量组中每一个向量都是单位向量,则称此向量组为**正交规范向量组**或**标准正交向量组**.

5. 施密特正交化方法:施密特正交化方法是将一组线性无关的向量 $\boldsymbol{\alpha}_1$, $\boldsymbol{\alpha}_2,\cdots,\boldsymbol{\alpha}_r$ 作如下的线性变换,化为一组与之等价的正交向量组 $\boldsymbol{\beta}_1,\boldsymbol{\beta}_2,\cdots,\boldsymbol{\beta}_r$ 的方法:

$$\boldsymbol{\beta}_1=\boldsymbol{\alpha}_1;$$

$$\boldsymbol{\beta}_2=\boldsymbol{\alpha}_2-\frac{[\boldsymbol{\beta}_1,\boldsymbol{\alpha}_2]}{[\boldsymbol{\beta}_1,\boldsymbol{\beta}_1]}\boldsymbol{\beta}_1;$$

$$\cdots\cdots\cdots\cdots$$

$$\boldsymbol{\beta}_r=\boldsymbol{\alpha}_r-\frac{[\boldsymbol{\beta}_1,\boldsymbol{\alpha}_r]}{[\boldsymbol{\beta}_1,\boldsymbol{\beta}_1]}\boldsymbol{\beta}_1-\frac{[\boldsymbol{\beta}_2,\boldsymbol{\alpha}_r]}{[\boldsymbol{\beta}_2,\boldsymbol{\beta}_2]}\boldsymbol{\beta}_2-\cdots-\frac{[\boldsymbol{\beta}_{r-1},\boldsymbol{\alpha}_r]}{[\boldsymbol{\beta}_{r-1},\boldsymbol{\beta}_{r-1}]}\boldsymbol{\beta}_{r-1}.$$

6. 正交矩阵:如果 n 阶方阵 $\boldsymbol{A}$ 满足

$$\boldsymbol{A}\boldsymbol{A}^{\mathrm{T}}=\boldsymbol{A}^{\mathrm{T}}\boldsymbol{A}=\boldsymbol{E}\quad(\text{即 }\boldsymbol{A}^{-1}=\boldsymbol{A}^{\mathrm{T}}),$$

那么称 $\boldsymbol{A}$ 为**正交矩阵**.

$\boldsymbol{A}$ 为正交矩阵 $\Leftrightarrow\boldsymbol{A}^{\mathrm{T}}\boldsymbol{A}=\boldsymbol{E}\Leftrightarrow\boldsymbol{A}\boldsymbol{A}^{\mathrm{T}}=\boldsymbol{E}\Leftrightarrow\boldsymbol{A}$ 可逆且 $\boldsymbol{A}^{-1}=\boldsymbol{A}^{\mathrm{T}}\Leftrightarrow\boldsymbol{A}$ 的行(列)向量组为正交规范向量组.

例 1 设 $\boldsymbol{\alpha}_1=\begin{pmatrix}1\\2\\3\end{pmatrix}$,求非零向量 $\boldsymbol{\alpha}_2,\boldsymbol{\alpha}_3$,使向量组 $\boldsymbol{\alpha}_1,\boldsymbol{\alpha}_2,\boldsymbol{\alpha}_3$ 为正交向量组.

分析 利用正交性,将问题归结为求解一个齐次线性方程组的基础解系,再将该基础解系与 $\boldsymbol{\alpha}_1$ 一起构成向量组之后再正交化.

解 设 $\boldsymbol{x}=(x_1,x_2,x_3)^{\mathrm{T}}$ 与 $\boldsymbol{\alpha}_1$ 正交,则

$$x_1+2x_2+3x_3=0.$$

解得基础解系为 $(-2,1,0)^{\mathrm{T}},(-3,0,1)^{\mathrm{T}}$.

将 $(1,2,3)^{\mathrm{T}},(-2,1,0)^{\mathrm{T}},(-3,0,1)^{\mathrm{T}}$ 正交化得

$$\boldsymbol{\alpha}_1=(1,2,3)^{\mathrm{T}},\boldsymbol{\alpha}_2=(-2,1,0)^{\mathrm{T}},\boldsymbol{\alpha}_3=\frac{1}{5}(-3,-6,5)^{\mathrm{T}},$$

这一向量组即为所求的正交向量组.

注:解此题的方法可推广为解如下两个问题:

(1) 设 $\boldsymbol{\alpha}_1$ 是 n 维列向量,求非零向量 $\boldsymbol{\alpha}_2,\boldsymbol{\alpha}_3,\cdots,\boldsymbol{\alpha}_n$,使 $\boldsymbol{\alpha}_1,\boldsymbol{\alpha}_2,\boldsymbol{\alpha}_3,\cdots,\boldsymbol{\alpha}_n$ 两两正交;

(2) 设 $\boldsymbol{\alpha}_1,\cdots,\boldsymbol{\alpha}_s$ 是 n 维正交向量组,求非零向量 $\boldsymbol{\alpha}_{s+1},\cdots,\boldsymbol{\alpha}_n$,使 $\boldsymbol{\alpha}_1,\cdots,\boldsymbol{\alpha}_s,\boldsymbol{\alpha}_{s+1},\cdots,\boldsymbol{\alpha}_n$ 两两正交.

二、特征值、特征向量的定义及计算

1. 特征值、特征向量的定义

$\boldsymbol{A}$ 是 n 阶方阵，$\boldsymbol{x}$ 是 n 维非零列向量，若

$$\boldsymbol{Ax}=\lambda\boldsymbol{x}\qquad(\boldsymbol{x}\neq\boldsymbol{0}),$$

则称数 λ 是方阵 $\boldsymbol{A}$ 的特征值，$\boldsymbol{x}$ 是方阵 $\boldsymbol{A}$ 的对应于特征值 λ 的特征向量.

注：在此定义中，一定要注意特征向量不能为零向量．同时有如下等价定义：

λ 是方阵 $\boldsymbol{A}$ 的特征值 $\Leftrightarrow|\lambda\boldsymbol{E}-\boldsymbol{A}|=0\Leftrightarrow|\boldsymbol{A}-\lambda\boldsymbol{E}|=0$.

$\boldsymbol{x}$ 是方阵 $\boldsymbol{A}$ 的对应于特征值 λ 的特征向量 $\Leftrightarrow(\lambda\boldsymbol{E}-\boldsymbol{A})\boldsymbol{x}=\boldsymbol{0}(\boldsymbol{x}\neq\boldsymbol{0})\Leftrightarrow(\boldsymbol{A}-\lambda\boldsymbol{E})\boldsymbol{x}=\boldsymbol{0}(\boldsymbol{x}\neq\boldsymbol{0})$.

2. 特征值、特征向量的计算

(1) 当 $\boldsymbol{A}$ 是具体给定的方阵时，$\boldsymbol{A}$ 的特征值、特征向量的计算步骤为

① 计算 $\boldsymbol{A}$ 的特征多项式 $f_{\boldsymbol{A}}(\lambda)=|\lambda\boldsymbol{E}-\boldsymbol{A}|$（或 $f_{\boldsymbol{A}}(\lambda)=|\boldsymbol{A}-\lambda\boldsymbol{E}|$）；

② 求出 $f_{\boldsymbol{A}}(\lambda)=0$ 的全部根，即得 $\boldsymbol{A}$ 的所有特征值；

③ 对于每个特征值 λ_0，求出齐次线性方程组 $(\lambda_0\boldsymbol{E}-\boldsymbol{A})\boldsymbol{x}=\boldsymbol{0}$ 的一个基础解系，设为 $\boldsymbol{\alpha}_1,\boldsymbol{\alpha}_2,\cdots,\boldsymbol{\alpha}_s$，则 $k_1\boldsymbol{\alpha}_1+k_2\boldsymbol{\alpha}_2+\cdots+k_s\boldsymbol{\alpha}_s$ 就是对应于特征值 λ_0 的所有特征向量（$k_1,k_2,\cdots,k_s$ 不全为零）.

(2) 当 $\boldsymbol{A}$ 是抽象的方阵时，求 $\boldsymbol{A}$ 的特征值、特征向量通常需要考虑特征值、特征向量的定义或等价定义.

例 2　设矩阵 $\boldsymbol{A}=\begin{pmatrix}a&-1&c\\5&b&3\\1-c&0&-a\end{pmatrix}$，其行列式 $|\boldsymbol{A}|=-1$，又 $\boldsymbol{A}$ 的伴随矩阵 $\boldsymbol{A}^*$ 有一个特征值 λ，属于 λ 的一个特征向量为 $\boldsymbol{\alpha}=\begin{pmatrix}-1\\-1\\1\end{pmatrix}$，求 a,b,c 和 λ 的值.

解　由于 $\boldsymbol{A}^*\boldsymbol{\alpha}=\lambda\boldsymbol{\alpha}$，$\boldsymbol{AA}^*=|\boldsymbol{A}|\boldsymbol{E}=-\boldsymbol{E}$，对 $\boldsymbol{A}^*\boldsymbol{\alpha}=\lambda\boldsymbol{\alpha}$ 两边同时左乘 $\boldsymbol{A}$，即有

$$\lambda\boldsymbol{A\alpha}=-\boldsymbol{\alpha},$$

即

$$\lambda\begin{pmatrix}a&-1&c\\5&b&3\\1-c&0&-a\end{pmatrix}\begin{pmatrix}-1\\-1\\1\end{pmatrix}=-\begin{pmatrix}-1\\-1\\1\end{pmatrix},$$

即

$$\begin{cases}\lambda(-a+1+c)=1,\\ \lambda(-5-b+3)=1,\\ \lambda(-1+c-a)=-1,\end{cases}$$

解得 $a=c,b=-3,\lambda=1$. 同时有

$$-1=|\boldsymbol{A}|=\begin{vmatrix}a & -1 & a\\ 5 & -3 & 3\\ 1-a & 0 & -a\end{vmatrix}=\begin{vmatrix}0 & -1 & a\\ 2 & -3 & 3+2a\\ 1 & 0 & 0\end{vmatrix}=a-3,$$

所以 $a=2,b=-3,c=2,\lambda=1$.

注:本题关键是利用转化的思想,用 $\boldsymbol{AA}^*=|\boldsymbol{A}|\boldsymbol{E}$ 把 $\boldsymbol{A}^*\boldsymbol{\alpha}=\lambda\boldsymbol{\alpha}$ 转化为 $\lambda\boldsymbol{A\alpha}=-\boldsymbol{\alpha}$. 若由 $\boldsymbol{A}$ 求 $\boldsymbol{A}^*$,试图通过 $\boldsymbol{A}^*$ 来求解,将无功而返.

例 3 设 $\boldsymbol{A},\boldsymbol{B}$ 是 n 阶方阵,且 $R(\boldsymbol{A})+R(\boldsymbol{B})<n$,证明 $\boldsymbol{A},\boldsymbol{B}$ 有公共的特征值,有公共的特征向量.

证 $R(\boldsymbol{A})+R(\boldsymbol{B})<n\Rightarrow R(\boldsymbol{A})<n,R(\boldsymbol{B})<n\Rightarrow \boldsymbol{Ax}=\boldsymbol{0},\boldsymbol{Bx}=\boldsymbol{0}$ 都有非零解.

不妨设 $\boldsymbol{\alpha},\boldsymbol{\beta}$ 分别为 $\boldsymbol{Ax}=\boldsymbol{0},\boldsymbol{Bx}=\boldsymbol{0}$ 的非零解,则

$$\boldsymbol{A\alpha}=0\boldsymbol{\alpha},\ \boldsymbol{B\beta}=0\boldsymbol{\beta},$$

由特征值、特征向量的定义,0 是 $\boldsymbol{A},\boldsymbol{B}$ 的特征值,$\boldsymbol{\alpha},\boldsymbol{\beta}$ 分别为 $\boldsymbol{A},\boldsymbol{B}$ 对应于特征值 0 的特征向量.

要证有公共的特征向量,只要证明 $\boldsymbol{Ax}=\boldsymbol{0},\boldsymbol{Bx}=\boldsymbol{0}$ 有公共的非零解即可. 事实上,$\boldsymbol{Ax}=\boldsymbol{0},\boldsymbol{Bx}=\boldsymbol{0}$ 的公共解即为 $\begin{pmatrix}\boldsymbol{A}\\ \boldsymbol{B}\end{pmatrix}\boldsymbol{x}=\boldsymbol{0}$ 的解,$R\begin{pmatrix}\boldsymbol{A}\\ \boldsymbol{B}\end{pmatrix}\leqslant R(\boldsymbol{A})+R(\boldsymbol{B})$,而 $R(\boldsymbol{A})+R(\boldsymbol{B})<n$,$\begin{pmatrix}\boldsymbol{A}\\ \boldsymbol{B}\end{pmatrix}\boldsymbol{x}=\boldsymbol{0}$ 有非零解.

例 4 设 $\lambda\neq 0$ 是 m 阶矩阵 $\boldsymbol{A}_{m\times n}\boldsymbol{B}_{n\times m}$ 的特征值,证明 λ 也是 n 阶矩阵 $\boldsymbol{B}_{n\times m}\boldsymbol{A}_{m\times n}$ 的特征值.

证 设 $\boldsymbol{\alpha}$ 是 $\boldsymbol{A}_{m\times n}\boldsymbol{B}_{n\times m}$ 对应于特征值 λ 的特征向量,则

$$\boldsymbol{AB\alpha}=\lambda\boldsymbol{\alpha},$$

上式两边同左乘 $\boldsymbol{B}$,即有

$$(\boldsymbol{BA})(\boldsymbol{B\alpha})=\lambda(\boldsymbol{B\alpha}),$$

易知 $\boldsymbol{B\alpha}\neq\boldsymbol{0}$(否则,由 $\boldsymbol{AB\alpha}=\lambda\boldsymbol{\alpha}$ 可得 $\lambda=0$, 矛盾),由特征值、特征向量的定义知 λ 也是 $\boldsymbol{BA}$ 的特征值.

注:此题说明 $\boldsymbol{AB},\boldsymbol{BA}$ 有相同的非零特征值. 进一步可得出如下结论:

$\boldsymbol{A},\boldsymbol{B}$ 是同阶方阵,则 $\boldsymbol{AB},\boldsymbol{BA}$ 有相同的特征值.

例 5 设 $\boldsymbol{A}$ 是正交矩阵,且 $|\boldsymbol{A}|=-1$,证明 $\lambda=-1$ 是 $\boldsymbol{A}$ 的特征值.

证　要证明 $\lambda=-1$ 是 $\boldsymbol{A}$ 的特征值，只要证明 $|-\boldsymbol{E}-\boldsymbol{A}|=0$ 或 $|\boldsymbol{E}+\boldsymbol{A}|=0$ 即可.

$$\begin{aligned}|\boldsymbol{E}+\boldsymbol{A}|&=|\boldsymbol{A}^{\mathrm{T}}\boldsymbol{A}+\boldsymbol{A}^{\mathrm{T}}|=|\boldsymbol{A}^{\mathrm{T}}(\boldsymbol{A}+\boldsymbol{E})|=|\boldsymbol{A}^{\mathrm{T}}||\boldsymbol{E}+\boldsymbol{A}|\\&=|\boldsymbol{A}||\boldsymbol{E}+\boldsymbol{A}|=-|\boldsymbol{E}+\boldsymbol{A}|,\end{aligned}$$

故 $|\boldsymbol{E}+\boldsymbol{A}|=0$.

例 6　设 $\boldsymbol{\alpha}=(a_1,a_2,\cdots,a_n)^{\mathrm{T}}$，$a_1\neq 0$，求 $\boldsymbol{A}=\boldsymbol{\alpha}\boldsymbol{\alpha}^{\mathrm{T}}$ 的特征值、特征向量.

解　(1) $f_{\boldsymbol{A}}(\lambda)=|\lambda\boldsymbol{E}-\boldsymbol{A}|=\begin{vmatrix}\lambda-a_1a_1 & -a_1a_2 & -a_1a_3 & \cdots & -a_1a_n\\ -a_2a_1 & \lambda-a_2a_2 & -a_2a_3 & \cdots & -a_2a_n\\ -a_3a_1 & -a_3a_2 & \lambda-a_3a_3 & \cdots & -a_3a_n\\ \vdots & \vdots & \vdots & & \vdots\\ -a_na_1 & -a_na_2 & -a_na_3 & \cdots & \lambda-a_na_n\end{vmatrix}$,

将第一行乘以 $\left(-\dfrac{a_i}{a_1}\right)$，加到第 i 行上去 $(i=2,\cdots,n)$，得

$$f_{\boldsymbol{A}}(\lambda)=\begin{vmatrix}\lambda-a_1a_1 & -a_1a_2 & -a_1a_3 & \cdots & -a_1a_n\\ -\dfrac{a_2}{a_1}\lambda & \lambda & 0 & \cdots & 0\\ -\dfrac{a_3}{a_1}\lambda & 0 & \lambda & \cdots & 0\\ \vdots & \vdots & \vdots & & \vdots\\ -\dfrac{a_n}{a_1}\lambda & 0 & 0 & \cdots & \lambda\end{vmatrix},$$

将第 j 列乘以 $\dfrac{a_j}{a_1}$，加到第一列上去 $(j=2,3,\cdots,n)$，得

$$f_{\boldsymbol{A}}(\lambda)=\begin{vmatrix}\lambda-\sum\limits_{i=1}^{n}a_i^2 & -a_1a_2 & -a_1a_3 & \cdots & -a_1a_n\\ 0 & \lambda & 0 & \cdots & 0\\ 0 & 0 & \lambda & \cdots & 0\\ \vdots & \vdots & \vdots & & \vdots\\ 0 & 0 & 0 & \cdots & \lambda\end{vmatrix}=\lambda^{n-1}\left(\lambda-\sum_{i=1}^{n}a_i^2\right).$$

故 $\boldsymbol{A}$ 的特征值为 $\lambda_1=\lambda_2=\cdots=\lambda_{n-1}=0$，$\lambda_n=\sum\limits_{i=1}^{n}a_i^2$.

(2) 对于特征值 0，求解 $-\boldsymbol{A}\boldsymbol{x}=\boldsymbol{0}$ 得基础解系为

$$\boldsymbol{\alpha}_1=\begin{pmatrix}-\frac{a_2}{a_1}\\1\\0\\\vdots\\0\end{pmatrix},\boldsymbol{\alpha}_2=\begin{pmatrix}-\frac{a_3}{a_1}\\0\\1\\\vdots\\0\end{pmatrix},\cdots,\boldsymbol{\alpha}_{n-1}=\begin{pmatrix}-\frac{a_n}{a_1}\\0\\0\\\vdots\\1\end{pmatrix}.$$

从而特征值 0 的特征向量为 $k_1\boldsymbol{\alpha}_1+k_2\boldsymbol{\alpha}_2+\cdots+k_{n-1}\boldsymbol{\alpha}_{n-1}$($k_1,k_2,\cdots,k_{n-1}$ 不全为零).

对于特征值 $\sum\limits_{i=1}^{n}a_i^2$,求解 $\left(\left(\sum\limits_{i=1}^{n}a_i^2\right)\boldsymbol{E}-\boldsymbol{A}\right)\boldsymbol{x}=\boldsymbol{0}$ 得基础解系为

$$\boldsymbol{\alpha}_n=\begin{pmatrix}a_1\\a_2\\a_3\\\vdots\\a_n\end{pmatrix},$$

从而特征值 $\sum\limits_{i=1}^{n}a_i^2$ 的特征向量为 $k_n\boldsymbol{\alpha}_n(k_n\neq0)$.

注:本题的主要计算量在于行列式的计算,而这个行列式与第二章的例 4 类似.

三、特征值、特征向量的性质与应用

1. 特征值的主要性质

(1) $\boldsymbol{A}$ 与 $\boldsymbol{A}^{\mathrm{T}}$ 有相同的特征值.

(2) 设 n 阶方阵 $\boldsymbol{A}$ 的特征值为 $\lambda_1,\lambda_2,\cdots,\lambda_n$,则

$$|\boldsymbol{A}|=\lambda_1\lambda_2\cdots\lambda_n,$$

$$\operatorname{tr}(\boldsymbol{A})=\lambda_1+\lambda_2+\cdots+\lambda_n,\text{其中 }\operatorname{tr}(\boldsymbol{A})=\sum_{i=1}^{n}a_{ii}.$$

(3) 设 n 阶方阵 $\boldsymbol{A}$ 可逆,λ 是 $\boldsymbol{A}$ 的一个特征值,则 $\lambda\neq0$,且 $\dfrac{1}{\lambda}$ 是 $\boldsymbol{A}^{-1}$ 的特征值.

(4) 设 λ 是 $\boldsymbol{A}$ 的特征值,则 $f(\lambda)=a_0+a_1\lambda+\cdots+a_n\lambda^n$ 是 $f(\boldsymbol{A})=a_0\boldsymbol{E}+a_1\boldsymbol{A}+\cdots+a_n\boldsymbol{A}^n$ 的特征值.

(5) 实对称矩阵 $\boldsymbol{A}$ 的特征值一定是实数.

2. 特征向量的主要性质

(1) 矩阵 $\boldsymbol{A}$ 的属于同一个特征值的特征向量的非零线性组合还是属于这

个特征值的特征向量.

(2) 矩阵 $\boldsymbol{A}$ 的属于不同特征值的特征向量的和不再是 $\boldsymbol{A}$ 的特征向量.

(3) 矩阵 $\boldsymbol{A}$ 的属于不同特征值的特征向量线性无关.

(4) 实对称矩阵 $\boldsymbol{A}$ 的属于不同特征值的特征向量正交.

例 7 已知 3 阶方阵 $\boldsymbol{A}$ 的三个特征值为 1,−1,2,求 $|\boldsymbol{A}^3-5\boldsymbol{A}^2|$ 及 $|\boldsymbol{A}-5\boldsymbol{E}|$.

解 设 $f(\lambda)=\lambda^3-5\lambda^2$, 而 $f(\boldsymbol{A})=\boldsymbol{A}^3-5\boldsymbol{A}^2$, 则 $\boldsymbol{A}^3-5\boldsymbol{A}^2$ 的三个特征值为 $f(1)=-4, f(-1)=-6, f(2)=-12$, 从而

$$|\boldsymbol{A}^3-5\boldsymbol{A}^2|=(-4)\times(-6)\times(-12)=-288,$$

又 $f_A(\lambda)=|\lambda\boldsymbol{E}-\boldsymbol{A}|=(\lambda-1)(\lambda+1)(\lambda-2)$, 故

$$|\boldsymbol{A}-5\boldsymbol{E}|=(-1)^3|5\boldsymbol{E}-\boldsymbol{A}|=-f_A(5)=-72.$$

例 8 已知 3 阶方阵 $\boldsymbol{A}$ 的三个特征值为 1,2,−3,求 $|\boldsymbol{A}^*+3\boldsymbol{A}+2\boldsymbol{E}|$.

解 设 λ 是 $\boldsymbol{A}$ 的特征值,$\boldsymbol{\alpha}$ 是对应的特征向量,则

$$\boldsymbol{A}^{-1}\boldsymbol{\alpha}=\frac{1}{\lambda}\boldsymbol{\alpha},$$

注意到 $\boldsymbol{A}^*=|\boldsymbol{A}|\boldsymbol{A}^{-1}$,

$$(\boldsymbol{A}^*+3\boldsymbol{A}+2\boldsymbol{E})\boldsymbol{\alpha}=|\boldsymbol{A}|\boldsymbol{A}^{-1}\boldsymbol{\alpha}+3\boldsymbol{A}\boldsymbol{\alpha}+2\boldsymbol{\alpha}=\left(\frac{|\boldsymbol{A}|}{\lambda}+3\lambda+2\right)\boldsymbol{\alpha},$$

即 $\dfrac{|\boldsymbol{A}|}{\lambda}+3\lambda+2$ 是 $\boldsymbol{A}^*+3\boldsymbol{A}+2\boldsymbol{E}$ 的特征值,而 $|\boldsymbol{A}|=-6$,故 $\boldsymbol{A}^*+3\boldsymbol{A}+2\boldsymbol{E}$ 的特征值为−1,5,−5,则 $|\boldsymbol{A}^*+3\boldsymbol{A}+2\boldsymbol{E}|=25$.

注:在例 7 和例 8 中,为了计算方阵的行列式,都是先利用特征值的性质求出所有特征值,再由方阵的行列式的值等于所有特征值的乘积这个性质计算行列式.

例 9 证明:设 $\boldsymbol{A}$ 是 n 阶正交矩阵,λ 是 $\boldsymbol{A}$ 的特征值,则 $|\lambda|=1$.

证 设 $\boldsymbol{\alpha}$ 是对应于 λ 的特征向量,则

$$\boldsymbol{A}\boldsymbol{\alpha}=\lambda\boldsymbol{\alpha},$$

对 $\boldsymbol{A}\boldsymbol{\alpha}=\lambda\boldsymbol{\alpha}$ 两边取共轭得 $\quad \boldsymbol{A}\bar{\boldsymbol{\alpha}}=\bar{\lambda}\bar{\boldsymbol{\alpha}}$,

对 $\boldsymbol{A}\boldsymbol{\alpha}=\lambda\boldsymbol{\alpha}$ 两边转置得 $\quad \boldsymbol{\alpha}^{\mathrm{T}}\boldsymbol{A}^{\mathrm{T}}=\lambda\boldsymbol{\alpha}^{\mathrm{T}}$,

故有 $(\boldsymbol{\alpha}^{\mathrm{T}}\boldsymbol{A}^{\mathrm{T}})(\boldsymbol{A}\bar{\boldsymbol{\alpha}})=(\lambda\boldsymbol{\alpha}^{\mathrm{T}})(\bar{\lambda}\bar{\boldsymbol{\alpha}})$,即

$$\boldsymbol{\alpha}^{\mathrm{T}}\bar{\boldsymbol{\alpha}}=\lambda\bar{\lambda}(\boldsymbol{\alpha}^{\mathrm{T}}\bar{\boldsymbol{\alpha}}).$$

由于 $\boldsymbol{\alpha}\neq\boldsymbol{0}, \boldsymbol{\alpha}^{\mathrm{T}}\bar{\boldsymbol{\alpha}}\neq 0$, 故 $\lambda\bar{\lambda}=|\lambda|^2=1$, 所以 $|\lambda|=1$.

例 10 证明:如果 $\boldsymbol{A}^2=\boldsymbol{A}$,则 $\boldsymbol{A}+\boldsymbol{E}$ 可逆.

证 只要证 −1 不是 $\boldsymbol{A}$ 的特征值即可(若 −1 不是 $\boldsymbol{A}$ 的特征值,则 $|-\boldsymbol{E}-\boldsymbol{A}|\neq 0$, 即 $|\boldsymbol{E}+\boldsymbol{A}|\neq 0$).

设 λ 是 $\boldsymbol{A}$ 的特征值,则 $f(\lambda)=\lambda^2-\lambda$ 是 $f(\boldsymbol{A})=\boldsymbol{A}^2-\boldsymbol{A}=\boldsymbol{0}$ 的特征值,而 $\boldsymbol{0}$ 的特征值均为零,故 $f(\lambda)=\lambda^2-\lambda=0$,$\lambda$ 为 0 或 1.

注:在第三章,本题的证明思想是根据 $\boldsymbol{A}^2=\boldsymbol{A}$ 的条件"凑"一个矩阵与 $\boldsymbol{A}+\boldsymbol{E}$ 相乘,使之结果为 $\boldsymbol{E}$,$\frac{1}{2}(2\boldsymbol{E}-\boldsymbol{A})(\boldsymbol{A}+\boldsymbol{E})=\boldsymbol{E}$,从而 $\boldsymbol{A}+\boldsymbol{E}$ 可逆,且 $(\boldsymbol{A}+\boldsymbol{E})^{-1}=\frac{1}{2}(2\boldsymbol{E}-\boldsymbol{A})$.

例 11 证明:$|\boldsymbol{E}_m-\boldsymbol{A}_{m\times n}\boldsymbol{B}_{n\times m}|=|\boldsymbol{E}_n-\boldsymbol{B}_{n\times m}\boldsymbol{A}_{m\times n}|$.

证 由例 4 知 $\boldsymbol{AB}$ 与 $\boldsymbol{BA}$ 有相同的非零特征值,不妨假设 $m\leqslant n$,$\boldsymbol{AB}$ 的特征值为 $\lambda_1,\lambda_2,\cdots,\lambda_m$,则

$$f_{\boldsymbol{AB}}(\lambda)=|\lambda\boldsymbol{E}_m-\boldsymbol{AB}|=\prod_{i=1}^{m}(\lambda-\lambda_i),$$

$$f_{\boldsymbol{BA}}(\lambda)=|\lambda\boldsymbol{E}_n-\boldsymbol{BA}|=\lambda^{n-m}\prod_{i=1}^{m}(\lambda-\lambda_i),$$

从而

$$|\boldsymbol{E}_m-\boldsymbol{A}_{m\times n}\boldsymbol{B}_{n\times m}|=\prod_{i=1}^{m}(1-\lambda_i),\ |\boldsymbol{E}_n-\boldsymbol{B}_{n\times m}\boldsymbol{A}_{m\times n}|=\prod_{i=1}^{m}(1-\lambda_i).$$

注:本题的关键是将行列式看做是方阵的特征多项式的值,再利用例 4 的结果. 利用第三章的知识也可证明此题:

考虑矩阵 $\boldsymbol{P}=\begin{pmatrix}\boldsymbol{E}_n & \boldsymbol{0}\\ -\boldsymbol{A} & \boldsymbol{E}_m\end{pmatrix}$,$\boldsymbol{Q}=\begin{pmatrix}\boldsymbol{E}_n & \boldsymbol{B}\\ \boldsymbol{A} & \boldsymbol{E}_m\end{pmatrix}$,则

$$\begin{pmatrix}\boldsymbol{E}_n & \boldsymbol{0}\\ -\boldsymbol{A} & \boldsymbol{E}_m\end{pmatrix}\begin{pmatrix}\boldsymbol{E}_n & \boldsymbol{B}\\ \boldsymbol{A} & \boldsymbol{E}_m\end{pmatrix}=\begin{pmatrix}\boldsymbol{E}_n & \boldsymbol{B}\\ \boldsymbol{0} & \boldsymbol{E}_m-\boldsymbol{AB}\end{pmatrix},$$

$$\begin{pmatrix}\boldsymbol{E}_n & \boldsymbol{B}\\ \boldsymbol{A} & \boldsymbol{E}_m\end{pmatrix}\begin{pmatrix}\boldsymbol{E}_n & \boldsymbol{0}\\ -\boldsymbol{A} & \boldsymbol{E}_m\end{pmatrix}=\begin{pmatrix}\boldsymbol{E}_n-\boldsymbol{BA} & \boldsymbol{B}\\ \boldsymbol{0} & \boldsymbol{E}_m\end{pmatrix},$$

两边取行列式,得

$$|\boldsymbol{PQ}|=\begin{vmatrix}\boldsymbol{E}_n & \boldsymbol{B}\\ \boldsymbol{0} & \boldsymbol{E}_m-\boldsymbol{AB}\end{vmatrix}=|\boldsymbol{E}_m-\boldsymbol{AB}|,$$

$$|\boldsymbol{QP}|=\begin{vmatrix}\boldsymbol{E}_n-\boldsymbol{BA} & \boldsymbol{B}\\ \boldsymbol{0} & \boldsymbol{E}_m\end{vmatrix}=|\boldsymbol{E}_n-\boldsymbol{BA}|,$$

故 $|\boldsymbol{E}_m-\boldsymbol{AB}|=|\boldsymbol{E}_n-\boldsymbol{BA}|$.

利用例 11 的结果,也可以证明例 4.

$\lambda\neq 0$ 是 $\boldsymbol{AB}$ 的特征值 $\Leftrightarrow|\lambda\boldsymbol{E}_m-\boldsymbol{AB}|=0$, 而

$$|\lambda \boldsymbol{E}_n - \boldsymbol{BA}| = \lambda^n \left| \boldsymbol{E}_n - \frac{1}{\lambda}\boldsymbol{BA} \right| = \lambda^n \left| \boldsymbol{E}_m - \frac{1}{\lambda}\boldsymbol{AB} \right|$$

$$= \lambda^{n-m} |\lambda \boldsymbol{E}_m - \boldsymbol{AB}| = 0 \Rightarrow \lambda \text{ 是 } \boldsymbol{BA} \text{ 的特征值.}$$

例 12 设 $\boldsymbol{A}$ 为三阶方阵，$\boldsymbol{\alpha}$ 为三维列向量，$\boldsymbol{\alpha}, \boldsymbol{A\alpha}, \boldsymbol{A}^2\boldsymbol{\alpha}$ 线性无关，$\boldsymbol{A}^3\boldsymbol{\alpha} = 4\boldsymbol{A\alpha} - 3\boldsymbol{A}^2\boldsymbol{\alpha}$，计算行列式 $|2\boldsymbol{A}^2 + 3\boldsymbol{E}|$.

解 要计算 $|2\boldsymbol{A}^2 + 3\boldsymbol{E}|$，只要找出 $2\boldsymbol{A}^2 + 3\boldsymbol{E}$ 的特征值即可，最终是找 $\boldsymbol{A}$ 的三个特征值.

$$\boldsymbol{A}^3\boldsymbol{\alpha} = 4\boldsymbol{A\alpha} - 3\boldsymbol{A}^2\boldsymbol{\alpha} \Rightarrow (\boldsymbol{A}^3 + 3\boldsymbol{A}^2 - 4\boldsymbol{A})\boldsymbol{\alpha} = \boldsymbol{0}$$

$$\Rightarrow \boldsymbol{A}(\boldsymbol{A} + 4\boldsymbol{E})(\boldsymbol{A} - \boldsymbol{E})\boldsymbol{\alpha} = \boldsymbol{0}$$

$$\text{或}(\boldsymbol{A} + 4\boldsymbol{E})\boldsymbol{A}(\boldsymbol{A} - \boldsymbol{E})\boldsymbol{\alpha} = \boldsymbol{0} \text{ 或}(\boldsymbol{A} - \boldsymbol{E})(\boldsymbol{A} + 4\boldsymbol{E})\boldsymbol{A\alpha} = \boldsymbol{0}$$

$$\Rightarrow |\boldsymbol{A}| = 0, |\boldsymbol{A} + 4\boldsymbol{E}| = 0, |\boldsymbol{A} - \boldsymbol{E}| = 0.$$

（假若不成立，比如 $|\boldsymbol{A} + 4\boldsymbol{E}| \neq 0$，即 $\boldsymbol{A} + 4\boldsymbol{E}$ 可逆，由 $(\boldsymbol{A} + 4\boldsymbol{E})\boldsymbol{A}(\boldsymbol{A} - \boldsymbol{E})\boldsymbol{\alpha} = \boldsymbol{0}$，两边同左乘 $(\boldsymbol{A}+4\boldsymbol{E})^{-1}$ 得 $\boldsymbol{A}(\boldsymbol{A}-\boldsymbol{E})\boldsymbol{\alpha}=\boldsymbol{0}$，即 $\boldsymbol{A}^2\boldsymbol{\alpha}-\boldsymbol{A\alpha}=\boldsymbol{0}$，从而 $\boldsymbol{\alpha}, \boldsymbol{A\alpha}, \boldsymbol{A}^2\boldsymbol{\alpha}$ 线性相关，矛盾！）

故 $\boldsymbol{A}$ 的三个特征值为 $0,1,-4$，$2\boldsymbol{A}^2+3\boldsymbol{E}$ 的特征值为 $3,5,35$，所以

$$|2\boldsymbol{A}^2 + 3\boldsymbol{E}| = 3 \times 5 \times 35 = 525.$$

四、矩阵的相似与对角化

1. 相似矩阵的概念与性质

设 $\boldsymbol{A}, \boldsymbol{B}$ 都是 n 阶方阵，若有可逆矩阵 $\boldsymbol{P}$，使

$$\boldsymbol{P}^{-1}\boldsymbol{AP} = \boldsymbol{B},$$

则称矩阵 $\boldsymbol{A}$ 与 $\boldsymbol{B}$ 相似.

相似矩阵具有如下性质：

(1) 矩阵的相似满足自反、对称、传递的性质.

(2) 矩阵相似必等价，反之未必.

这个性质说明，在矩阵的关系中相似比等价强，从而两个相似矩阵会有更多的性质相同.

(3) 矩阵相似必有相同的特征多项式，从而有相同的特征值，行列式相等，迹相等，秩相等. 反之未必.

(4) $\boldsymbol{A}$ 与 $\boldsymbol{B}$ 相似，则 $\boldsymbol{A}^m$ 与 $\boldsymbol{B}^m$ 相似.

2. 矩阵的对角化

(1) n 阶方阵 $\boldsymbol{A}$ 可对角化的充要条件是 $\boldsymbol{A}$ 有 n 个线性无关的特征向量. 若

$$P^{-1}AP=\begin{pmatrix}\lambda_1 & & & \\ & \lambda_2 & & \\ & & \ddots & \\ & & & \lambda_n\end{pmatrix},$$

则 $\lambda_1,\lambda_2,\cdots,\lambda_n$ 为 A 的特征值，$P=(\alpha_1,\alpha_2,\cdots,\alpha_n)$ 中的列 α_i 是对应于特征值 λ_i 的特征向量. $\alpha_1,\alpha_2,\cdots,\alpha_n$ 线性无关.

(2) n 阶实对称矩阵 A 一定可对角化. n 阶实对称矩阵 A，一定可找到 n 个两两正交的单位特征向量，从而存在正交的相似变换矩阵 P 使得

$$P^{\mathrm{T}}AP=\begin{pmatrix}\lambda_1 & & & \\ & \lambda_2 & & \\ & & \ddots & \\ & & & \lambda_n\end{pmatrix},$$

$P=(\alpha_1,\alpha_2,\cdots,\alpha_n)$ 中的列是两两正交的单位特征向量.

例 13　设 $A=\begin{pmatrix}1 & 2 & -3\\ -1 & 4 & -3\\ 1 & a & 5\end{pmatrix}$ 的特征方程有一个二重根，求 a 的值，并讨论 A 是否可相似对角化.

解　先求特征方程

$$f_A(\lambda)=|\lambda E-A|=\begin{vmatrix}\lambda-1 & -2 & 3\\ 1 & \lambda-4 & 3\\ -1 & -a & \lambda-5\end{vmatrix}=\begin{vmatrix}\lambda-2 & 2-\lambda & 0\\ 1 & \lambda-4 & 3\\ -1 & -a & \lambda-5\end{vmatrix}$$

$$=(\lambda-2)\begin{vmatrix}1 & 0 & 0\\ 1 & \lambda-3 & 3\\ -1 & -a-1 & \lambda-5\end{vmatrix}=(\lambda-2)(\lambda^2-8\lambda+18+3a).$$

(1) 如果 $\lambda=2$ 是特征方程的二重根，则 $\lambda=2$ 满足方程 $\lambda^2-8\lambda+18+3a=0$，故 $a=-2$.

当 $a=-2$ 时，A 的特征值为 2,2,6，矩阵

$$2E-A=\begin{pmatrix}1 & -2 & 3\\ 1 & -2 & 3\\ -1 & 2 & -3\end{pmatrix}$$

的秩为 1，故 $\lambda=2$ 对应有两个线性无关的特征向量，从而 A 可以相似对角化.

(2) 如果 $\lambda=2$ 不是特征方程的二重根，则方程 $\lambda^2-8\lambda+18+3a=0$ 为完全平方，从而 $18+3a=16$，$a=-\dfrac{2}{3}$. 此时，A 的特征值为 2,4,4，矩阵

$$4E-A=\begin{pmatrix}3&-2&3\\1&0&3\\-1&\dfrac{2}{3}&-1\end{pmatrix}$$

的秩为 2. 故特征值 $\lambda=4$ 对应的线性无关的特征向量只有一个,故 A 不能相似对角化.

例 14　设 A,B 为同阶方阵,

(1) 若 A,B 相似,证明 A,B 的特征多项式相等;

(2) 举一个二阶矩阵的例子说明(1)的逆命题不成立;

(3) 当 A,B 均为实对称矩阵时,证明(1)的逆命题成立.

解　(1) A,B 相似,即 $P^{-1}AP=B$.

$$\begin{aligned}f_B(\lambda)&=|\lambda E-B|=|P^{-1}(\lambda E)P-P^{-1}AP|\\&=|P^{-1}||\lambda E-A||P|=|\lambda E-A|=f_A(\lambda).\end{aligned}$$

(2) $A=\begin{pmatrix}1&0\\1&1\end{pmatrix}$,$E=\begin{pmatrix}1&0\\0&1\end{pmatrix}$. A,E 特征多项式相等,但 A,E 不相似,若相似,则存在 P,使得 $P^{-1}EP=A$, 即 $A=E$,矛盾.

(3) 若 A,B 均为实对称矩阵,A,B 的特征多项式相等,则 A,B 均与同一个对角阵相似,由相似矩阵的传递性,A,B 相似.

例 15　设矩阵 $A=\begin{pmatrix}1&-2&-4\\-2&x&-2\\-4&-2&1\end{pmatrix}$ 与 $\Lambda=\begin{pmatrix}5&&\\&-4&\\&&y\end{pmatrix}$ 相似,求 x,y;并求一个正交矩阵 P,使 $P^{-1}AP=\Lambda$.

解　(1) A,Λ 相似,有相同的特征值,特征值为 $5,-4,y$,则

$$f_A(-4)=|-4E-A|=\begin{vmatrix}-5&2&4\\2&-4-x&2\\4&2&-5\end{vmatrix}=0\Rightarrow x=4,$$

又 $\operatorname{tr}(A)=\operatorname{tr}(\Lambda)$, 即 $2+x=1+y\Rightarrow y=5$.

(2) A 的特征值为 $5,5,-4$.

对 $\lambda_1=\lambda_2=5$, 解 $(5E-A)x=0$ 得基础解系:

$$\xi_1=\begin{pmatrix}1\\0\\-1\end{pmatrix},\xi_2=\begin{pmatrix}1\\-2\\0\end{pmatrix}.$$

经正交化单位化得

$$\boldsymbol{\eta}_1=\begin{pmatrix}\frac{1}{\sqrt{2}}\\0\\-\frac{1}{\sqrt{2}}\end{pmatrix},\boldsymbol{\eta}_2=\begin{pmatrix}-\frac{1}{3\sqrt{2}}\\-\frac{4}{3\sqrt{2}}\\\frac{1}{3\sqrt{2}}\end{pmatrix}.$$

对 $\lambda_3=-4$,解$(-4\boldsymbol{E}-\boldsymbol{A})\boldsymbol{x}=\boldsymbol{0}$ 得基础解系:$\boldsymbol{\xi}_3=\begin{pmatrix}2\\1\\2\end{pmatrix}$. 经单位化得

$$\boldsymbol{\eta}_3=\begin{pmatrix}\frac{2}{3}\\\frac{1}{3}\\\frac{2}{3}\end{pmatrix}.$$

取 $\boldsymbol{P}=\begin{pmatrix}\frac{1}{\sqrt{2}}&\frac{2}{3}&-\frac{1}{3\sqrt{2}}\\0&\frac{1}{3}&-\frac{4}{3\sqrt{2}}\\-\frac{1}{\sqrt{2}}&\frac{2}{3}&\frac{1}{3\sqrt{2}}\end{pmatrix}$,则 $\boldsymbol{P}^{-1}\boldsymbol{AP}=\boldsymbol{\Lambda}$.

例 16 设三阶矩阵 $\boldsymbol{A}$ 的特征值为 $\lambda_1=6,\lambda_2=\lambda_3=3$, 与特征值 $\lambda_1=6$ 对应的特征向量为

$$\boldsymbol{\alpha}_1=\begin{pmatrix}1\\1\\1\end{pmatrix},$$

求 $\boldsymbol{A}$.

解 设对应于 $\lambda_2=\lambda_3=3$ 的特征向量为 $\boldsymbol{\alpha}=\begin{pmatrix}x_1\\x_2\\x_3\end{pmatrix}$, 它与 $\boldsymbol{\alpha}_1=\begin{pmatrix}1\\1\\1\end{pmatrix}$ 正交,故有

$$x_1+x_2+x_3=0,$$

解得一个基础解系为

$$\boldsymbol{\xi}_1=\begin{pmatrix}1\\0\\-1\end{pmatrix},\boldsymbol{\xi}_2=\begin{pmatrix}1\\-2\\1\end{pmatrix},$$

显然,它们正交.经单位化得

$$\boldsymbol{\alpha}_2=\begin{pmatrix}\frac{1}{\sqrt{2}}\\0\\-\frac{1}{\sqrt{2}}\end{pmatrix},\boldsymbol{\alpha}_3=\begin{pmatrix}\frac{1}{\sqrt{6}}\\-\frac{2}{\sqrt{6}}\\\frac{1}{\sqrt{6}}\end{pmatrix}.$$

取 $\boldsymbol{P}=\begin{pmatrix}\frac{1}{\sqrt{3}}&\frac{1}{\sqrt{2}}&\frac{1}{\sqrt{6}}\\\frac{1}{\sqrt{3}}&0&-\frac{2}{\sqrt{6}}\\\frac{1}{\sqrt{3}}&-\frac{1}{\sqrt{2}}&\frac{1}{\sqrt{6}}\end{pmatrix}$,则 $\boldsymbol{P}^{\mathrm{T}}\boldsymbol{AP}=\begin{pmatrix}6&&\\&3&\\&&3\end{pmatrix}$,

$$\mathbf{A}=\boldsymbol{P}\begin{pmatrix}6&&\\&3&\\&&3\end{pmatrix}\boldsymbol{P}^{\mathrm{T}}=\begin{pmatrix}4&1&1\\1&4&1\\1&1&4\end{pmatrix}.$$

Ⅲ　习题选解

习题 5-1　预备知识

2. 试用施密特正交化方法将下列向量组正交化:

(1) $\boldsymbol{\alpha}_1=\begin{pmatrix}1\\1\\1\end{pmatrix},\boldsymbol{\alpha}_2=\begin{pmatrix}1\\2\\3\end{pmatrix},\boldsymbol{\alpha}_3=\begin{pmatrix}1\\4\\9\end{pmatrix}.$

解　$\boldsymbol{\beta}_1=\boldsymbol{\alpha}_1,\boldsymbol{\beta}_2=\boldsymbol{\alpha}_2-\dfrac{[\boldsymbol{\beta}_1,\boldsymbol{\alpha}_2]}{[\boldsymbol{\beta}_1,\boldsymbol{\beta}_1]}\boldsymbol{\beta}_1=\begin{pmatrix}-1\\0\\1\end{pmatrix},$

$$\boldsymbol{\beta}_3=\boldsymbol{\alpha}_3-\frac{[\boldsymbol{\beta}_1,\boldsymbol{\alpha}_3]}{[\boldsymbol{\beta}_1,\boldsymbol{\beta}_1]}\boldsymbol{\beta}_1-\frac{[\boldsymbol{\beta}_2,\boldsymbol{\alpha}_3]}{[\boldsymbol{\beta}_2,\boldsymbol{\beta}_2]}\boldsymbol{\beta}_2=\frac{1}{3}\begin{pmatrix}1\\-2\\1\end{pmatrix}.$$

4. 设 $\boldsymbol{\alpha}_1=\begin{pmatrix}1\\2\\3\end{pmatrix}$，求非零向量 $\boldsymbol{\alpha}_2,\boldsymbol{\alpha}_3$，使向量组 $\boldsymbol{\alpha}_1,\boldsymbol{\alpha}_2,\boldsymbol{\alpha}_3$ 为正交向量组.

解 见例 1.

5. 证明：设 $\boldsymbol{A},\boldsymbol{B}$ 都是 n 阶正交方阵，则

(1) $|\boldsymbol{A}|=1$ 或 -1；

(2) $\boldsymbol{A}^{\mathrm{T}},\boldsymbol{A}^{-1},\boldsymbol{AB}$ 也是正交方阵.

证 (1) 对 $\boldsymbol{A}^{\mathrm{T}}\boldsymbol{A}=\boldsymbol{E}$ 两边取行列式得

$$|\boldsymbol{A}^{\mathrm{T}}\boldsymbol{A}|=|\boldsymbol{A}^{\mathrm{T}}||\boldsymbol{A}|=|\boldsymbol{A}|^2=|\boldsymbol{E}|=1,$$

故 $|\boldsymbol{A}|=1$ 或 -1.

(2) $\boldsymbol{A}$ 正交 $\Rightarrow\boldsymbol{A}\boldsymbol{A}^{\mathrm{T}}=\boldsymbol{E}\Rightarrow\boldsymbol{A}^{\mathrm{T}}\boldsymbol{A}=\boldsymbol{E}\Rightarrow\boldsymbol{A}^{\mathrm{T}}$ 正交，故 $\boldsymbol{A}^{-1}=\boldsymbol{A}^{\mathrm{T}}$也是正交方阵.

$$(\boldsymbol{AB})(\boldsymbol{AB})^{\mathrm{T}}=(\boldsymbol{AB})(\boldsymbol{B}^{\mathrm{T}}\boldsymbol{A}^{\mathrm{T}})=\boldsymbol{A}(\boldsymbol{B}\boldsymbol{B}^{\mathrm{T}})\boldsymbol{A}^{\mathrm{T}}=\boldsymbol{A}\boldsymbol{A}^{\mathrm{T}}=\boldsymbol{E},$$

故 $\boldsymbol{AB}$ 是正交方阵.

习题 5-2 特征值和特征向量

2. 求下列矩阵的特征值和特征向量：

(2) $\boldsymbol{A}=\begin{pmatrix}1&-3&3\\3&-5&3\\6&-6&4\end{pmatrix}$.

解 $|\lambda\boldsymbol{E}-\boldsymbol{A}|=\begin{vmatrix}\lambda-1&3&-3\\-3&\lambda+5&-3\\-6&6&\lambda-4\end{vmatrix}=(\lambda+2)^2(\lambda-4)$，

故 $\boldsymbol{A}$ 的特征值为 $\lambda_1=\lambda_2=-2,\lambda_3=4$.

对于 $\lambda_1=\lambda_2=-2$，特征向量为

$$\boldsymbol{p}_1=k_1\begin{pmatrix}1\\1\\0\end{pmatrix}+k_2\begin{pmatrix}0\\1\\1\end{pmatrix},k_1^2+k_2^2\neq 0,$$

对于 $\lambda_3=4$，特征向量为

$$\boldsymbol{p}_2=k_3\begin{pmatrix}1\\1\\2\end{pmatrix},k_3\neq 0.$$

(3) $\boldsymbol{A}=\begin{pmatrix}2&-1&2\\5&-3&3\\-1&0&-2\end{pmatrix}$.

解　$|\lambda E - A| = \begin{vmatrix} \lambda - 2 & 1 & -2 \\ -5 & \lambda + 3 & -3 \\ 1 & 0 & \lambda + 2 \end{vmatrix} = (\lambda + 1)^3$,

故 A 的特征值为 $\lambda_1 = \lambda_2 = \lambda_3 = -1$.

对于 $\lambda_1 = \lambda_2 = \lambda_3 = -1$, 特征向量为 $p = k\begin{pmatrix} 1 \\ 1 \\ -1 \end{pmatrix}, k \neq 0$.

3. 设 $\lambda_1, \lambda_2, \lambda_3$ 是三阶可逆方阵 A 的特征值,求 $A^{-1}, A^*, 3A-2E$ 的特征值.

解　设 λ 是 A 的特征值,对应的特征向量为 x,

$$Ax = \lambda x.$$

两边同乘以 A^{-1} 得 $x = \lambda A^{-1}x$.

两边同乘以 $\frac{1}{\lambda}$ 得 $A^{-1}x = \frac{1}{\lambda}x$.

同时有 $A^*x = |A|A^{-1}x = \frac{|A|}{\lambda}x$,其中 $|A| = \lambda_1\lambda_2\lambda_3$,

$$(3A - 2E)x = (3\lambda - 2)x,$$

故 A^{-1} 的特征值为 $\frac{1}{\lambda_1}, \frac{1}{\lambda_2}, \frac{1}{\lambda_3}$; A^* 的特征值为 $\lambda_2\lambda_3, \lambda_1\lambda_3, \lambda_1\lambda_2$; $3A - 2E$ 的特征值为 $3\lambda_1 - 2, 3\lambda_2 - 2, 3\lambda_3 - 2$.

4. 已知 $\alpha = \begin{pmatrix} 1 \\ k \\ 1 \end{pmatrix}$ 是 $A = \begin{pmatrix} 2 & 1 & 1 \\ 1 & 2 & 1 \\ 1 & 1 & 2 \end{pmatrix}$ 的逆阵 A^{-1} 的特征向量,求 k.

解　设 A^{-1} 的特征向量 α 对应的特征值为 $\lambda(\lambda \neq 0)$,则

$$A^{-1}\alpha = \lambda\alpha.$$

从而　$A\alpha = \frac{1}{\lambda}\alpha$, 即

$$\begin{cases} 3 + k = \frac{1}{\lambda}, \\ 2 + 2k = \frac{k}{\lambda}, \\ 3 + k = \frac{1}{\lambda}, \end{cases}$$

解得 $k = 1$ 或 -2.

习题 5-3 相似矩阵

2. 设 $\boldsymbol{\alpha}=(1,1,1)^{\mathrm{T}}, \boldsymbol{\beta}=(1,0,k)^{\mathrm{T}}$,若矩阵 $\boldsymbol{\alpha\beta}^{\mathrm{T}}$ 相似于$\begin{pmatrix}3&0&0\\0&0&0\\0&0&0\end{pmatrix}$,则 $k=$________.

解 $\boldsymbol{\alpha\beta}^{\mathrm{T}}$ 相似于$\begin{pmatrix}3&0&0\\0&0&0\\0&0&0\end{pmatrix}$,根据相似矩阵有相同的特征值,得到 $\boldsymbol{\alpha\beta}^{\mathrm{T}}$ 的特征值为 3,0,0. 而 $\boldsymbol{\alpha}^{\mathrm{T}}\boldsymbol{\beta}$ 为矩阵 $\boldsymbol{\alpha\beta}^{\mathrm{T}}$ 的对角元素之和,因为 $1+k=3+0+0$,所以 $k=2$.

3. 设矩阵 $\boldsymbol{A}=\begin{pmatrix}2&0&0\\0&0&1\\0&1&x\end{pmatrix}$ 与 $\boldsymbol{B}=\begin{pmatrix}2&0&0\\0&y&0\\0&0&-1\end{pmatrix}$ 相似.

(1) 求 x,y;

(2) 求一个可逆矩阵 $\boldsymbol{P}$,使 $\boldsymbol{P}^{-1}\boldsymbol{AP}=\boldsymbol{B}$.

解 (1) $\boldsymbol{A}$ 与 $\boldsymbol{B}$ 相似,则 $|\lambda \boldsymbol{E}-\boldsymbol{A}|=|\lambda \boldsymbol{E}-\boldsymbol{B}|$, 即

$$(\lambda-2)[\lambda(\lambda-x)-1]=(\lambda-2)(\lambda-y)(\lambda+1),$$

从而 $x=0, y=1$.

(2) $\boldsymbol{A}=\begin{pmatrix}2&0&0\\0&0&1\\0&1&0\end{pmatrix}$ 的特征根为 $\lambda_1=2, \lambda_2=1, \lambda_3=-1$,

$\lambda_1=2$ 对应的特征向量 $\boldsymbol{p}_1=k_1(1,0,0)^{\mathrm{T}}, k_1\neq 0$;

$\lambda_2=1$ 对应的特征向量 $\boldsymbol{p}_2=k_2(0,1,1)^{\mathrm{T}}, k_2\neq 0$;

$\lambda_3=-1$ 对应的特征向量 $\boldsymbol{p}_3=k_3(0,1,-1)^{\mathrm{T}}, k_3\neq 0$.

故取 $\boldsymbol{P}=\begin{pmatrix}1&0&0\\0&1&1\\0&1&-1\end{pmatrix}$ 即有 $\boldsymbol{P}^{-1}\boldsymbol{AP}=\boldsymbol{B}$.

5. 设三阶方阵 $\boldsymbol{A}$ 的特征值为 1,0,−1,对应的特征向量依次为

$$\boldsymbol{p}_1=\begin{pmatrix}1\\2\\2\end{pmatrix}, \boldsymbol{p}_2=\begin{pmatrix}2\\-2\\1\end{pmatrix}, \boldsymbol{p}_3=\begin{pmatrix}-2\\-1\\2\end{pmatrix},$$

求 $\boldsymbol{A}$ 及 $\boldsymbol{A}^{50}$.

解　取 $\boldsymbol{P}=\begin{pmatrix}1&2&-2\\2&-2&-1\\2&1&2\end{pmatrix}$, $\boldsymbol{P}^{-1}=\frac{1}{9}\begin{pmatrix}1&2&2\\2&-2&1\\-2&-1&2\end{pmatrix}$,

$$\boldsymbol{P}^{-1}\boldsymbol{A}\boldsymbol{P}=\begin{pmatrix}1&0&0\\0&0&0\\0&0&-1\end{pmatrix}.$$

故

$$\boldsymbol{A}=\boldsymbol{P}\begin{pmatrix}1&0&0\\0&0&0\\0&0&-1\end{pmatrix}\boldsymbol{P}^{-1}=\frac{1}{9}\begin{pmatrix}1&2&-2\\2&-2&-1\\2&1&2\end{pmatrix}\begin{pmatrix}1&0&0\\0&0&0\\0&0&-1\end{pmatrix}\begin{pmatrix}1&2&2\\2&-2&1\\-2&-1&2\end{pmatrix}$$

$$=\frac{1}{3}\begin{pmatrix}-1&0&2\\0&1&2\\2&2&0\end{pmatrix},$$

$$\boldsymbol{A}^{50}=\boldsymbol{P}\begin{pmatrix}1&0&0\\0&0&0\\0&0&-1\end{pmatrix}^{50}\boldsymbol{P}^{-1}=\boldsymbol{P}\begin{pmatrix}1&0&0\\0&0&0\\0&0&1\end{pmatrix}\boldsymbol{P}^{-1}=\frac{1}{9}\begin{pmatrix}5&4&-2\\4&5&2\\-2&2&8\end{pmatrix}.$$

6. 设矩阵 $\boldsymbol{A}=\begin{pmatrix}0&0&1\\x&1&y\\1&0&0\end{pmatrix}$ 可对角化,求 x 和 y 应满足的条件.

解　$$|\lambda\boldsymbol{E}-\boldsymbol{A}|=\begin{vmatrix}\lambda&0&-1\\-x&\lambda-1&-y\\-1&0&\lambda\end{vmatrix}=(\lambda+1)(\lambda-1)^2.$$

要使 $\boldsymbol{A}$ 可对角化,只要 $\boldsymbol{A}$ 的二重特征根 1 有两个线性无关的特征向量即可,即 $R(\boldsymbol{E}-\boldsymbol{A})=1$.

$$\boldsymbol{E}-\boldsymbol{A}=\begin{pmatrix}1&0&-1\\-x&0&-y\\-1&0&1\end{pmatrix}\to\begin{pmatrix}0&0&0\\x+y&0&0\\0&0&1\end{pmatrix},$$

故 x,y 应满足 $x+y=0$.

7. 已知矩阵 $\boldsymbol{A}=\begin{pmatrix}2&a&2\\5&b&3\\-1&1&-1\end{pmatrix}$ 有特征值±1,求 a,b 的值,并说明 $\boldsymbol{A}$ 能否

对角化.

解 ±1 是 $\boldsymbol{A}$ 的特征根,则 $|\boldsymbol{E}-\boldsymbol{A}|=0,|-\boldsymbol{E}-\boldsymbol{A}|=0$.

$$|\boldsymbol{E}-\boldsymbol{A}|=\begin{vmatrix}-1 & -a & -2\\ -5 & 1-b & -3\\ 1 & -1 & 2\end{vmatrix}=-7(a+1)=0,$$

$$|-\boldsymbol{E}-\boldsymbol{A}|=\begin{vmatrix}-3 & -a & -2\\ -5 & -1-b & -3\\ 1 & -1 & 0\end{vmatrix}=3a-2b-3=0,$$

从而 $a=-1,b=-3$.

$$|\lambda\boldsymbol{E}-\boldsymbol{A}|=\begin{vmatrix}\lambda-2 & 1 & -2\\ -5 & \lambda+3 & -3\\ 1 & -1 & \lambda+1\end{vmatrix}=(\lambda+1)(\lambda-1)(\lambda+2).$$

即 $\boldsymbol{A}$ 有三个不同的特征值,故 $\boldsymbol{A}$ 可对角化.

习题 5-4 实对称矩阵的相似矩阵

1. 试求一个正交相似变换矩阵,将下列实对称矩阵化为对角矩阵:

(2) $\begin{pmatrix}3 & -1 & 0\\ -1 & 2 & -1\\ 0 & -1 & 3\end{pmatrix}$.

解 $\begin{vmatrix}\lambda-3 & 1 & 0\\ 1 & \lambda-2 & 1\\ 0 & 1 & \lambda-3\end{vmatrix}=(\lambda-1)(\lambda-3)(\lambda-4)$,矩阵的特征根为 $\lambda_1=1,\lambda_2=3,\lambda_3=4$.

对应于 $\lambda_1=1$ 的特征向量为 $\boldsymbol{\alpha}_1=\begin{pmatrix}1\\2\\1\end{pmatrix}$,对应于 $\lambda_2=3$ 的特征向量为 $\boldsymbol{\alpha}_2=\begin{pmatrix}1\\0\\-1\end{pmatrix}$,对应于 $\lambda_3=4$ 的特征向量为 $\boldsymbol{\alpha}_3=\begin{pmatrix}1\\-1\\1\end{pmatrix}$. 取

$$P=\begin{pmatrix}\frac{1}{\sqrt{6}} & \frac{1}{\sqrt{2}} & \frac{1}{\sqrt{3}}\\ \frac{2}{\sqrt{6}} & 0 & -\frac{1}{\sqrt{3}}\\ \frac{1}{\sqrt{6}} & -\frac{1}{\sqrt{2}} & \frac{1}{\sqrt{3}}\end{pmatrix},$$

即有

$$P^{-1}\begin{pmatrix}3 & -1 & 0\\ -1 & 2 & -1\\ 0 & -1 & 3\end{pmatrix}P=\begin{pmatrix}1 & 0 & 0\\ 0 & 3 & 0\\ 0 & 0 & 4\end{pmatrix}.$$

2. 设三阶实对称矩阵 $\boldsymbol{A}$ 的特征值为 0,1,1,$\boldsymbol{A}$ 的属于 0 的特征向量为 $\boldsymbol{\alpha}_1=(0,1,1)^{\mathrm{T}}$,求 $\boldsymbol{A}$.

解 设属于 1 的特征向量为 $\boldsymbol{x}=(x_1,x_2,x_3)^{\mathrm{T}}$,它与 $\boldsymbol{\alpha}_1$ 正交,即 $x_2+x_3=0$,从而解得特征值 1 的两个特征向量 $\boldsymbol{\alpha}_2=\begin{pmatrix}1\\0\\0\end{pmatrix}$,$\boldsymbol{\alpha}_3=\begin{pmatrix}0\\1\\-1\end{pmatrix}$.

取 $P=\begin{pmatrix}0 & 1 & 0\\ \frac{1}{\sqrt{2}} & 0 & \frac{1}{\sqrt{2}}\\ \frac{1}{\sqrt{2}} & 0 & -\frac{1}{\sqrt{2}}\end{pmatrix}$,即有 $P^{-1}AP=\begin{pmatrix}0 & 0 & 0\\ 0 & 1 & 0\\ 0 & 0 & 1\end{pmatrix}$,从而

$$A=P\begin{pmatrix}0 & 0 & 0\\ 0 & 1 & 0\\ 0 & 0 & 1\end{pmatrix}P^{-1}=\begin{pmatrix}0 & 1 & 0\\ \frac{1}{\sqrt{2}} & 0 & \frac{1}{\sqrt{2}}\\ \frac{1}{\sqrt{2}} & 0 & -\frac{1}{\sqrt{2}}\end{pmatrix}\begin{pmatrix}0 & 0 & 0\\ 0 & 1 & 0\\ 0 & 0 & 1\end{pmatrix}\begin{pmatrix}0 & \frac{1}{\sqrt{2}} & \frac{1}{\sqrt{2}}\\ 1 & 0 & 0\\ 0 & \frac{1}{\sqrt{2}} & -\frac{1}{\sqrt{2}}\end{pmatrix}$$

$$=\begin{pmatrix}1 & 0 & 0\\ 0 & \frac{1}{2} & -\frac{1}{2}\\ 0 & -\frac{1}{2} & \frac{1}{2}\end{pmatrix}.$$

3. 设 $\boldsymbol{A}$,$\boldsymbol{B}$ 是两个 n 阶实对称矩阵,证明 $\boldsymbol{A}$ 与 $\boldsymbol{B}$ 相似的充要条件是 $\boldsymbol{A}$ 与 $\boldsymbol{B}$ 有相同的特征值.

证 必要性:若 $\boldsymbol{A}$ 与 $\boldsymbol{B}$ 相似,则存在可逆方阵 $\boldsymbol{P}$,$\boldsymbol{P}^{-1}\boldsymbol{A}\boldsymbol{P}=\boldsymbol{B}$,

$$\begin{aligned} f_{\boldsymbol{B}}(\lambda) &= |\lambda\boldsymbol{E}-\boldsymbol{B}| = |\boldsymbol{P}^{-1}(\lambda\boldsymbol{E}-\boldsymbol{A})\boldsymbol{P}| \\ &= |\boldsymbol{P}^{-1}||\lambda\boldsymbol{E}-\boldsymbol{A}||\boldsymbol{P}| = |\lambda\boldsymbol{E}-\boldsymbol{A}| = f_{\boldsymbol{A}}(\lambda), \end{aligned}$$

故 $\boldsymbol{A}$ 与 $\boldsymbol{B}$ 有相同特征值.

充分性:若 $\boldsymbol{A}$,$\boldsymbol{B}$ 有相同的特征值,则 $\boldsymbol{A}$,$\boldsymbol{B}$ 与相同的对角阵 $\boldsymbol{\Lambda}$ 相似,即存在正交方阵 $\boldsymbol{P}$,$\boldsymbol{Q}$,有

$$\boldsymbol{P}^{-1}\boldsymbol{A}\boldsymbol{P}=\boldsymbol{Q}^{-1}\boldsymbol{B}\boldsymbol{Q}=\boldsymbol{\Lambda},$$

从而 $(\boldsymbol{P}\boldsymbol{Q}^{-1})^{-1}\boldsymbol{A}(\boldsymbol{P}\boldsymbol{Q}^{-1})=\boldsymbol{B}$, 即 $\boldsymbol{A}$ 与 $\boldsymbol{B}$ 相似.

4. 判断 n 阶矩阵 $\boldsymbol{A}=\begin{pmatrix}1&1&\cdots&1\\1&1&\cdots&1\\\vdots&\vdots&&\vdots\\1&1&\cdots&1\end{pmatrix}$ 与 $\boldsymbol{B}=\begin{pmatrix}n&0&\cdots&0\\1&0&\cdots&0\\\vdots&\vdots&&\vdots\\1&0&\cdots&0\end{pmatrix}$ 是否相似,并说明理由.

解 $|\lambda\boldsymbol{E}-\boldsymbol{A}|=\lambda^{n-1}(\lambda-n)$,故 $\boldsymbol{A}$ 与对角阵 $\boldsymbol{\Lambda}=\begin{pmatrix}n&&&\\&0&&\\&&\ddots&\\&&&0\end{pmatrix}$ 相似.

$|\lambda\boldsymbol{E}-\boldsymbol{B}|=\lambda^{n-1}(\lambda-n)$, 且 $R(\boldsymbol{B})=1$, 即 $\boldsymbol{B}$ 也与对角阵 $\boldsymbol{\Lambda}$ 相似,从而 $\boldsymbol{A}$ 与 $\boldsymbol{B}$ 相似.

第五章总习题

1. 设 $\boldsymbol{A}$ 为 n 阶方阵, $|\boldsymbol{A}|\neq 0$, $\boldsymbol{A}^*$ 为 $\boldsymbol{A}$ 的伴随矩阵,若 $\boldsymbol{A}$ 有特征值 λ,求 $(\boldsymbol{A}^*)^2+\boldsymbol{E}$ 的一个特征值.

解 设特征值 λ 对应的特征向量为 $\boldsymbol{\alpha}$,则 $\boldsymbol{A}^{-1}\boldsymbol{\alpha}=\dfrac{1}{\lambda}\boldsymbol{\alpha}$,

$$((\boldsymbol{A}^*)^2+\boldsymbol{E})\boldsymbol{\alpha}=|\boldsymbol{A}|^2(\boldsymbol{A}^{-1})^2\boldsymbol{\alpha}+\boldsymbol{\alpha}=\left(\frac{|\boldsymbol{A}|^2}{\lambda^2}+1\right)\boldsymbol{\alpha}.$$

故 $(\boldsymbol{A}^*)^2+\boldsymbol{E}$ 有特征值 $\dfrac{|\boldsymbol{A}|^2}{\lambda^2}+1$.

2. 设 $\boldsymbol{A}=\begin{pmatrix}a&-1&c\\5&b&3\\1-c&0&-a\end{pmatrix}$, $|\boldsymbol{A}|=-1$, $\boldsymbol{A}^*$ 有一个特征值为 λ_0,与 λ_0 对应

的一个特征向量为 $\boldsymbol{\alpha}=\begin{pmatrix}-1\\-1\\1\end{pmatrix}$，求 a,b,c 和 λ_0.

解　$\boldsymbol{A}^*\boldsymbol{\alpha}=\lambda_0\boldsymbol{\alpha}\Rightarrow-\boldsymbol{A}^{-1}\boldsymbol{\alpha}=\lambda_0\boldsymbol{\alpha}\Rightarrow-\dfrac{1}{\lambda_0}\boldsymbol{\alpha}=\boldsymbol{A}\boldsymbol{\alpha}$，即有

$$\begin{cases}-a+c+1=\dfrac{1}{\lambda_0},\\-2-b=\dfrac{1}{\lambda_0},\\c-a-1=-\dfrac{1}{\lambda_0},\end{cases}$$

同时 $|\boldsymbol{A}|=(bc+3)(c-1)-a(ab+5)=-1$，解得 $a=2,b=-3,c=2,\lambda_0=1$.

3. 设三阶方阵 $\boldsymbol{A}$ 的特征值为 $\lambda_1=1,\lambda_2=2,\lambda_3=3$，对应的特征向量依次为 $\boldsymbol{\alpha}_1=\begin{pmatrix}1\\1\\1\end{pmatrix},\boldsymbol{\alpha}_2=\begin{pmatrix}1\\2\\4\end{pmatrix},\boldsymbol{\alpha}_3=\begin{pmatrix}1\\3\\9\end{pmatrix}$，又向量 $\boldsymbol{\beta}=\begin{pmatrix}1\\1\\3\end{pmatrix}$.

(1) 将 $\boldsymbol{\beta}$ 用 $\boldsymbol{\alpha}_1,\boldsymbol{\alpha}_2,\boldsymbol{\alpha}_3$ 线性表示；

(2) 求 $\boldsymbol{A}^n\boldsymbol{\beta}$（$n$ 为正整数）.

解　(1) $\boldsymbol{\beta}=2\boldsymbol{\alpha}_1-2\boldsymbol{\alpha}_2+\boldsymbol{\alpha}_3$；

(2) $\boldsymbol{A}^n\boldsymbol{\beta}=\boldsymbol{A}^n(2\boldsymbol{\alpha}_1-2\boldsymbol{\alpha}_2+\boldsymbol{\alpha}_3)=2\boldsymbol{A}^n\boldsymbol{\alpha}_1-2\boldsymbol{A}^n\boldsymbol{\alpha}_2+\boldsymbol{A}^n\boldsymbol{\alpha}_3$

$$=2\lambda_1^n\boldsymbol{\alpha}_1-2\lambda_2^n\boldsymbol{\alpha}_2+\lambda_3^n\boldsymbol{\alpha}_3=\begin{pmatrix}2-2^{n+1}+3^n\\2-2^{n+2}+3^{n+1}\\2-2^{n+3}+3^{n+2}\end{pmatrix}.$$

4. 设有四阶方阵 $\boldsymbol{A}$ 满足条件 $|\sqrt{2}\boldsymbol{E}+\boldsymbol{A}|=0,\boldsymbol{A}\boldsymbol{A}^{\mathrm{T}}=2\boldsymbol{E},|\boldsymbol{A}|<0$，求 $\boldsymbol{A}^*$ 的一个特征值.

解　由 $\left|\sqrt{2}\boldsymbol{E}+\boldsymbol{A}\right|=0$ 知 $\boldsymbol{A}$ 有特征值 $-\sqrt{2}$.

$$\boldsymbol{A}\boldsymbol{A}^{\mathrm{T}}=2\boldsymbol{E}\Rightarrow|\boldsymbol{A}\boldsymbol{A}^{\mathrm{T}}|=|2\boldsymbol{E}|\Rightarrow|\boldsymbol{A}|^2=2^4\Rightarrow|\boldsymbol{A}|=-4,$$

从而 $\boldsymbol{A}^*=|\boldsymbol{A}|\boldsymbol{A}^{-1}=-4\boldsymbol{A}^{-1}$ 有特征值 $-4\left(\dfrac{-1}{\sqrt{2}}\right)$，即 $2\sqrt{2}$.

5. 设向量 $\boldsymbol{\alpha}=\begin{pmatrix}a_1\\a_2\\\vdots\\a_n\end{pmatrix}$，$\boldsymbol{\beta}=\begin{pmatrix}b_1\\b_2\\\vdots\\b_n\end{pmatrix}$ 都是非零向量，且 $\boldsymbol{\alpha}^{\mathrm{T}}\boldsymbol{\beta}=0$，记 $\boldsymbol{A}=\boldsymbol{\alpha}\boldsymbol{\beta}^{\mathrm{T}}$.

求(1) $\boldsymbol{A}^2$；(2) $\boldsymbol{A}$ 的特征值与特征向量.

解 (1) $\boldsymbol{A}^2=(\boldsymbol{\alpha}\boldsymbol{\beta}^{\mathrm{T}})(\boldsymbol{\alpha}\boldsymbol{\beta}^{\mathrm{T}})=\boldsymbol{\alpha}(\boldsymbol{\beta}^{\mathrm{T}}\boldsymbol{\alpha})\boldsymbol{\beta}^{\mathrm{T}}=(\boldsymbol{\beta}^{\mathrm{T}}\boldsymbol{\alpha})\cdot\boldsymbol{\alpha}\boldsymbol{\beta}^{\mathrm{T}}=\boldsymbol{0}$；

(2) 设 $\boldsymbol{A}$ 的特征值为 λ，对应的特征向量为 $\boldsymbol{\alpha}$. 则

$$\boldsymbol{0}=\boldsymbol{A}^2\boldsymbol{\alpha}=\lambda^2\boldsymbol{\alpha}\Rightarrow\lambda=0,$$

即 $\boldsymbol{A}$ 只有特征根 0.

$$\boldsymbol{A}=\boldsymbol{\alpha}\boldsymbol{\beta}^{\mathrm{T}}=\begin{pmatrix}a_1b_1 & a_1b_2 & \cdots & a_1b_n\\a_2b_1 & a_2b_2 & \cdots & a_2b_n\\\vdots & \vdots & & \vdots\\a_nb_1 & a_nb_2 & \cdots & a_nb_n\end{pmatrix}.$$

不妨假设 $a_1b_1\neq0$，则

$$\boldsymbol{A}\xrightarrow{\text{行变换}}\begin{pmatrix}a_1b_1 & a_1b_2 & \cdots & a_1b_n\\0 & 0 & \cdots & 0\\\vdots & \vdots & & \vdots\\0 & 0 & \cdots & 0\end{pmatrix}\xrightarrow{\text{行变换}}\begin{pmatrix}1 & \dfrac{b_2}{b_1} & \cdots & \dfrac{b_n}{b_1}\\0 & 0 & \cdots & 0\\\vdots & \vdots & & \vdots\\0 & 0 & \cdots & 0\end{pmatrix}.$$

从而特征值 0 对应的特征向量为

$$k_1\begin{pmatrix}-\dfrac{b_2}{b_1}\\1\\0\\\vdots\\0\end{pmatrix}+k_2\begin{pmatrix}-\dfrac{b_3}{b_1}\\0\\1\\\vdots\\0\end{pmatrix}+\cdots+k_{n-1}\begin{pmatrix}-\dfrac{b_n}{b_1}\\0\\0\\\vdots\\1\end{pmatrix}\quad(k_1,k_2,\cdots,k_{n-1}\text{ 不全为零}).$$

6. 设 n 阶方阵 $\boldsymbol{A}=(a_{ij})$ 的各行元之和为常数 a，证明

(1) a 为 $\boldsymbol{A}$ 的一个特征值，$\boldsymbol{\alpha}=\begin{pmatrix}1\\1\\\vdots\\1\end{pmatrix}$ 是对应的特征向量；

(2) $\boldsymbol{A}^m$的每行元之和为 a^m,其中 m 为正整数;

(3) 若 $\boldsymbol{A}$ 可逆,则 $\boldsymbol{A}^{-1}$的每行元之和为$\frac{1}{a}$.

证 (1) $\boldsymbol{A\alpha} = \begin{pmatrix} a \\ a \\ \vdots \\ a \end{pmatrix} = a\begin{pmatrix} 1 \\ 1 \\ \vdots \\ 1 \end{pmatrix} = a\boldsymbol{\alpha}$, 故 a 为 $\boldsymbol{A}$ 的一个特征值,$\boldsymbol{\alpha}$ 是对应的特征向量.

(2) $\boldsymbol{A}^m\boldsymbol{\alpha} = a^m\boldsymbol{\alpha} = \begin{pmatrix} a^m \\ a^m \\ \vdots \\ a^m \end{pmatrix}$, 故 $\boldsymbol{A}^m$的每行元之和为 a^m.

(3) $\boldsymbol{A}^{-1}\boldsymbol{\alpha} = \frac{1}{a}\boldsymbol{\alpha} = \begin{pmatrix} \frac{1}{a} \\ \frac{1}{a} \\ \vdots \\ \frac{1}{a} \end{pmatrix}$, 故 $\boldsymbol{A}^{-1}$的每行元之和为$\frac{1}{a}$.

7. 设 $\boldsymbol{A},\boldsymbol{B}$ 均为 n 阶方阵,证明 $\boldsymbol{AB}$ 与 $\boldsymbol{BA}$ 有相同的特征值.

注:此题参看例 4.

8. 设 $\boldsymbol{A},\boldsymbol{B}$ 均为 n 阶方阵,且 $R(\boldsymbol{A}) + R(\boldsymbol{B}) < n$, 证明 $\boldsymbol{A},\boldsymbol{B}$ 有公共的特征向量.

证 设 $\boldsymbol{C} = \begin{pmatrix} \boldsymbol{A} \\ \boldsymbol{B} \end{pmatrix}$, 则

$$R(\boldsymbol{C}) \leqslant R(\boldsymbol{A}) + R(\boldsymbol{B}) < n,$$

从而存在 $\boldsymbol{\alpha} \neq \boldsymbol{0}$, $\begin{pmatrix} \boldsymbol{A} \\ \boldsymbol{B} \end{pmatrix}\boldsymbol{\alpha} = \boldsymbol{0} \Rightarrow \boldsymbol{A\alpha} = \boldsymbol{0}$ 且 $\boldsymbol{B\alpha} = \boldsymbol{0}$, 即 $\boldsymbol{A\alpha} = 0\boldsymbol{\alpha}, \boldsymbol{B\alpha} = 0\boldsymbol{\alpha}$, 即 $\boldsymbol{A},\boldsymbol{B}$ 有公共的特征向量 $\boldsymbol{\alpha}$.

9. 已知 $\boldsymbol{A} = \begin{pmatrix} 0 & a & a^2 \\ \frac{1}{a} & 0 & a \\ \frac{1}{a^2} & \frac{1}{a} & 0 \end{pmatrix}$,

(1) 求可逆矩阵 P,使 $P^{-1}AP$ 为对角矩阵;

(2) 求 A^n,n 为正整数.

解 (1) $$|\lambda E-A|=\begin{vmatrix}\lambda & -a & -a^2\\ -\dfrac{1}{a} & \lambda & -a\\ -\dfrac{1}{a^2} & -\dfrac{1}{a} & \lambda\end{vmatrix}=\frac{1}{a^3}\begin{vmatrix}\lambda & -a & -a^2\\ -1 & a\lambda & -a^2\\ -1 & -a & a^2\lambda\end{vmatrix}$$

$$=\frac{1}{a^3}\begin{vmatrix}\lambda-2 & a(\lambda-2) & a^2(\lambda-2)\\ -1 & a\lambda & -a^2\\ -1 & -a & a^2\lambda\end{vmatrix}$$

$$=(\lambda+1)^2(\lambda-2).$$

故 A 的特征根为 $\lambda_1=\lambda_2=-1,\lambda_3=2$.

对于特征根 $\lambda_1=\lambda_2=-1$, 对应有特征向量 $\alpha_1=\begin{pmatrix}-a\\1\\0\end{pmatrix},\alpha_2=\begin{pmatrix}-a^2\\0\\1\end{pmatrix}$.

对于特征根 $\lambda_3=2$,对应有特征向量 $\alpha_3=\begin{pmatrix}a^2\\a\\1\end{pmatrix}$.

取 $P=\begin{pmatrix}-a & -a^2 & a^2\\ 1 & 0 & a\\ 0 & 1 & 1\end{pmatrix}$, 则 $P^{-1}AP=\begin{pmatrix}-1 & & \\ & -1 & \\ & & 2\end{pmatrix}$.

(2) $P^{-1}=\dfrac{1}{3a^2}\begin{pmatrix}-a & 2a^2 & -a^3\\ -1 & -a & 2a^2\\ 1 & a & a^2\end{pmatrix}$,

$$A^n=P\begin{pmatrix}-1 & & \\ & -1 & \\ & & 2\end{pmatrix}^nP^{-1}=P\begin{pmatrix}(-1)^n & & \\ & (-1)^n & \\ & & 2^n\end{pmatrix}P^{-1}$$

$$=\frac{1}{3a^2}\begin{pmatrix}[2^n+2(-1)^n]a^2 & [2^n+(-1)^{n+1}]a^3 & [2^n+(-1)^{n+1}]a^4\\ [2^n+(-1)^{n+1}]a & [2^n+2(-1)^n]a^2 & [2^n+(-1)^{n+1}]a^3\\ 2^n+(-1)^{n+1} & [2^n+(-1)^{n+1}]a & [2^n+2(-1)^n]a^2\end{pmatrix}.$$

10. 设 $A=\begin{pmatrix}1&0&0&0\\a&1&0&0\\a_1&b&2&0\\a_2&b_1&c&2\end{pmatrix}$，问 a,b,c,a_1,a_2,b_1 满足什么条件时 A 可对角化.

解　$|\lambda E-A|=(\lambda-1)^2(\lambda-2)^2$. 要使 A 可对角化，只要 $R(E-A)=2$，$R(2E-A)=2$.

$$E-A=\begin{pmatrix}0&0&0&0\\-a&0&0&0\\-a_1&-b&-1&0\\-a_2&-b_1&-c&-1\end{pmatrix}\to\begin{pmatrix}0&0&0&0\\a&0&0&0\\0&0&1&0\\0&0&0&1\end{pmatrix},$$

$$2E-A=\begin{pmatrix}1&0&0&0\\-a&1&0&0\\-a_1&-b&0&0\\-a_2&-b_1&-c&0\end{pmatrix}\to\begin{pmatrix}1&0&0&0\\0&1&0&0\\0&0&0&0\\0&0&c&0\end{pmatrix},$$

故 $a=c=0$，b,a_1,a_2,b_1 任意.

11. 设矩阵 $A=\begin{pmatrix}0&1&0&0\\1&0&0&0\\0&0&y&1\\0&0&1&2\end{pmatrix}$ 有一个特征值为 3.

(1) 求 y；(2) 求方阵 P 使 $(AP)^{\mathrm T}(AP)$ 为对角阵.

解　(1) $|3E-A|=\begin{vmatrix}3&-1&0&0\\-1&3&0&0\\0&0&3-y&-1\\0&0&-1&1\end{vmatrix}$

$$=\begin{vmatrix}3&-1\\-1&3\end{vmatrix}\begin{vmatrix}3-y&-1\\-1&1\end{vmatrix}=8(2-y)=0,$$

故 $y=2$.

(2)
$$A^{\mathrm T}A=\begin{pmatrix}1&0&0&0\\0&1&0&0\\0&0&5&4\\0&0&4&5\end{pmatrix},$$

$$|\lambda E-A^{\mathrm T}A|=(\lambda-1)^3(\lambda-9).$$

对应 $\boldsymbol{\lambda}_1=\boldsymbol{\lambda}_2=\boldsymbol{\lambda}_3=1$ 有特征向量 $\boldsymbol{\alpha}_1=\begin{pmatrix}1\\0\\0\\0\end{pmatrix},\boldsymbol{\alpha}_2=\begin{pmatrix}0\\1\\0\\0\end{pmatrix},\boldsymbol{\alpha}_3=\begin{pmatrix}0\\0\\1\\-1\end{pmatrix}$.

对应 $\boldsymbol{\lambda}_4=9$ 有特征向量 $\boldsymbol{\alpha}_4=\begin{pmatrix}0\\0\\1\\1\end{pmatrix}$.

取 $\boldsymbol{P}=\begin{pmatrix}1&0&0&0\\0&1&0&0\\0&0&\frac{1}{\sqrt{2}}&\frac{1}{\sqrt{2}}\\0&0&-\frac{1}{\sqrt{2}}&\frac{1}{\sqrt{2}}\end{pmatrix}$，则 $(\boldsymbol{AP})^{\mathrm{T}}(\boldsymbol{AP})=\begin{pmatrix}1&&&\\&1&&\\&&1&\\&&&9\end{pmatrix}$.

12. 设 n 阶方阵 $\boldsymbol{A}$ 满足 $\boldsymbol{A}^2-3\boldsymbol{A}+2\boldsymbol{E}=\boldsymbol{0}$. 证明 $\boldsymbol{A}$ 相似于一个对角矩阵.

证 设 λ 是 $\boldsymbol{A}$ 的特征根,则

$$\lambda^2-3\lambda+2=0\Rightarrow\lambda=1\text{ 或 }2.$$

$$\begin{aligned}\boldsymbol{A}^2-3\boldsymbol{A}+2\boldsymbol{E}=\boldsymbol{0}&\Rightarrow(\boldsymbol{E}-\boldsymbol{A})(2\boldsymbol{E}-\boldsymbol{A})=\boldsymbol{0}\\&\Rightarrow R(\boldsymbol{E}-\boldsymbol{A})+R(2\boldsymbol{E}-\boldsymbol{A})\leqslant n,\end{aligned}$$

$$\begin{aligned}R(\boldsymbol{E}-\boldsymbol{A})+R(2\boldsymbol{E}-\boldsymbol{A})&=R(\boldsymbol{A}-\boldsymbol{E})+R(2\boldsymbol{E}-\boldsymbol{A})\\&\geqslant R(\boldsymbol{A}-\boldsymbol{E}+2\boldsymbol{E}-\boldsymbol{A})=R(\boldsymbol{E})=n,\end{aligned}$$

故

$$R(\boldsymbol{E}-\boldsymbol{A})+R(2\boldsymbol{E}-\boldsymbol{A})=n,$$

因而 $\boldsymbol{A}$ 可对角化.

13. 某试验性生产线每年 1 月份进行熟练工与非熟练工的人数统计,然后 $\frac{1}{10}$熟练工将支援其他生产部门,其缺额由招收新的非熟练工补齐,新、老非熟练工经过培养及实践至年终考核有$\frac{2}{5}$成为熟练工. 设第 n 年 1 月份统计的熟练工和非熟练工所占百分比分别为 x_n 和 y_n,记成向量 $\begin{pmatrix}x_n\\y_n\end{pmatrix}$.

(1) 求 $\begin{pmatrix}x_{n+1}\\y_{n+1}\end{pmatrix}$ 与 $\begin{pmatrix}x_n\\y_n\end{pmatrix}$ 的关系式并写成矩阵形式: $\begin{pmatrix}x_{n+1}\\y_{n+1}\end{pmatrix}=\boldsymbol{A}\begin{pmatrix}x_n\\y_n\end{pmatrix}$;

(2) 验证 $\boldsymbol{\eta}_1=\begin{pmatrix}4\\1\end{pmatrix},\boldsymbol{\eta}_2=\begin{pmatrix}-1\\1\end{pmatrix}$ 是 $\boldsymbol{A}$ 的两个线性无关的特征向量,并求出

相应的特征值；

(3) 当 $\begin{pmatrix} x_1 \\ y_1 \end{pmatrix} = \begin{pmatrix} \frac{1}{2} \\ \frac{1}{2} \end{pmatrix}$ 时，求 $\begin{pmatrix} x_{n+1} \\ y_{n+1} \end{pmatrix}$.

解 (1) $\begin{pmatrix} x_{n+1} \\ y_{n+1} \end{pmatrix} = \begin{pmatrix} \frac{9}{10} & \frac{2}{5} \\ \frac{1}{10} & \frac{3}{5} \end{pmatrix} \begin{pmatrix} x_n \\ y_n \end{pmatrix}$;

(2) $\begin{pmatrix} \frac{9}{10} & \frac{2}{5} \\ \frac{1}{10} & \frac{3}{5} \end{pmatrix} \begin{pmatrix} 4 \\ 1 \end{pmatrix} = \begin{pmatrix} 4 \\ 1 \end{pmatrix}, \begin{pmatrix} \frac{9}{10} & \frac{2}{5} \\ \frac{1}{10} & \frac{3}{5} \end{pmatrix} \begin{pmatrix} -1 \\ 1 \end{pmatrix} = \frac{1}{2} \begin{pmatrix} -1 \\ 1 \end{pmatrix}$,

$y_1 = \begin{pmatrix} 4 \\ 1 \end{pmatrix}$ 对应的特征值为 1, $y_2 = \begin{pmatrix} -1 \\ 1 \end{pmatrix}$ 对应的特征值为 $\frac{1}{2}$;

(3) $\begin{pmatrix} x_{n+1} \\ y_{n+1} \end{pmatrix} = \boldsymbol{A}^n \begin{pmatrix} x_1 \\ y_1 \end{pmatrix} = \boldsymbol{A}^n \begin{pmatrix} \frac{1}{2} \\ \frac{1}{2} \end{pmatrix}, \begin{pmatrix} \frac{1}{2} \\ \frac{1}{2} \end{pmatrix} = \frac{1}{5} \begin{pmatrix} 4 \\ 1 \end{pmatrix} + \frac{3}{10} \begin{pmatrix} -1 \\ 1 \end{pmatrix}$,

故

$$\begin{pmatrix} x_{n+1} \\ y_{n+1} \end{pmatrix} = \frac{1}{5} \begin{pmatrix} 4 \\ 1 \end{pmatrix} + \frac{3}{10} \left(\frac{1}{2} \right)^n \begin{pmatrix} -1 \\ 1 \end{pmatrix} = \frac{1}{10} \begin{pmatrix} 8 - \frac{3}{2^n} \\ 2 + \frac{3}{2^n} \end{pmatrix}.$$

14. 考察栖息在同一地区的兔子和狐狸的生态模型，对两种动物的数量的相互依存的关系可用以下模型描述：

$$\begin{aligned} x_n &= 1.1x_{n-1} - 0.15y_{n-1}, \\ y_n &= 0.1x_{n-1} + 0.85y_{n-1}, \end{aligned} \quad n = 1, 2, \cdots,$$

其中 x_n, y_n 分别表示第 n 年兔子和狐狸的数量，而 x_0, y_0 分别表示基年($n=0$)兔子和狐狸的数量，记 $\boldsymbol{\alpha}_n = \begin{pmatrix} x_n \\ y_n \end{pmatrix}, n = 0, 1, 2, \cdots$.

(1) 写出该模型的矩阵形式；

(2) 如果 $\boldsymbol{\alpha}_0 = \begin{pmatrix} x_0 \\ y_0 \end{pmatrix} = \begin{pmatrix} 10 \\ 8 \end{pmatrix}$，求 $\boldsymbol{\alpha}_n$；

(3) 当 $n\to\infty$ 时,可以得到什么结论?

解 (1) 记 $\boldsymbol{A}=\begin{pmatrix}1.1 & -0.15\\ 0.1 & 0.85\end{pmatrix}$,

$$\boldsymbol{\alpha}_n=\boldsymbol{A}\boldsymbol{\alpha}_{n-1},n=1,2,\cdots.$$

(2) $\boldsymbol{\alpha}_0=\begin{pmatrix}10\\8\end{pmatrix}$,$\boldsymbol{\alpha}_n=\boldsymbol{A}^n\boldsymbol{\alpha}_0$,由

$$|\lambda\boldsymbol{E}-\boldsymbol{A}|=(\lambda-1)(\lambda-0.95),$$

得 $\boldsymbol{A}$ 的特征值为 $\lambda_1=1,\lambda_2=0.95$.

对应于 $\lambda_1=1$ 的特征向量 $\boldsymbol{\beta}_1=\begin{pmatrix}3\\2\end{pmatrix}$;

对应于 $\lambda_2=0.95$ 的特征向量 $\boldsymbol{\beta}_2=\begin{pmatrix}1\\1\end{pmatrix}$.

$$\boldsymbol{\alpha}_0=\begin{pmatrix}10\\8\end{pmatrix}=2\begin{pmatrix}3\\2\end{pmatrix}+4\begin{pmatrix}1\\1\end{pmatrix},$$

$$\boldsymbol{\alpha}_n=\boldsymbol{A}^n\boldsymbol{\alpha}_0=2\boldsymbol{\beta}_1+4\times(0.95)^n\boldsymbol{\beta}_2=\begin{pmatrix}6\\4\end{pmatrix}+(0.95)^n\begin{pmatrix}4\\4\end{pmatrix}.$$

(3) $\lim\limits_{n\to\infty}\boldsymbol{\alpha}_n=\begin{pmatrix}6\\4\end{pmatrix}$.

15. 设三阶实对称矩阵 $\boldsymbol{A}$ 的特征值 $\lambda_1=1,\lambda_2=2,\lambda_3=-2$,且 $\boldsymbol{\alpha}_1=(1,-1,1)^{\mathrm{T}}$ 是 $\boldsymbol{A}$ 的属于 λ_1 的一个特征向量,记 $\boldsymbol{B}=\boldsymbol{A}^5-4\boldsymbol{A}^3+\boldsymbol{E}$,其中 $\boldsymbol{E}$ 为3阶单位矩阵.

(1) 验证 $\boldsymbol{\alpha}_1$ 是矩阵 $\boldsymbol{B}$ 的特征向量,并求 $\boldsymbol{B}$ 的全部特征值与特征向量;

(2) 求矩阵 $\boldsymbol{B}$.

解 (1) 由 $\boldsymbol{A}\boldsymbol{\alpha}_1=\lambda_1\boldsymbol{\alpha}_1$,知

$$\begin{aligned}\boldsymbol{B}\boldsymbol{\alpha}_1&=(\boldsymbol{A}^5-4\boldsymbol{A}^3+\boldsymbol{E})\boldsymbol{\alpha}_1\\&=(\lambda_1^5-4\lambda_1^3+1)\boldsymbol{\alpha}_1\\&=-2\boldsymbol{\alpha}_1,\end{aligned}$$

故 $\boldsymbol{\alpha}_1$ 是 $\boldsymbol{B}$ 的属于特征值-2的一个特征向量.

因为 $\boldsymbol{A}$ 的全部特征值为 $\lambda_1,\lambda_2,\lambda_3$,所以 $\boldsymbol{B}$ 的全部特征值为 $\lambda_i^5-4\lambda_i^3+1(i=1,2,3)$,即 $\boldsymbol{B}$ 的全部特征值为-2,1,1.

由 $\boldsymbol{B}\boldsymbol{\alpha}_1=-2\boldsymbol{\alpha}_1$,知 $\boldsymbol{B}$ 的属于特征值-2的全部特征向量为 $k_1\boldsymbol{\alpha}_1$,其中 k_1 是不为零的任意常数.

因为 $\boldsymbol{A}$ 是实对称矩阵，所以 $\boldsymbol{B}$ 也是实对称矩阵，设 $(x_1,x_2,x_3)^{\mathrm{T}}$ 为 $\boldsymbol{B}$ 的属于特征值 1 的任一特征向量. 因为实对称矩阵属于不同特征值的特征向量正交，所以 $(x_1,x_2,x_3)\boldsymbol{\alpha}_1=0$，即

$$x_1-x_2+x_3=0,$$

解得该方程组的基础解系为

$$\boldsymbol{\alpha}_2=(1,1,0)^{\mathrm{T}},\boldsymbol{\alpha}_3=(-1,0,1)^{\mathrm{T}}.$$

故 $\boldsymbol{B}$ 的属于特征值 1 的全部特征向量为 $k_2\boldsymbol{\alpha}_2+k_3\boldsymbol{\alpha}_3$，其中 k_2,k_3 为不全为零的任意常数.

(2) 令 $\boldsymbol{P}=(\boldsymbol{\alpha}_1,\boldsymbol{\alpha}_2,\boldsymbol{\alpha}_3)=\begin{pmatrix}1&1&-1\\-1&1&0\\1&0&1\end{pmatrix}$，那么

$$\boldsymbol{P}^{-1}=\begin{pmatrix}\frac{1}{3}&-\frac{1}{3}&\frac{1}{3}\\\frac{1}{3}&\frac{2}{3}&\frac{1}{3}\\-\frac{1}{3}&\frac{1}{3}&\frac{2}{3}\end{pmatrix}.$$

因为

$$\boldsymbol{P}^{-1}\boldsymbol{B}\boldsymbol{P}=\begin{pmatrix}-2&0&0\\0&1&0\\0&0&1\end{pmatrix},$$

所以

$$\boldsymbol{B}=\boldsymbol{P}\begin{pmatrix}-2&0&0\\0&1&0\\0&0&1\end{pmatrix}\boldsymbol{P}^{-1}=\begin{pmatrix}0&1&-1\\1&0&1\\-1&1&0\end{pmatrix}.$$

16. 设 $\boldsymbol{A}$ 为三阶矩阵，$\boldsymbol{\alpha}_1,\boldsymbol{\alpha}_2$ 为 $\boldsymbol{A}$ 的分别属于特征值$-1,1$ 的特征向量，向量 $\boldsymbol{\alpha}_3$ 满足 $\boldsymbol{A}\boldsymbol{\alpha}_3=\boldsymbol{\alpha}_2+\boldsymbol{\alpha}_3$.

(Ⅰ) 证明 $\boldsymbol{\alpha}_1,\boldsymbol{\alpha}_2,\boldsymbol{\alpha}_3$ 线性无关；

(Ⅱ) 令 $\boldsymbol{P}=(\boldsymbol{\alpha}_1,\boldsymbol{\alpha}_2,\boldsymbol{\alpha}_3)$，求 $\boldsymbol{P}^{-1}\boldsymbol{A}\boldsymbol{P}$.

解 (Ⅰ) 设存在数 k_1,k_2,k_3 使得

$$k_1\boldsymbol{\alpha}_1+k_2\boldsymbol{\alpha}_2+k_3\boldsymbol{\alpha}_3=\boldsymbol{0}, \qquad ①$$

用 $\boldsymbol{A}$ 左乘①的两边，并由 $\boldsymbol{A}\boldsymbol{\alpha}_1=-\boldsymbol{\alpha}_1,\boldsymbol{A}\boldsymbol{\alpha}_2=\boldsymbol{\alpha}_2$，得

$$-k_1\boldsymbol{\alpha}_1+(k_2+k_3)\boldsymbol{\alpha}_2+k_3\boldsymbol{\alpha}_3=\boldsymbol{0}, \qquad ②$$

① - ② 得

$$2k_1\boldsymbol{\alpha}_1 - k_3\boldsymbol{\alpha}_2 = \mathbf{0}. \qquad ③$$

因为$\boldsymbol{\alpha}_1,\boldsymbol{\alpha}_2$是$\boldsymbol{A}$的属于不同特征值的特征向量,所以$\boldsymbol{\alpha}_1,\boldsymbol{\alpha}_2$线性无关,从而$k_1 = k_3 = 0$.

代入①得,$k_2\boldsymbol{\alpha}_2 = \mathbf{0}$,又由于$\boldsymbol{\alpha}_2 \neq \mathbf{0}$,所以$k_2 = 0$,故$\boldsymbol{\alpha}_1,\boldsymbol{\alpha}_2,\boldsymbol{\alpha}_3$线性无关.

(Ⅱ)由题设,可得

$$\boldsymbol{AP} = \boldsymbol{A}(\boldsymbol{\alpha}_1,\boldsymbol{\alpha}_2,\boldsymbol{\alpha}_3) = (\boldsymbol{A\alpha}_1,\boldsymbol{A\alpha}_2,\boldsymbol{A\alpha}_3)$$

$$= (\boldsymbol{\alpha}_1,\boldsymbol{\alpha}_2,\boldsymbol{\alpha}_3)\begin{pmatrix} -1 & 0 & 0 \\ 0 & 1 & 1 \\ 0 & 0 & 1 \end{pmatrix} = \boldsymbol{P}\begin{pmatrix} -1 & 0 & 0 \\ 0 & 1 & 1 \\ 0 & 0 & 1 \end{pmatrix}.$$

由(Ⅰ),$\boldsymbol{P}$为可逆矩阵,从而

$$\boldsymbol{P}^{-1}\boldsymbol{AP} = \begin{pmatrix} -1 & 0 & 0 \\ 0 & 1 & 1 \\ 0 & 0 & 1 \end{pmatrix}.$$

Ⅳ 补充习题

1. 选择题

(1) n阶方阵$\boldsymbol{A}$有n个互异特征值是$\boldsymbol{A}$与对角阵相似的(　　);

(A) 充分但非必要条件　　(B) 必要但非充分条件

(C) 充分必要条件　　(D) 既不充分也不必要条件

(2) 设$\boldsymbol{A}$是n阶方阵,如果$|\boldsymbol{A}| = 0$,则$\boldsymbol{A}$的特征值(　　);

(A) 全为零　　(B) 全不为零

(C) 至少有一个是零　　(D) 可以是任意数

(3) 设两个n阶方阵$\boldsymbol{A}$与$\boldsymbol{B}$相似,则一定有(　　);

(A) 存在可逆矩阵$\boldsymbol{C}$,使$\boldsymbol{C}^{\mathrm{T}}\boldsymbol{AC} = \boldsymbol{A}$　　(B) (A)不成立

(C) $\boldsymbol{A}$与$\boldsymbol{B}$等价　　(D) $\boldsymbol{A}$与$\boldsymbol{B}$不等价

(4) 如果(　　),则$\boldsymbol{A}$与$\boldsymbol{B}$相似;

(A) $|\boldsymbol{A}| = |\boldsymbol{B}|$

(B) $R(\boldsymbol{A}) = R(\boldsymbol{B})$

(C) $\boldsymbol{A}$与$\boldsymbol{B}$有相同的特征多项式

(D) $\boldsymbol{A}$与$\boldsymbol{B}$有相同的特征值,且特征值各不相同

(5) 设$\boldsymbol{A}$是n阶可逆方阵,λ是$\boldsymbol{A}$的一个特征值,则$\boldsymbol{A}$的伴随矩阵$\boldsymbol{A}^*$的特征值之一是(　　).

(A) $\lambda^{-1}|\boldsymbol{A}|^{n}$ (B) $\lambda^{-1}|\boldsymbol{A}|$

(C) $\lambda|\boldsymbol{A}|$ (D) $\lambda|\boldsymbol{A}|^{n}$

2. 设三阶实对称矩阵 $\boldsymbol{A}$ 的各行元之和均为 3, 向量 $\boldsymbol{\alpha}_1=(-1,2,-1)^{\mathrm{T}}$, $\boldsymbol{\alpha}_2=(0,-1,1)^{\mathrm{T}}$ 是线性方程组 $\boldsymbol{Ax}=\boldsymbol{0}$ 的两个解, (1) 求 $\boldsymbol{A}$ 的特征值与特征向量;(2) 求正交矩阵 $\boldsymbol{Q}$ 和对角矩阵 $\boldsymbol{\Lambda}$, 使得 $\boldsymbol{Q}^{\mathrm{T}}\boldsymbol{AQ}=\boldsymbol{\Lambda}$.

3. 设 λ 是 n 阶正交矩阵 $\boldsymbol{A}$ 的一个特征值, 证明 $\dfrac{1}{\lambda}$ 也是 $\boldsymbol{A}$ 的特征值.

4. 设 $\boldsymbol{A}$ 为 n 阶实对称矩阵, $R(\boldsymbol{A})=r<n$, 且 $\boldsymbol{A}^2=2\boldsymbol{A}$, 求 $\boldsymbol{A}$ 的迹 $\mathrm{tr}(\boldsymbol{A})$.

5. 设 $\boldsymbol{A}$ 为 n 阶实对称矩阵, 且 $\boldsymbol{A}^2=\boldsymbol{A}$, $R(\boldsymbol{A})=r<n$, 计算 $|\boldsymbol{E}+\boldsymbol{A}+\boldsymbol{A}^2+\cdots+\boldsymbol{A}^n|$.

6. 设 $\boldsymbol{A}$ 为 n 阶实对称矩阵, 且 $\boldsymbol{A}^2=\boldsymbol{0}$, 证明 $\boldsymbol{A}=\boldsymbol{0}$.

7. 设 $\boldsymbol{A}=\begin{pmatrix}1&2&0\\2&1&0\\0&0&-1\end{pmatrix}$,

(1) 求 $\boldsymbol{A}$ 的特征值与特征向量;

(2) 求正交矩阵 $\boldsymbol{Q}$ 使 $\boldsymbol{Q}^{\mathrm{T}}(\boldsymbol{A}^2+2\boldsymbol{A}+\boldsymbol{E})\boldsymbol{Q}$ 为对角阵.

8. 证明:如果 n 阶实矩阵 $\boldsymbol{A}$ 有 n 个两两正交的特征向量, 则 $\boldsymbol{A}$ 是对称矩阵.

9. 证明:设 n 阶方阵 $\boldsymbol{A}$ 的列向量组是一组两两正交的单位向量组, $\boldsymbol{A}$ 的特征多项式为 $a_n\lambda^n+\cdots+a_1\lambda-1$, 则 $R(\boldsymbol{A}^2-\boldsymbol{E})<R(\boldsymbol{A})$.

10. 设 $\boldsymbol{A}$ 是一个反称矩阵, 证明: $\boldsymbol{E}-\boldsymbol{A}$, $\boldsymbol{E}+\boldsymbol{A}$ 均可逆, 并且 $(\boldsymbol{E}-\boldsymbol{A})(\boldsymbol{E}+\boldsymbol{A})^{-1}$ 是正交矩阵.

第六章

二次型

Ⅰ 教学基本要求

1. 了解二次型的概念；会用矩阵形式表示二次型.

2. 了解合同变换和合同矩阵的概念；了解二次型的秩的概念；了解二次型的标准形、规范形等概念；了解惯性定理的条件和结论；会用正交变换和配方法化二次型为标准形.

3. 理解正定(负定)二次型、正定(负定)矩阵的概念；掌握正定矩阵的基本性质；了解二次型在求极值问题中的应用.

Ⅱ 典型方法与范例

一、用正交变换化二次型为标准形

1. 二次型$f=\sum\limits_{j=1}^{n}\sum\limits_{i=1}^{n}a_{ij}x_ix_j(a_{ij}=a_{ji})$可用矩阵表示为

$$f=\boldsymbol{X}^{\mathrm{T}}\boldsymbol{A}\boldsymbol{X},$$

其中$\boldsymbol{X}=\begin{pmatrix}x_1\\x_2\\\vdots\\x_n\end{pmatrix},\boldsymbol{A}=\begin{pmatrix}a_{11}&a_{12}&\cdots&a_{1n}\\a_{12}&a_{22}&\cdots&a_{2n}\\\vdots&\vdots&&\vdots\\a_{1n}&a_{2n}&\cdots&a_{nn}\end{pmatrix}$，$\boldsymbol{A}$为对称矩阵.

2. 对二次型$f=\boldsymbol{X}^{\mathrm{T}}\boldsymbol{A}\boldsymbol{X}$作满秩线性变换$\boldsymbol{X}=\boldsymbol{C}\boldsymbol{Y}$可变为$\boldsymbol{Y}^{\mathrm{T}}(\boldsymbol{C}^{\mathrm{T}}\boldsymbol{A}\boldsymbol{C})\boldsymbol{Y}$，$\boldsymbol{A}$与$\boldsymbol{C}^{\mathrm{T}}\boldsymbol{A}\boldsymbol{C}$合同.

两个矩阵合同必等价，且满足自反、对称、传递的性质.两个实对称矩阵合同的充要条件是有相同的秩和正惯性指数.

3. 对于二次型 $f = X^{\mathrm{T}}AX$，存在正交变换 $X = PY$ 将其化为标准形 $f = \sum_{i=1}^{n} \lambda_i y_i^2$，其中 $\lambda_1, \lambda_2, \cdots, \lambda_n$ 为 A 的特征值.

用正交变换化二次型为标准形的实质是寻找正交矩阵 P，将二次型 $f = X^{\mathrm{T}}AX$ 对应的矩阵对角化：$P^{\mathrm{T}}AP = \Lambda$.

例 1 已知二次型 $f(x_1,x_2,x_3) = ax_1^2 + ax_2^2 + 6x_3^2 + 8x_1x_2 - 4x_1x_3 + 4x_2x_3 (a > 0)$ 通过正交变换可以化为标准形 $7y_1^2 + 7y_2^2 - 2y_3^2$，求参数 a 以及所用的正交变换.

解 (1) 二次型的矩阵为 $A = \begin{pmatrix} a & 4 & -2 \\ 4 & a & 2 \\ -2 & 2 & 6 \end{pmatrix}$，$A$ 的特征值为 7，7，-2，所以

$$a + a + 6 = 7 + 7 + (-2)\text{，}\quad \text{即}\quad a = 3.$$

(2) 对应于特征值 7 的特征向量满足方程

$$\begin{pmatrix} 7-3 & -4 & 2 \\ -4 & 7-3 & -2 \\ 2 & -2 & 7-6 \end{pmatrix}\begin{pmatrix} x_1 \\ x_2 \\ x_3 \end{pmatrix} = \begin{pmatrix} 0 \\ 0 \\ 0 \end{pmatrix},$$

$\boldsymbol{\beta}_1 = \begin{pmatrix} 1 \\ 1 \\ 0 \end{pmatrix}$，$\boldsymbol{\beta}_2 = \begin{pmatrix} -1 \\ 0 \\ 2 \end{pmatrix}$ 为两个线性无关的特征向量，经正交化单位化，可得

$$\boldsymbol{\alpha}_1 = \begin{pmatrix} \frac{1}{\sqrt{2}} \\ \frac{1}{\sqrt{2}} \\ 0 \end{pmatrix},\ \boldsymbol{\alpha}_2 = \begin{pmatrix} -\frac{1}{3\sqrt{2}} \\ \frac{1}{3\sqrt{2}} \\ \frac{4}{3\sqrt{2}} \end{pmatrix};$$

对应于特征值-2 的特征向量满足

$$\begin{pmatrix} -2-3 & -4 & 2 \\ -4 & -2-3 & -2 \\ 2 & -2 & -2-6 \end{pmatrix}\begin{pmatrix} x_1 \\ x_2 \\ x_3 \end{pmatrix} = \begin{pmatrix} 0 \\ 0 \\ 0 \end{pmatrix},$$

得 $\boldsymbol{\beta}_3=\begin{pmatrix}2\\-2\\1\end{pmatrix}$，单位化得

$$\boldsymbol{\alpha}_3=\begin{pmatrix}\frac{2}{3}\\-\frac{2}{3}\\\frac{1}{3}\end{pmatrix}.$$

令

$$\boldsymbol{Q}=(\boldsymbol{\alpha}_1,\boldsymbol{\alpha}_2,\boldsymbol{\alpha}_3)=\begin{pmatrix}\frac{1}{\sqrt{2}} & -\frac{1}{3\sqrt{2}} & \frac{2}{3}\\\frac{1}{\sqrt{2}} & \frac{1}{3\sqrt{2}} & -\frac{2}{3}\\0 & \frac{4}{3\sqrt{2}} & \frac{1}{3}\end{pmatrix},$$

则所求的正交变换为 $\boldsymbol{X}=\boldsymbol{QY}$.

例 2 已知二次型 $f(x_1,x_2,x_3)=5x_1^2+5x_2^2+ax_3^2-2x_1x_2+6x_1x_3-6x_2x_3$ 的秩为 2.

（1）求常数 a 的值；（2）用正交变换将二次型化为标准形.

解 （1）f 对应的矩阵为 $\boldsymbol{A}=\begin{pmatrix}5 & -1 & 3\\-1 & 5 & -3\\3 & -3 & a\end{pmatrix}$，因为 $R(\boldsymbol{A})=2$，$|\boldsymbol{A}|=0$，经计算 $|\boldsymbol{A}|=24(a-3)$，故 $a=3$.

（2）$f_{\boldsymbol{A}}(\lambda)=|\lambda\boldsymbol{E}-\boldsymbol{A}|=\begin{vmatrix}\lambda-5 & 1 & -3\\1 & \lambda-5 & 3\\-3 & 3 & \lambda-3\end{vmatrix}=\lambda(\lambda-4)(\lambda-9)$，

$\boldsymbol{A}$ 的特征值为 $\lambda_1=0,\lambda_2=4,\lambda_3=9$.

对于特征值 $\lambda_1=0$，求解 $-\boldsymbol{AX}=\boldsymbol{0}$ 得单位特征向量 $\boldsymbol{\alpha}_1=\begin{pmatrix}-\frac{1}{\sqrt{6}}\\\frac{1}{\sqrt{6}}\\\frac{2}{\sqrt{6}}\end{pmatrix}$，

对于特征值 $\lambda_2=4$，求解 $(4\boldsymbol{E}-\boldsymbol{A})\boldsymbol{X}=\boldsymbol{0}$ 得单位特征向量 $\boldsymbol{\alpha}_2=\begin{pmatrix}\frac{1}{\sqrt{2}}\\ \frac{1}{\sqrt{2}}\\ 0\end{pmatrix}$，

对于特征值 $\lambda_3=9$，求解 $(9\boldsymbol{E}-\boldsymbol{A})\boldsymbol{X}=\boldsymbol{0}$ 得单位特征向量 $\boldsymbol{\alpha}_3=\begin{pmatrix}\frac{1}{\sqrt{3}}\\ -\frac{1}{\sqrt{3}}\\ \frac{1}{\sqrt{3}}\end{pmatrix}$，

令

$$\boldsymbol{P}=\begin{pmatrix}-\frac{1}{\sqrt{6}} & \frac{1}{\sqrt{2}} & \frac{1}{\sqrt{3}}\\ \frac{1}{\sqrt{6}} & \frac{1}{\sqrt{2}} & -\frac{1}{\sqrt{3}}\\ \frac{2}{\sqrt{6}} & 0 & \frac{1}{\sqrt{3}}\end{pmatrix},$$

则通过正交变换 $\boldsymbol{X}=\boldsymbol{PY}$ 可得标准形 $f=4y_2^2+9y_3^2$.

二、正定矩阵

二次型 $f=\boldsymbol{X}^{\mathrm{T}}\boldsymbol{AX}$ 正定与以下命题等价：

(1) $\forall \boldsymbol{X}\neq\boldsymbol{0},\boldsymbol{X}^{\mathrm{T}}\boldsymbol{AX}>0$；

(2) $\boldsymbol{A}$ 的各阶顺序主子式大于零；

(3) $\boldsymbol{A}$ 的特征值均大于零；

(4) $f=\boldsymbol{X}^{\mathrm{T}}\boldsymbol{AX}$ 的正惯性指数为 n.

例 3　设 $\boldsymbol{\alpha}_1,\boldsymbol{\alpha}_2,\cdots,\boldsymbol{\alpha}_n$ 是 n 维列向量组，且线性无关，证明

$$\boldsymbol{A}=\begin{pmatrix}\boldsymbol{\alpha}_1^{\mathrm{T}}\boldsymbol{\alpha}_1 & \boldsymbol{\alpha}_1^{\mathrm{T}}\boldsymbol{\alpha}_2 & \cdots & \boldsymbol{\alpha}_1^{\mathrm{T}}\boldsymbol{\alpha}_n\\ \boldsymbol{\alpha}_2^{\mathrm{T}}\boldsymbol{\alpha}_1 & \boldsymbol{\alpha}_2^{\mathrm{T}}\boldsymbol{\alpha}_2 & \cdots & \boldsymbol{\alpha}_2^{\mathrm{T}}\boldsymbol{\alpha}_n\\ \vdots & \vdots & & \vdots\\ \boldsymbol{\alpha}_n^{\mathrm{T}}\boldsymbol{\alpha}_1 & \boldsymbol{\alpha}_n^{\mathrm{T}}\boldsymbol{\alpha}_2 & \cdots & \boldsymbol{\alpha}_n^{\mathrm{T}}\boldsymbol{\alpha}_n\end{pmatrix}$$

正定.

证 $\boldsymbol{\alpha}_i^{\mathrm{T}}\boldsymbol{\alpha}_j = \boldsymbol{\alpha}_j^{\mathrm{T}}\boldsymbol{\alpha}_i$，即 $\boldsymbol{A}^{\mathrm{T}} = \boldsymbol{A}$，

$$f = (x_1, x_2, \cdots, x_n)\begin{pmatrix} \boldsymbol{\alpha}_1^{\mathrm{T}}\boldsymbol{\alpha}_1 & \boldsymbol{\alpha}_1^{\mathrm{T}}\boldsymbol{\alpha}_2 & \cdots & \boldsymbol{\alpha}_1^{\mathrm{T}}\boldsymbol{\alpha}_n \\ \boldsymbol{\alpha}_2^{\mathrm{T}}\boldsymbol{\alpha}_1 & \boldsymbol{\alpha}_2^{\mathrm{T}}\boldsymbol{\alpha}_2 & \cdots & \boldsymbol{\alpha}_2^{\mathrm{T}}\boldsymbol{\alpha}_n \\ \vdots & \vdots & & \vdots \\ \boldsymbol{\alpha}_n^{\mathrm{T}}\boldsymbol{\alpha}_1 & \boldsymbol{\alpha}_n^{\mathrm{T}}\boldsymbol{\alpha}_2 & \cdots & \boldsymbol{\alpha}_n^{\mathrm{T}}\boldsymbol{\alpha}_n \end{pmatrix}\begin{pmatrix} x_1 \\ x_2 \\ \vdots \\ x_n \end{pmatrix}$$

$$= (x_1\boldsymbol{\alpha}_1 + x_2\boldsymbol{\alpha}_2 + \cdots + x_n\boldsymbol{\alpha}_n)^{\mathrm{T}}(x_1\boldsymbol{\alpha}_1 + x_2\boldsymbol{\alpha}_2 + \cdots + x_n\boldsymbol{\alpha}_n)$$

$$= \| x_1\boldsymbol{\alpha}_1 + x_2\boldsymbol{\alpha}_2 + \cdots + x_n\boldsymbol{\alpha}_n \|^2.$$

由于 $\boldsymbol{\alpha}_1, \boldsymbol{\alpha}_2, \cdots, \boldsymbol{\alpha}_n$ 线性无关，则对任意的 $\begin{pmatrix} x_1 \\ x_2 \\ \vdots \\ x_n \end{pmatrix} \neq \boldsymbol{0}$，$x_1\boldsymbol{\alpha}_1 + x_2\boldsymbol{\alpha}_2 + \cdots + x_n\boldsymbol{\alpha}_n \neq \boldsymbol{0}$，

从而 $f > 0$. 故 $\boldsymbol{A}$ 正定 .

例 4 证明 n 阶矩阵 $\boldsymbol{A} = \begin{pmatrix} 1 & \frac{1}{n} & \cdots & \frac{1}{n} \\ \frac{1}{n} & 1 & \cdots & \frac{1}{n} \\ \vdots & \vdots & & \vdots \\ \frac{1}{n} & \frac{1}{n} & \cdots & 1 \end{pmatrix}$ 正定 .

证 易知 $\boldsymbol{A}$ 是对称矩阵，只要证明 $\boldsymbol{A}$ 的各阶顺序主子式大于零 . $\boldsymbol{A}$ 的 k 阶顺序主子式为

$$D_k = \begin{vmatrix} 1 & \frac{1}{n} & \cdots & \frac{1}{n} \\ \frac{1}{n} & 1 & \cdots & \frac{1}{n} \\ \vdots & \vdots & & \vdots \\ \frac{1}{n} & \frac{1}{n} & \cdots & 1 \end{vmatrix}_{(k)} = \left(1 + \frac{k-1}{n}\right)\left(1 - \frac{1}{n}\right)^{k-1} > 0 \quad (k = 1, 2, \cdots, n),$$

所以 $\boldsymbol{A}$ 正定 .

例 5 证明对称阵 $\boldsymbol{A}$ 正定的充要条件是：存在可逆矩阵 $\boldsymbol{U}$，使得 $\boldsymbol{A} = \boldsymbol{U}^{\mathrm{T}}\boldsymbol{U}$，即 $\boldsymbol{A}$ 与 $\boldsymbol{E}$ 合同 .

证 (1) 若 $\boldsymbol{A}$ 正定，$\boldsymbol{A}$ 的特征值均大于零，不妨设特征值为 $\lambda_1, \lambda_2, \cdots, \lambda_n$，

则存在正交矩阵 $\boldsymbol{P}$,使得

$$\boldsymbol{P}^{\mathrm{T}}\boldsymbol{A}\boldsymbol{P}=\begin{pmatrix}\lambda_1 & & \\ & \ddots & \\ & & \lambda_n\end{pmatrix},$$

从而

$$\boldsymbol{A}=\boldsymbol{P}\begin{pmatrix}\lambda_1 & & \\ & \ddots & \\ & & \lambda_n\end{pmatrix}\boldsymbol{P}^{\mathrm{T}}=\boldsymbol{P}\begin{pmatrix}\sqrt{\lambda_1} & & \\ & \ddots & \\ & & \sqrt{\lambda_n}\end{pmatrix}\begin{pmatrix}\sqrt{\lambda_1} & & \\ & \ddots & \\ & & \sqrt{\lambda_n}\end{pmatrix}\boldsymbol{P}^{\mathrm{T}},$$

令 $\boldsymbol{U}=\begin{pmatrix}\sqrt{\lambda_1} & & \\ & \ddots & \\ & & \sqrt{\lambda_n}\end{pmatrix}\boldsymbol{P}^{\mathrm{T}}$, 即有 $\boldsymbol{A}=\boldsymbol{U}^{\mathrm{T}}\boldsymbol{U}$.

(2) 若 $\boldsymbol{A}=\boldsymbol{U}^{\mathrm{T}}\boldsymbol{U}$, 则对任意的 $\boldsymbol{X}\neq\boldsymbol{0}$,

$$\boldsymbol{X}^{\mathrm{T}}\boldsymbol{A}\boldsymbol{X}=\boldsymbol{X}^{\mathrm{T}}\boldsymbol{U}^{\mathrm{T}}\boldsymbol{U}\boldsymbol{X}=(\boldsymbol{U}\boldsymbol{X})^{\mathrm{T}}(\boldsymbol{U}\boldsymbol{X})=\|\boldsymbol{U}\boldsymbol{X}\|^2>0.$$

(因为 $\boldsymbol{U}\boldsymbol{X}\neq\boldsymbol{0}$, 否则 $\boldsymbol{U}\boldsymbol{X}=\boldsymbol{0}$, 由 $\boldsymbol{U}$ 可逆推出 $\boldsymbol{X}=\boldsymbol{0}$, 矛盾.)

Ⅲ　习题选解

习题 6-1　二次型及其矩阵表示　矩阵合同

1. 写出下列二次型 f 的矩阵 $\boldsymbol{A}$,并求二次型的秩:

(2) $f(x,y,z)=(x,y,z)\begin{pmatrix}2&1&3\\1&3&2\\7&4&5\end{pmatrix}\begin{pmatrix}x\\y\\z\end{pmatrix}$.

解　$\boldsymbol{A}=\begin{pmatrix}2&1&5\\1&3&3\\5&3&5\end{pmatrix}$, $R(\boldsymbol{A})=3$.

2. 设 $\boldsymbol{A}=(a_{ij})_{m\times n}$, 写出二次型

$$f(x_1,x_2,\cdots,x_n)=\sum_{i=1}^{m}(a_{i1}x_1+a_{i2}x_2+\cdots+a_{in}x_n)^2$$

的矩阵.

解 令 $\begin{pmatrix} y_1 \\ y_2 \\ \vdots \\ y_m \end{pmatrix} = \boldsymbol{A}\begin{pmatrix} x_1 \\ x_2 \\ \vdots \\ x_n \end{pmatrix}$，则

$$f = y_1^2 + y_2^2 + \cdots + y_m^2 = (y_1, y_2, \cdots, y_m)\begin{pmatrix} 1 & & & \\ & 1 & & \\ & & \ddots & \\ & & & 1 \end{pmatrix}\begin{pmatrix} y_1 \\ y_2 \\ \vdots \\ y_m \end{pmatrix}$$

$$= (x_1, x_2, \cdots, x_n)\,\boldsymbol{A}^{\mathrm{T}}\begin{pmatrix} 1 & & & \\ & 1 & & \\ & & \ddots & \\ & & & 1 \end{pmatrix}\boldsymbol{A}\begin{pmatrix} x_1 \\ x_2 \\ \vdots \\ x_n \end{pmatrix}$$

$$= (x_1, x_2, \cdots, x_n)\,\boldsymbol{A}^{\mathrm{T}}\boldsymbol{A}\begin{pmatrix} x_1 \\ x_2 \\ \vdots \\ x_n \end{pmatrix},$$

即 f 对应的矩阵为 $\boldsymbol{A}^{\mathrm{T}}\boldsymbol{A}$.

3. 写出下列实对称矩阵所对应的二次型：

$$(2)\ \boldsymbol{A} = \begin{pmatrix} 1 & -1 & 0 & \cdots & 0 & 0 \\ -1 & 1 & -1 & \cdots & 0 & 0 \\ \vdots & \vdots & \vdots & & \vdots & \vdots \\ 0 & 0 & 0 & \cdots & 1 & -1 \\ 0 & 0 & 0 & \cdots & -1 & 1 \end{pmatrix}_{(n)}.$$

解 $f = \sum\limits_{i=1}^{n} x_i^2 - 2\sum\limits_{i=1}^{n-1} x_i x_{i+1}$.

4. 设二次型 $f = 2x_1^2 + x_2^2 - 4x_1x_2 - 4x_2x_3$，分别作下列三个满秩变换，求新二次型.

$$(1)\ \boldsymbol{X} = \begin{pmatrix} 1 & 1 & -2 \\ 0 & 1 & -2 \\ 0 & 0 & 1 \end{pmatrix}\boldsymbol{Y};\ (2)\ \boldsymbol{X} = \begin{pmatrix} \frac{1}{\sqrt{2}} & 1 & -1 \\ 0 & 1 & -1 \\ 0 & 0 & \frac{1}{2} \end{pmatrix}\boldsymbol{Y};\ (3)\ \boldsymbol{X} = \begin{pmatrix} 1 & -1 & 0 \\ 0 & 1 & 2 \\ 0 & 0 & 1 \end{pmatrix}\boldsymbol{Y}.$$

解 $f=(x_1,x_2,x_3)\begin{pmatrix}2&-2&0\\-2&1&-2\\0&-2&0\end{pmatrix}\begin{pmatrix}x_1\\x_2\\x_3\end{pmatrix}$.

(1) $f=(y_1,y_2,y_3)\begin{pmatrix}1&0&0\\1&1&0\\-2&-2&1\end{pmatrix}\begin{pmatrix}2&-2&0\\-2&1&-2\\0&-2&0\end{pmatrix}\begin{pmatrix}1&1&-2\\0&1&-2\\0&0&1\end{pmatrix}\begin{pmatrix}y_1\\y_2\\y_3\end{pmatrix}$

$=2y_1^2-y_2^2+4y_3^2$;

(2) $f=(y_1,y_2,y_3)\begin{pmatrix}\frac{1}{\sqrt{2}}&0&0\\1&1&0\\-1&-1&\frac{1}{2}\end{pmatrix}\begin{pmatrix}2&-2&0\\-2&1&-2\\0&-2&0\end{pmatrix}\begin{pmatrix}\frac{1}{\sqrt{2}}&1&-1\\0&1&-1\\0&0&\frac{1}{2}\end{pmatrix}\begin{pmatrix}y_1\\y_2\\y_3\end{pmatrix}$

$=y_1^2-y_2^2+y_3^2$;

(3) $f=(y_1,y_2,y_3)\begin{pmatrix}1&0&0\\-1&1&0\\0&2&1\end{pmatrix}\begin{pmatrix}2&-2&0\\-2&1&-2\\0&-2&0\end{pmatrix}\begin{pmatrix}1&-1&0\\0&1&2\\0&0&1\end{pmatrix}\begin{pmatrix}y_1\\y_2\\y_3\end{pmatrix}$

$=2y_1^2+7y_2^2-4y_3^2-8y_1y_2-8y_1y_3+8y_2y_3$.

5. 设 $\boldsymbol{A},\boldsymbol{B},\boldsymbol{C},\boldsymbol{D}$ 均为 n 阶对称方阵,且 $\boldsymbol{A}$ 与 $\boldsymbol{B}$ 合同,$\boldsymbol{C}$ 与 $\boldsymbol{D}$ 合同,证明 $\begin{pmatrix}\boldsymbol{A}&\boldsymbol{0}\\\boldsymbol{0}&\boldsymbol{C}\end{pmatrix}$与$\begin{pmatrix}\boldsymbol{B}&\boldsymbol{0}\\\boldsymbol{0}&\boldsymbol{D}\end{pmatrix}$合同.

证 $\boldsymbol{A}$ 与 $\boldsymbol{B}$ 合同,$\boldsymbol{C}$ 与 $\boldsymbol{D}$ 合同,则存在可逆方阵 $\boldsymbol{P},\boldsymbol{Q}$,使

$$\boldsymbol{P}^{\mathrm{T}}\boldsymbol{A}\boldsymbol{P}=\boldsymbol{B},\quad \boldsymbol{Q}^{\mathrm{T}}\boldsymbol{C}\boldsymbol{Q}=\boldsymbol{D}.$$

考虑矩阵 $\boldsymbol{U}=\begin{pmatrix}\boldsymbol{P}&\boldsymbol{0}\\\boldsymbol{0}&\boldsymbol{Q}\end{pmatrix}$, $|\boldsymbol{U}|=|\boldsymbol{P}||\boldsymbol{Q}|\neq 0$, 即 $\boldsymbol{U}$ 可逆,

$$\boldsymbol{U}^{\mathrm{T}}\begin{pmatrix}\boldsymbol{A}&\boldsymbol{0}\\\boldsymbol{0}&\boldsymbol{C}\end{pmatrix}\boldsymbol{U}=\begin{pmatrix}\boldsymbol{P}^{\mathrm{T}}\boldsymbol{A}\boldsymbol{P}&\boldsymbol{0}\\\boldsymbol{0}&\boldsymbol{Q}^{\mathrm{T}}\boldsymbol{C}\boldsymbol{Q}\end{pmatrix}=\begin{pmatrix}\boldsymbol{B}&\boldsymbol{0}\\\boldsymbol{0}&\boldsymbol{D}\end{pmatrix}.$$

故$\begin{pmatrix}\boldsymbol{A}&\boldsymbol{0}\\\boldsymbol{0}&\boldsymbol{C}\end{pmatrix}$与$\begin{pmatrix}\boldsymbol{B}&\boldsymbol{0}\\\boldsymbol{0}&\boldsymbol{D}\end{pmatrix}$合同.

习题 6-2 化二次型为标准形

1. 求正交变换 $\boldsymbol{x}=\boldsymbol{P}\boldsymbol{y}$, 将下列二次型化为标准形:

(1) $f = 2x_1^2 + x_2^2 - 4x_1x_2 - 4x_2x_3$.

解 f 对应的矩阵为 $\boldsymbol{A} = \begin{pmatrix} 2 & -2 & 0 \\ -2 & 1 & -2 \\ 0 & -2 & 0 \end{pmatrix}$,

$$|\lambda \boldsymbol{E} - \boldsymbol{A}| = (\lambda - 1)(\lambda - 4)(\lambda + 2),$$

$\boldsymbol{A}$ 的特征根为 $\lambda_1 = 1, \lambda_2 = 4, \lambda_3 = -2$.

对于 $\lambda_1 = 1$, 对应的特征向量 $\boldsymbol{\alpha}_1 = \begin{pmatrix} 2 \\ 1 \\ -2 \end{pmatrix}$, 单位化得 $\boldsymbol{\beta}_1 = \begin{pmatrix} \frac{2}{3} \\ \frac{1}{3} \\ -\frac{2}{3} \end{pmatrix}$;

对于 $\lambda_2 = 4$, 对应的特征向量 $\boldsymbol{\alpha}_2 = \begin{pmatrix} 2 \\ -2 \\ 1 \end{pmatrix}$, 单位化得 $\boldsymbol{\beta}_2 = \begin{pmatrix} \frac{2}{3} \\ -\frac{2}{3} \\ \frac{1}{3} \end{pmatrix}$;

对于 $\lambda_3 = -2$, 对应的特征向量 $\boldsymbol{\alpha}_3 = \begin{pmatrix} 1 \\ 2 \\ 2 \end{pmatrix}$, 单位化得 $\boldsymbol{\beta}_3 = \begin{pmatrix} \frac{1}{3} \\ \frac{2}{3} \\ \frac{2}{3} \end{pmatrix}$.

取 $\boldsymbol{P} = \begin{pmatrix} \frac{2}{3} & \frac{2}{3} & \frac{1}{3} \\ \frac{1}{3} & -\frac{2}{3} & \frac{2}{3} \\ -\frac{2}{3} & \frac{1}{3} & \frac{2}{3} \end{pmatrix}$, 则 $\boldsymbol{x} = \boldsymbol{P}\boldsymbol{y}$ 将二次型化为标准形 $f = y_1^2 + 4y_2^2 - 2y_3^2$.

2. 用配方法和初等变换法化下列二次型为标准形,并写出相应的满秩变换矩阵 $\boldsymbol{C}$:

(1) $f = 2x_2^2 - x_3^2 + 4x_1x_2 - 4x_1x_3 - 4x_2x_3$.

解　① 配方法：$f=2(x_1+x_2-x_3)^2-2x_1^2-3x_3^2$

$$\begin{pmatrix}y_1\\y_2\\y_3\end{pmatrix}=\begin{pmatrix}1&1&-1\\1&0&0\\0&0&1\end{pmatrix}\begin{pmatrix}x_1\\x_2\\x_3\end{pmatrix},$$

则 $f=2y_1^2-2y_2^2-3y_3^2$，对应的满秩变换矩阵

$$C=\begin{pmatrix}0&1&0\\1&-1&1\\0&0&1\end{pmatrix}.$$

② 初等变换法：f 对应的矩阵

$$A=\begin{pmatrix}0&2&-2\\2&2&-2\\-2&-2&-1\end{pmatrix}.$$

$$\begin{pmatrix}A\\E\end{pmatrix}\xrightarrow[\text{列变换}]{\text{行变换}}\begin{pmatrix}2&0&0\\0&-2&0\\0&0&-3\\0&1&0\\1&-1&1\\0&0&1\end{pmatrix}$$

令 $C=\begin{pmatrix}0&1&0\\1&-1&1\\0&0&1\end{pmatrix}$，则作满秩变换 $x=Cy$ 将二次型化为标准形为 $f=2y_1^2-2y_2^2-3y_3^2$.

3. 已知二次型 $f=5x_1^2+5x_2^2+cx_3^2-2x_1x_2+6x_1x_3-6x_2x_3$ 的秩为 2.

(1) 求参数 c 及此二次型矩阵的特征值；

(2) 指出方程 $f=1$ 表示何种二次曲面.

解　(1) f 对应的矩阵 $A=\begin{pmatrix}5&-1&3\\-1&5&-3\\3&-3&c\end{pmatrix}$，

$$R(A)=2\Rightarrow|A|=-24(c-3)=0\Rightarrow c=3,$$

$$|\lambda E-A|=\begin{vmatrix}\lambda-5&1&-3\\1&\lambda-5&3\\-3&3&\lambda-3\end{vmatrix}=\lambda(\lambda-4)(\lambda-9),$$

故 $\boldsymbol{A}$ 的特征值为 $\lambda_1=0,\lambda_2=4,\lambda_3=9$.

(2) f 可通过正交变换化为标准形,$f=4y_2^2+9y_3^2$,故 $f=1$ 表示椭圆柱面.

4. 已知二次型 $f=2x_1^2+3x_2^2+2tx_2x_3+3x_3^2(t<0)$ 通过正交变换 $\boldsymbol{X}=\boldsymbol{PY}$ 可化为标准形 $f=y_1^2+2y_2^2+5y_3^2$,求参数 t 及所用的正交变换矩阵 $\boldsymbol{P}$.

解 f 对应的矩阵为 $\boldsymbol{A}=\begin{pmatrix}2&0&0\\0&3&t\\0&t&3\end{pmatrix}$. 由题意,$\boldsymbol{A}$ 与 $\begin{pmatrix}1&&\\&2&\\&&5\end{pmatrix}$ 相似,故

$$|\boldsymbol{A}|=10\Rightarrow 2(9-t^2)=10\Rightarrow t=-2,$$

$$|\lambda\boldsymbol{E}-\boldsymbol{A}|=\begin{vmatrix}\lambda-2&0&0\\0&\lambda-3&2\\0&2&\lambda-3\end{vmatrix}=(\lambda-1)(\lambda-2)(\lambda-5),$$

$\boldsymbol{A}$ 的特征值为 $\lambda_1=1,\lambda_2=2,\lambda_3=5$.

对于 $\lambda_1=1$, 对应的特征向量 $\boldsymbol{\alpha}_1=\begin{pmatrix}0\\\frac{1}{\sqrt{2}}\\\frac{1}{\sqrt{2}}\end{pmatrix}$;

对于 $\lambda_2=2$, 对应的特征向量 $\boldsymbol{\alpha}_2=\begin{pmatrix}1\\0\\0\end{pmatrix}$;

对于 $\lambda_3=5$, 对应的特征向量 $\boldsymbol{\alpha}_3=\begin{pmatrix}0\\-\frac{1}{\sqrt{2}}\\\frac{1}{\sqrt{2}}\end{pmatrix}$. 故

$$\boldsymbol{P}=\begin{pmatrix}0&1&0\\\frac{1}{\sqrt{2}}&0&-\frac{1}{\sqrt{2}}\\\frac{1}{\sqrt{2}}&0&\frac{1}{\sqrt{2}}\end{pmatrix}.$$

5. 已知 $\boldsymbol{A}=\begin{pmatrix}1&0&1\\0&1&1\\-1&0&a\\0&a&-1\end{pmatrix}$, 二次型 $f(x_1,x_2,x_3)=\boldsymbol{x}^{\mathrm{T}}(\boldsymbol{A}^{\mathrm{T}}\boldsymbol{A})\boldsymbol{x}$ 的秩为 2.

(1) 求实数 a 的值：

(2) 求正交变换 $\boldsymbol{x}=\boldsymbol{Q}\boldsymbol{y}$ 将 f 化为标准形 .

解　由 $R(\boldsymbol{A}^{\mathrm{T}}\boldsymbol{A})=R(\boldsymbol{A})$ 得　$R(\boldsymbol{A})=2, a=-1$，从而

$$\boldsymbol{A}=\begin{pmatrix}1&0&1\\0&1&1\\-1&0&-1\\0&-1&-1\end{pmatrix},\boldsymbol{A}^{\mathrm{T}}\boldsymbol{A}=\begin{pmatrix}2&0&2\\0&2&2\\2&2&4\end{pmatrix},|\lambda\boldsymbol{E}-\boldsymbol{A}^{\mathrm{T}}\boldsymbol{A}|=\lambda(\lambda-2)(\lambda-6),$$

$\boldsymbol{A}^{\mathrm{T}}\boldsymbol{A}$ 有三个特征值 0,2,6. 分别解三个线性齐次方程组

$\boldsymbol{A}^{\mathrm{T}}\boldsymbol{A}\boldsymbol{x}=\boldsymbol{0}$，　$(2\boldsymbol{E}-\boldsymbol{A}^{\mathrm{T}}\boldsymbol{A})\boldsymbol{x}=\boldsymbol{0}$，　$(6\boldsymbol{E}-\boldsymbol{A}^{\mathrm{T}}\boldsymbol{A})\boldsymbol{x}=\boldsymbol{0}$.

求得特征向量后，再单位化得正交矩阵 .

$$\boldsymbol{Q}=\begin{pmatrix}\frac{\sqrt{2}}{2}&\frac{\sqrt{6}}{6}&\frac{\sqrt{3}}{3}\\-\frac{\sqrt{2}}{2}&\frac{\sqrt{6}}{6}&\frac{\sqrt{3}}{3}\\0&\frac{\sqrt{6}}{3}&-\frac{\sqrt{3}}{3}\end{pmatrix},$$

对角阵 $\boldsymbol{\Lambda}=\begin{pmatrix}2&0&0\\0&6&0\\0&0&0\end{pmatrix}$，正交变换 $\boldsymbol{x}=\boldsymbol{Q}\boldsymbol{y}$，$f$ 的标准型为 $2y_1^2+6y_2^2$.

6. 设二次型 $f(x_1,x_2,x_3)=2(a_1x_1+a_2x_2+a_3x_3)^2+(b_1x_1+b_2x_2+b_3x_3)^2$，记 $\boldsymbol{\alpha}=\begin{pmatrix}a_1\\a_2\\a_3\end{pmatrix},\boldsymbol{\beta}=\begin{pmatrix}b_1\\b_2\\b_3\end{pmatrix}$.

(1) 证明二次型 f 对应的矩阵为 $2\boldsymbol{\alpha}^{\mathrm{T}}\boldsymbol{\alpha}+\boldsymbol{\beta}^{\mathrm{T}}\boldsymbol{\beta}$；

(2) 若 $\boldsymbol{\alpha},\boldsymbol{\beta}$ 正交且均为单位向量，证明二次型 f 在正交变化下的标准形为二次型 $2y_1^2+y_2^2$.

证　(1) $$f=2(x_1,x_2,x_3)\begin{pmatrix}a_1\\a_2\\a_3\end{pmatrix}(a_1,a_2,a_3)\begin{pmatrix}x_1\\x_2\\x_3\end{pmatrix}+(x_1,x_2,x_3)\begin{pmatrix}b_1\\b_2\\b_3\end{pmatrix}(b_1,b_2,b_3)\begin{pmatrix}x_1\\x_2\\x_3\end{pmatrix}$$

$$=\boldsymbol{x}^{\mathrm{T}}(2\boldsymbol{\alpha}\boldsymbol{\alpha}^{\mathrm{T}})\boldsymbol{x}+\boldsymbol{x}^{\mathrm{T}}(\boldsymbol{\beta}\boldsymbol{\beta}^{\mathrm{T}})\boldsymbol{x}=\boldsymbol{x}^{\mathrm{T}}(2\boldsymbol{\alpha}\boldsymbol{\alpha}^{\mathrm{T}}+\boldsymbol{\beta}\boldsymbol{\beta}^{\mathrm{T}})\boldsymbol{x},$$

故 f 对应的矩阵 $\boldsymbol{A}=2\boldsymbol{\alpha}\boldsymbol{\alpha}^{\mathrm{T}}+\boldsymbol{\beta}\boldsymbol{\beta}^{\mathrm{T}}$.

(2) 因为 $\boldsymbol{A}\boldsymbol{\alpha}=(2\boldsymbol{\alpha}\boldsymbol{\alpha}^{\mathrm{T}}+\boldsymbol{\beta}\boldsymbol{\beta}^{\mathrm{T}})\boldsymbol{\alpha}=2\boldsymbol{\alpha}|\boldsymbol{\alpha}|^2+\boldsymbol{\beta}\boldsymbol{\beta}^{\mathrm{T}}\boldsymbol{\alpha}=2\boldsymbol{\alpha}$，所以 $\boldsymbol{\alpha}$ 为 $\boldsymbol{A}$ 的对应于 $\lambda_1=2$ 的特征向量 .

又 $A\boldsymbol{\beta}=(2\boldsymbol{\alpha}\boldsymbol{\alpha}^{\mathrm{T}}+\boldsymbol{\beta}\boldsymbol{\beta}^{\mathrm{T}})\boldsymbol{\beta}=2\boldsymbol{\alpha}\boldsymbol{\alpha}^{\mathrm{T}}\cdot\boldsymbol{\beta}+\boldsymbol{\beta}\cdot|\boldsymbol{\beta}|^2=\boldsymbol{\beta}$，则 $\boldsymbol{\beta}$ 为 $\boldsymbol{A}$ 的对应于 $\lambda_2=1$ 的特征向量.

由于 $R(\boldsymbol{A})\leqslant R(2\boldsymbol{\alpha}\boldsymbol{\alpha}^{\mathrm{T}})+R(\boldsymbol{\beta}\boldsymbol{\beta}^{\mathrm{T}})=R(\boldsymbol{\alpha})+R(\boldsymbol{\beta})=2<3$，则 $\lambda_3=0$.

故 f 在正交变换下的标准型为 $2y_1^2+y_2^2$.

习题 6-3　惯性定理和二次型的正定性

1. 判别下列矩阵的正定性：

(2) $\begin{pmatrix}-1 & 1 & 0\\ 1 & -2 & 1\\ 0 & 1 & -3\end{pmatrix}$.

解　$a_{11}=-1<0$，$\begin{vmatrix}-1 & 1\\ 1 & -2\end{vmatrix}=1>0$，$\begin{vmatrix}-1 & 1 & 0\\ 1 & -2 & 1\\ 0 & 1 & -3\end{vmatrix}=-2<0$，

故该矩阵负定.

(3) $\begin{pmatrix}2 & -1 & 0\\ -1 & 2 & -1\\ 0 & -1 & 2\end{pmatrix}$.

解　$a_{11}=2>0$，$\begin{vmatrix}2 & -1\\ -1 & 2\end{vmatrix}=3>0$，$\begin{vmatrix}2 & -1 & 0\\ -1 & 2 & -1\\ 0 & -1 & 2\end{vmatrix}=4>0$，

故该矩阵正定.

2. 判别下列二次型的正定性：

(2) $f(x_1,x_2,x_3)=x_1^2+2x_2^2+3x_3^2+2x_1x_2-4x_2x_3$.

解　f 对应的矩阵 $\boldsymbol{A}=\begin{pmatrix}1 & 1 & 0\\ 1 & 2 & -2\\ 0 & -2 & 3\end{pmatrix}$，

$$a_{11}=1>0,\ \begin{vmatrix}1 & 1\\ 1 & 2\end{vmatrix}=1>0,\ \begin{vmatrix}1 & 1 & 0\\ 1 & 2 & -2\\ 0 & -2 & 3\end{vmatrix}=-1<0,$$

故 f 既不是正定，也不是负定的.

(3) $f(x_1,x_2,x_3,x_4)=x_1^2+3x_2^2+9x_3^2+19x_4^2-2x_1x_2+4x_1x_3+2x_1x_4-6x_2x_4-12x_3x_4$.

解　f 对应的矩阵 $\boldsymbol{A}=\begin{pmatrix}1 & -1 & 2 & 1\\ -1 & 3 & 0 & -3\\ 2 & 0 & 9 & -6\\ 1 & -3 & -6 & 19\end{pmatrix}$，

$$a_{11}=1>0,\ \begin{vmatrix}1&-1\\-1&3\end{vmatrix}=2>0,\ \begin{vmatrix}1&-1&2\\-1&3&0\\2&0&9\end{vmatrix}=6>0,|\boldsymbol{A}|>0,$$

故 f 正定.

3. 问 t 为何值时,二次型 $f=2x_1^2+x_2^2+3x_3^2+2tx_1x_2+2x_1x_3$ 是正定二次型.

解 f 对应的矩阵

$$\boldsymbol{A}=\begin{pmatrix}2&t&1\\t&1&0\\1&0&3\end{pmatrix},$$

若 f 正定,则有

$$\begin{cases}\begin{vmatrix}2&t\\t&1\end{vmatrix}>0,\\|\boldsymbol{A}|>0,\end{cases}\text{即}\begin{cases}2-t^2>0,\\-3t^2+5>0,\end{cases}$$

从而解得 $-\sqrt{\dfrac{5}{3}}<t<\sqrt{\dfrac{5}{3}}$.

4. 问 t 为何值时,二次型

$$f=-x_1^2-x_2^2-5x_3^2+2tx_1x_2-2x_1x_3+4x_2x_3$$

是负定二次型.

解 f 对应的矩阵

$$\boldsymbol{A}=\begin{pmatrix}-1&t&-1\\t&-1&2\\-1&2&-5\end{pmatrix}.$$

若 f 负定,则有

$$\begin{cases}\begin{vmatrix}-1&t\\t&-1\end{vmatrix}>0,\\|\boldsymbol{A}|<0,\end{cases}\quad\text{即}\begin{cases}1-t^2>0,\\5t^2-4t<0,\end{cases}$$

即 $0<t<\dfrac{4}{5}$.

5. 设 $\boldsymbol{A}$ 是正定矩阵,证明 $\boldsymbol{A}^{\mathrm{T}},\boldsymbol{A}^{-1},\boldsymbol{A}^*$ 也是正定矩阵.

证 (1) $\boldsymbol{A}^{\mathrm{T}}=\boldsymbol{A}$,故 $\boldsymbol{A}^{\mathrm{T}}$ 为正定矩阵.

(2) $(\boldsymbol{A}^{-1})^{\mathrm{T}}=(\boldsymbol{A}^{\mathrm{T}})^{-1}=\boldsymbol{A}^{-1}$,且 $\boldsymbol{A}^{-1}$ 的特征值与 $\boldsymbol{A}$ 的特征值互为倒数,即 $\boldsymbol{A}^{-1}$ 的特征值均大于 0. 故 $\boldsymbol{A}^{-1}$ 是正定矩阵.

(3) $\boldsymbol{A}^*=|\boldsymbol{A}|\boldsymbol{A}^{-1}$,$(\boldsymbol{A}^*)^{\mathrm{T}}=\boldsymbol{A}^*$,且 $\boldsymbol{A}^*$ 的特征值均大于 0,故 $\boldsymbol{A}^*$ 是正定矩阵.

6. 设 $\boldsymbol{A},\boldsymbol{B}$ 均为 n 阶正定矩阵,证明 $\boldsymbol{BAB}$ 也是正定矩阵.

证
$$(\boldsymbol{BAB})^{\mathrm{T}}=\boldsymbol{B}^{\mathrm{T}}\boldsymbol{A}^{\mathrm{T}}\boldsymbol{B}^{\mathrm{T}}=\boldsymbol{BAB}.$$
对任意的非零向量 $\boldsymbol{x}\neq\boldsymbol{0}$,由于 $\boldsymbol{B}$ 正定,则 $\boldsymbol{Bx}\neq\boldsymbol{0}$,
$$\boldsymbol{x}^{\mathrm{T}}\boldsymbol{BABx}=(\boldsymbol{Bx})^{\mathrm{T}}\boldsymbol{A}(\boldsymbol{Bx})>0(\text{由 }\boldsymbol{A}\text{ 正定}),$$
故 $\boldsymbol{BAB}$ 是正定矩阵.

7. 设 $\boldsymbol{A}$ 是正定矩阵,证明 $\boldsymbol{A}$ 的主对角元 $a_{ii}>0,i=1,2,\cdots,n$.

证 取 $\boldsymbol{\varepsilon}_i=(0,\cdots,0,1,0,\cdots,0)^{\mathrm{T}}$ 是基本单位向量,则 $a_{ii}=\boldsymbol{\varepsilon}_i^{\mathrm{T}}\boldsymbol{A}\boldsymbol{\varepsilon}_i>0$(由 $\boldsymbol{A}$ 是正定矩阵).

第六章总习题

1. 设 n 元二次型 $f(x_1,x_2,\cdots,x_n)$ 的矩阵为 n 阶五对角对称矩阵
$$\boldsymbol{A}=\begin{pmatrix}1&-1&-1&&\\-1&1&-1&\ddots&\\-1&-1&1&\ddots&-1\\&\ddots&\ddots&\ddots&-1\\&&-1&-1&1\end{pmatrix},$$
试写出二次型的表达式.

解 $f=\sum\limits_{i=1}^{n}x_i^2-2\sum\limits_{i=1}^{n-1}x_ix_{i+1}-2\sum\limits_{i=1}^{n-2}x_ix_{i+2}$.

2. 证明二次型 $f=\boldsymbol{x}^{\mathrm{T}}\boldsymbol{A}\boldsymbol{x}$ 在 $\|\boldsymbol{x}\|=1$ 时的最大值为矩阵 $\boldsymbol{A}$ 的最大特征值.

证 设 $\boldsymbol{A}$ 的特征值为 $\lambda_1,\lambda_2,\cdots,\lambda_n$,对应的特征向量为 $\boldsymbol{\alpha}_1,\boldsymbol{\alpha}_2,\cdots,\boldsymbol{\alpha}_n$,且 $\boldsymbol{\alpha}_1,\boldsymbol{\alpha}_2,\cdots,\boldsymbol{\alpha}_n$ 两两正交,$\|\boldsymbol{\alpha}_i\|=1$,则任意的向量 $\boldsymbol{x}$ 可由 $\boldsymbol{\alpha}_1,\cdots,\boldsymbol{\alpha}_n$ 线性表示
$$\boldsymbol{x}=k_1\boldsymbol{\alpha}_1+k_2\boldsymbol{\alpha}_2+\cdots+k_n\boldsymbol{\alpha}_n,$$
若 $\|\boldsymbol{x}\|=1$,则 $\sum\limits_{i=1}^{n}k_i^2=1$.
$$\begin{aligned}f=\boldsymbol{x}^{\mathrm{T}}\boldsymbol{A}\boldsymbol{x}&=\Big(\sum_{i=1}^{n}k_i\boldsymbol{\alpha}_i\Big)^{\mathrm{T}}\boldsymbol{A}\Big(\sum_{i=1}^{n}k_i\boldsymbol{\alpha}_i\Big)\\&=\sum_{i=1}^{n}k_i^2\lambda_i\leqslant\sum_{i=1}^{n}k_i^2\cdot\max_j\{\lambda_j\}=\max_j\{\lambda_j\},\end{aligned}$$
易知当 $\boldsymbol{x}$ 取 $\max\limits_j\{\lambda_j\}$ 对应的特征向量时等号成立.

3. 若二次型$f(x_1,x_2,\cdots,x_n)=\boldsymbol{x}^{\mathrm{T}}\boldsymbol{A}\boldsymbol{x}$，对于一切$\boldsymbol{x}$恒有

$$f(x_1,x_2,\cdots,x_n)=0.$$

证明：$\boldsymbol{A}=\boldsymbol{0}$.

证 设$\boldsymbol{\varepsilon}_i=(0,\cdots,0,1,0,\cdots,0)^{\mathrm{T}}$是基本单位向量．$a_{ii}=\boldsymbol{\varepsilon}_i^{\mathrm{T}}\boldsymbol{A}\boldsymbol{\varepsilon}_i=0$，即$\boldsymbol{A}$主对角线上的元均为0. 另取

$$\boldsymbol{\beta}_{ij}=(0,\cdots,0,\underset{\substack{\uparrow\\ \text{第}i\text{个分量}}}{1},0,\cdots,0,\underset{\substack{\uparrow\\ \text{第}j\text{个分量}}}{1},0,\cdots,0)^{\mathrm{T}}\quad(i,j=1,2,\cdots,n),$$

$$\boldsymbol{\beta}_{ij}^{\mathrm{T}}\boldsymbol{A}\boldsymbol{\beta}_{ij}=a_{ii}+a_{jj}+2a_{ij}=2a_{ij}=0,$$

故$\boldsymbol{A}=\boldsymbol{0}$.

4. 已知二次曲面方程

$$x^2+ay^2+z^2+2bxy+2xz+2yz=4,$$

可以通过正交变换$\begin{pmatrix}x\\y\\z\end{pmatrix}=\boldsymbol{P}\begin{pmatrix}\xi\\\eta\\\zeta\end{pmatrix}$化为椭圆柱面方程$\eta^2+4\zeta^2=4$，求$a,b$的值和正交矩阵$\boldsymbol{P}$.

解 $f=x^2+ay^2+z^2+2bxy+2xz+2yz$对应的矩阵$\boldsymbol{A}=\begin{pmatrix}1&b&1\\b&a&1\\1&1&1\end{pmatrix}$，

由题意知$\boldsymbol{A}$的特征根为$\lambda_1=0,\lambda_2=1,\lambda_3=4$，即有

$$|\boldsymbol{A}|=\begin{vmatrix}1&b&1\\b&a&1\\1&1&1\end{vmatrix}=-(b-1)^2=0,$$

$$|\boldsymbol{E}-\boldsymbol{A}|=\begin{vmatrix}0&-b&-1\\-b&1-a&-1\\-1&-1&0\end{vmatrix}=a-2b-1=0,$$

故$a=3,b=1$.

$$\boldsymbol{A}=\begin{pmatrix}1&1&1\\1&3&1\\1&1&1\end{pmatrix}\xrightarrow{\text{行变换}}\begin{pmatrix}1&0&1\\0&1&0\\0&0&0\end{pmatrix}$$，故$\lambda_1=0$对应的特征向量

$$\boldsymbol{\alpha}_1=\begin{pmatrix}\frac{1}{\sqrt{2}}\\0\\-\frac{1}{\sqrt{2}}\end{pmatrix},$$

$$\boldsymbol{E}-\boldsymbol{A}=\begin{pmatrix}0&-1&-1\\-1&-2&-1\\-1&-1&0\end{pmatrix}\to\begin{pmatrix}0&1&1\\1&1&0\\0&0&0\end{pmatrix}$$，故 $\lambda_2=1$ 对应的特征向量

$$\boldsymbol{\alpha}_2=\begin{pmatrix}\frac{1}{\sqrt{3}}\\-\frac{1}{\sqrt{3}}\\\frac{1}{\sqrt{3}}\end{pmatrix},$$

$$4\boldsymbol{E}-\boldsymbol{A}=\begin{pmatrix}3&-1&-1\\-1&1&-1\\-1&-1&3\end{pmatrix}\to\begin{pmatrix}0&1&-2\\1&0&-1\\0&0&0\end{pmatrix}$$，故 $\lambda_3=4$ 对应的特征向量

$$\boldsymbol{\alpha}_3=\begin{pmatrix}\frac{1}{\sqrt{6}}\\\frac{2}{\sqrt{6}}\\\frac{1}{\sqrt{6}}\end{pmatrix},$$

从而

$$\boldsymbol{P}=\begin{pmatrix}\frac{1}{\sqrt{2}}&\frac{1}{\sqrt{3}}&\frac{1}{\sqrt{6}}\\0&-\frac{1}{\sqrt{3}}&\frac{2}{\sqrt{6}}\\-\frac{1}{\sqrt{2}}&\frac{1}{\sqrt{3}}&\frac{1}{\sqrt{6}}\end{pmatrix}.$$

5. 用配方法化二次型 $f(x_1,x_2,x_3)=(x_1-x_2)^2+(x_2-x_3)^2+(x_3-x_1)^2$ 为

标准形,并求相应的满秩变换矩阵 $\boldsymbol{C}$.

解

$$f=(x_1-x_2)^2+(x_2-x_3)^2+(x_3-x_1)^2$$
$$=2\left(x_1-\frac{1}{2}x_2-\frac{1}{2}x_3\right)^2+\frac{3}{2}(x_2-x_3)^2.$$

作变换 $\begin{pmatrix}y_1\\y_2\\y_3\end{pmatrix}=\begin{pmatrix}1&-\frac{1}{2}&-\frac{1}{2}\\0&1&-1\\0&0&1\end{pmatrix}\begin{pmatrix}x_1\\x_2\\x_3\end{pmatrix}$,则 $f=2y_1^2+\dfrac{3}{2}y_2^2$.

对应的满秩变换矩阵

$$\boldsymbol{C}=\begin{pmatrix}1&-\frac{1}{2}&-\frac{1}{2}\\0&1&-1\\0&0&1\end{pmatrix}^{-1}=\begin{pmatrix}1&\frac{1}{2}&1\\0&1&1\\0&0&1\end{pmatrix}.$$

6. 判定二次型

$$f(x_1,x_2,\cdots,x_n)=2\sum_{i=1}^{n}x_i^2+2\sum_{1\leqslant i<j\leqslant n}x_ix_j$$

的正定性.

解　二次型对应的矩阵为 $\begin{pmatrix}2&1&\cdots&1\\1&2&\cdots&1\\\vdots&\vdots&&\vdots\\1&1&\cdots&2\end{pmatrix}$,

考虑 $D_k=\begin{vmatrix}2&1&\cdots&1\\1&2&\cdots&1\\\vdots&\vdots&&\vdots\\1&1&\cdots&2\end{vmatrix}_{(k)}=k+1>0(k=1,2,\cdots,n)$,故 f 正定.

7. 设实对称矩阵 $\boldsymbol{A}=\begin{pmatrix}0&1&0&0\\1&0&0&0\\0&0&2&1\\0&0&1&2\end{pmatrix}$,

(1) 分别写出以 $\boldsymbol{A},\boldsymbol{A}^{-1}$ 为系数矩阵的二次型;

(2) 求 $\boldsymbol{A},\boldsymbol{A}^{-1}$ 的特征值;

(3) 判断 $\boldsymbol{A}$ 是否为正定矩阵;

(4) 求一个正交矩阵 $\boldsymbol{P}$,使 $\boldsymbol{P}^{\mathrm{T}}\boldsymbol{A}\boldsymbol{P}$ 为对角矩阵.

解 (1) $\boldsymbol{A}^{-1}=\begin{pmatrix}0&1&0&0\\1&0&0&0\\0&0&\frac{2}{3}&-\frac{1}{3}\\0&0&-\frac{1}{3}&\frac{2}{3}\end{pmatrix}$,

$$\boldsymbol{X}^{\mathrm{T}}\boldsymbol{A}\boldsymbol{X}=2x_1x_2+2x_3^2+2x_4^2+2x_3x_4,$$

$$\boldsymbol{X}^{\mathrm{T}}\boldsymbol{A}^{-1}\boldsymbol{X}=2x_1x_2+\frac{2}{3}x_3^2+\frac{2}{3}x_4^2-\frac{2}{3}x_3x_4.$$

(2) $|\lambda\boldsymbol{E}-\boldsymbol{A}|=\begin{vmatrix}\lambda&-1&0&0\\-1&\lambda&0&0\\0&0&\lambda-2&-1\\0&0&-1&\lambda-2\end{vmatrix}=(\lambda-1)^2(\lambda-3)(\lambda+1)$,

故 $\boldsymbol{A}$ 的特征值为 $1,1,-1,3$,$\boldsymbol{A}^{-1}$ 的特征值为 $1,1,-1,\frac{1}{3}$.

(3) $\boldsymbol{A}$ 不是正定矩阵.

(4) $\boldsymbol{E}-\boldsymbol{A}=\begin{pmatrix}1&-1&0&0\\-1&1&0&0\\0&0&-1&-1\\0&0&-1&-1\end{pmatrix}\rightarrow\begin{pmatrix}1&-1&0&0\\0&0&1&1\\0&0&0&0\\0&0&0&0\end{pmatrix}$,

特征值 $\lambda_1=\lambda_2=1$ 对应的特征向量

$$\boldsymbol{\alpha}_1=\begin{pmatrix}\frac{1}{\sqrt{2}}\\\frac{1}{\sqrt{2}}\\0\\0\end{pmatrix},\boldsymbol{\alpha}_2=\begin{pmatrix}0\\0\\\frac{1}{\sqrt{2}}\\-\frac{1}{\sqrt{2}}\end{pmatrix};$$

$$-E-A=\begin{pmatrix}-1&-1&0&0\\-1&-1&0&0\\0&0&-3&-1\\0&0&-1&-3\end{pmatrix}\to\begin{pmatrix}1&1&0&0\\0&0&1&0\\0&0&0&1\\0&0&0&0\end{pmatrix},$$

特征值 $\lambda_3=-1$ 对应的特征向量 $\boldsymbol{\alpha}_3=\begin{pmatrix}\frac{1}{\sqrt{2}}\\-\frac{1}{\sqrt{2}}\\0\\0\end{pmatrix}$；

$$3E-A=\begin{pmatrix}3&-1&0&0\\-1&3&0&0\\0&0&1&-1\\0&0&-1&1\end{pmatrix}\to\begin{pmatrix}1&0&0&0\\0&1&0&0\\0&0&1&-1\\0&0&0&0\end{pmatrix},$$

特征值 $\lambda_4=3$ 对应的特征向量 $\boldsymbol{\alpha}_4=\begin{pmatrix}0\\0\\\frac{1}{\sqrt{2}}\\\frac{1}{\sqrt{2}}\end{pmatrix}$.

故取

$$P=\begin{pmatrix}\frac{1}{\sqrt{2}}&0&\frac{1}{\sqrt{2}}&0\\\frac{1}{\sqrt{2}}&0&-\frac{1}{\sqrt{2}}&0\\0&\frac{1}{\sqrt{2}}&0&\frac{1}{\sqrt{2}}\\0&-\frac{1}{\sqrt{2}}&0&\frac{1}{\sqrt{2}}\end{pmatrix},\quad P^{\mathrm{T}}AP=\begin{pmatrix}1&&&\\&1&&\\&&-1&\\&&&3\end{pmatrix}.$$

8. 设有 n 元实二次型

$$f(x_1,x_2,\cdots,x_n)=(x_1+a_1x_2)^2+(x_2+a_2x_3)^2+\cdots+(x_{n-1}+a_{n-1}x_n)^2+(x_n+a_nx_1)^2,$$

其中 $a_i(i=1,2,\cdots,n)$ 为实数，试问：当 $a_1,a_2,\cdots,a_n$ 满足何种条件时，二次型 $f(x_1,x_2,\cdots,x_n)$ 为正定二次型？

解 令 $A=\begin{pmatrix}1 & a_1 & 0 & \cdots & 0\\ 0 & 1 & a_2 & \cdots & 0\\ 0 & 0 & 1 & \cdots & 0\\ \vdots & \vdots & \vdots & & \vdots\\ a_n & 0 & 0 & \cdots & 1\end{pmatrix}$，作变换 $\begin{pmatrix}y_1\\ y_2\\ \vdots\\ y_n\end{pmatrix}=A\begin{pmatrix}x_1\\ x_2\\ \vdots\\ x_n\end{pmatrix}$，则

$$f=y_1^2+y_2^2+\cdots+y_n^2=(y_1,y_2,\cdots,y_n)\begin{pmatrix}y_1\\ y_2\\ \vdots\\ y_n\end{pmatrix}=(x_1,x_2,\cdots,x_n)\,A^{\mathrm{T}}A\begin{pmatrix}x_1\\ x_2\\ \vdots\\ x_n\end{pmatrix}$$

即 f 对应的矩阵为 $A^{\mathrm{T}}A$，显然，对任意非零向量 $x\neq 0$，$x^{\mathrm{T}}A^{\mathrm{T}}Ax\geqslant 0$，要使 f 正定，只需 A 满秩即可．而 $|A|=(-1)^{n+1}a_1a_2\cdots a_n+1$，故当 $a_1a_2\cdots a_n\neq(-1)^n$ 时，f 正定．

9. 设 A 是实对称矩阵，证明：当实数 t 充分大时，$tE+A$ 为正定矩阵．

证 $(tE+A)^{\mathrm{T}}=tE+A^{\mathrm{T}}=tE+A$.

设 λ_i 是 A 的特征值，则 λ_i+t 是 $tE+A$ 的特征值，显然当 t 的取值大于 $\max\{|\lambda_i|\}$ 时，$tE+A$ 的特征值均大于 0，从而 $tE+A$ 是正定矩阵．

10. 设 A 是实对称矩阵，且 $|A|<0$，证明：必存在向量 x_0，使 $x_0^{\mathrm{T}}Ax_0<0$.

证 设 A 的特征值为 $\lambda_1,\lambda_2,\cdots,\lambda_n$，$|A|=\lambda_1\lambda_2\cdots\lambda_n<0$，即 A 必有小于 0 的特征值，不妨假设 $\lambda_1<0$. 同时存在正交矩阵 P，使得作正交变换 $x=Py$，

$$x^{\mathrm{T}}Ax=y^{\mathrm{T}}P^{\mathrm{T}}APy=\lambda_1y_1^2+\lambda_2y_2^2+\cdots+\lambda_ny_n^2,$$

显然取 $y_0=(1,0,\cdots,0)^{\mathrm{T}}$，$x_0=Py_0$，即有 $x_0^{\mathrm{T}}Ax_0=\lambda_1<0$.

11. 设 $f=x^{\mathrm{T}}Ax$ 是一个实二次型，有实 n 维向量 x_1,x_2，使 $x_1^{\mathrm{T}}Ax_1>0$，$x_2^{\mathrm{T}}Ax_2<0$，证明：必有实 n 维非零向量 x_0，使 $x_0^{\mathrm{T}}Ax_0=0$.

证 $f=x^{\mathrm{T}}Ax$ 是定义在 $\mathbf{R}^n$ 上的 n 元连续函数，由连续函数的介值性，即知结论成立．

12. 设 A 为 $m\times n$ 实矩阵，已知 $B=\lambda E+A^{\mathrm{T}}A$，证明：当 $\lambda>0$ 时，矩阵 B 为正定矩阵．

证 对任意的非零向量 x，

$$\begin{aligned}x^{\mathrm{T}}Bx&=x^{\mathrm{T}}(\lambda E+A^{\mathrm{T}}A)x=\lambda x^{\mathrm{T}}x+(x^{\mathrm{T}}A^{\mathrm{T}})(Ax)\\&=\lambda\|x\|^2+\|Ax\|^2\geqslant\lambda\|x\|^2>0\end{aligned}$$

且 $(\lambda E+A^{\mathrm{T}}A)^{\mathrm{T}}=\lambda E+A^{\mathrm{T}}A$，故 $B=\lambda E+A^{\mathrm{T}}A$ 是正定矩阵.

13. 设 $\boldsymbol{A}$ 为实对称矩阵，且 $\boldsymbol{A}^3-3\boldsymbol{A}^2+5\boldsymbol{A}-3\boldsymbol{E}=\boldsymbol{0}$，证明：$\boldsymbol{A}$ 是正定矩阵．

证 若 λ 是 $\boldsymbol{A}$ 的特征值，则必有

$$\lambda^3-3\lambda^2+5\lambda-3=0,$$

而 $\lambda^3-3\lambda^2+5\lambda-3=(\lambda-1)(\lambda^2-2\lambda+3)$ 且 λ 必为实数．故 $\boldsymbol{A}$ 的特征值均为 1. 所以 $\boldsymbol{A}$ 是正定矩阵．

14. 设矩阵 $\boldsymbol{A}=\begin{pmatrix}1&0&1\\0&2&0\\1&0&1\end{pmatrix}$，矩阵 $\boldsymbol{B}=(k\boldsymbol{E}+\boldsymbol{A})^2$，其中 k 为实数，$\boldsymbol{E}$ 为单位矩阵，求对角矩阵 $\boldsymbol{\Lambda}$，使 $\boldsymbol{B}$ 与 $\boldsymbol{\Lambda}$ 相似，并求 k 为何值时，$\boldsymbol{B}$ 为正定矩阵.

解
$$|\lambda\boldsymbol{E}-\boldsymbol{A}|=\begin{vmatrix}\lambda-1&0&-1\\0&\lambda-2&0\\-1&0&\lambda-1\end{vmatrix}=\lambda(\lambda-2)^2.$$

$\boldsymbol{A}$ 的特征值为 $\lambda_1=\lambda_2=2,\lambda_3=0$. 从而存在正交矩阵 $\boldsymbol{P}$，使得

$$\boldsymbol{P}^{-1}\boldsymbol{A}\boldsymbol{P}=\begin{pmatrix}2&&\\&2&\\&&0\end{pmatrix},$$

从而

$$\boldsymbol{P}^{-1}(k\boldsymbol{E}+\boldsymbol{A})^2\boldsymbol{P}=\begin{pmatrix}(k+2)^2&&\\&(k+2)^2&\\&&k^2\end{pmatrix},$$

易见当 $k\neq0$ 且 $k\neq-2$ 时，$\boldsymbol{B}=(k\boldsymbol{E}+\boldsymbol{A})^2$ 是正定矩阵．

15. 设 $\boldsymbol{A}$ 为 n 阶实对称矩阵，$R(\boldsymbol{A})=n$，二次型

$$f(x_1,x_2,\cdots,x_n)=\sum_{i,j=1}^{n}\frac{A_{ij}}{|\boldsymbol{A}|}x_ix_j,$$

(1) 求二次型 f 的矩阵；

(2) 二次型 $g(x_1,x_2,\cdots,x_n)=\boldsymbol{x}^{\mathrm{T}}\boldsymbol{A}\boldsymbol{x}$ 与 $f(x_1,x_2,\cdots,x_n)$ 的规范形是否相同？说明理由．

解 (1) f 对应的矩阵为 $\dfrac{1}{|\boldsymbol{A}|}\boldsymbol{A}^*$，即 $\boldsymbol{A}^{-1}$.

(2) $\boldsymbol{A}^{\mathrm{T}}\boldsymbol{A}^{-1}\boldsymbol{A}=\boldsymbol{A}$，即 $\boldsymbol{A}^{-1}$ 与 $\boldsymbol{A}$ 合同，故 g 与 f 有相同的规范形．

16. 设二次型 $f(x_1,x_2,x_3)=ax_1^2+ax_2^2+(a-1)x_3^2+2x_1x_3-2x_2x_3$.

(1) 求二次型 f 的矩阵的所有特征值．

(2) 若二次型 f 的规范形为 $y_1^2+y_2^2$，求 a 的值．

解 (1) $\boldsymbol{A}=\begin{pmatrix} a & 0 & 1 \\ 0 & a & -1 \\ 1 & -1 & a-1 \end{pmatrix}$,

$$|\lambda\boldsymbol{E}-\boldsymbol{A}|=\begin{vmatrix} \lambda-a & 0 & -1 \\ 0 & \lambda-a & 1 \\ -1 & 1 & \lambda-a+1 \end{vmatrix}=(\lambda-a)\begin{vmatrix} \lambda-a & 1 \\ 1 & \lambda-a+1 \end{vmatrix}-\begin{vmatrix} 0 & \lambda-a \\ -1 & 1 \end{vmatrix}$$

$$=(\lambda-a)(\lambda-a+2)(\lambda-a-1),$$

因此,$\lambda_1=a,\lambda_2=a-2,\lambda_3=a+1.$

(2) 若规范形为 $y_1^2+y_2^2$,说明有两个特征值为正,一个为 0,则

① 若 $\lambda_1=a=0$,则 $\lambda_2=-2<0,\lambda_3=1$,不符合题意 .

② 若 $\lambda_2=0$,即 $a=2$,则 $\lambda_1=2>0,\lambda_3=3>0$,符合 .

③ 若 $\lambda_3=0$,即 $a=-1$,则 $\lambda_1=-1<0,\lambda_2=-3<0$,不符合题意 .

综上所述,故 $a=2$.

Ⅳ 补充习题

1. 选择题

(1) n 阶实对称阵 $\boldsymbol{A}$ 正定的充分必要条件是(　　).

(A) $|\boldsymbol{A}|>0$　　(B) $\boldsymbol{A}$ 的负惯性指数为零

(C) $\boldsymbol{A}^2$正定　　(D) 存在 n 阶可逆方阵 $\boldsymbol{C}$,使得 $\boldsymbol{A}=\boldsymbol{C}^{\mathrm{T}}\boldsymbol{C}$

(2) 设 $\boldsymbol{A}$ 与 $\boldsymbol{B}$ 是同阶正定矩阵,则(　　).

(A) $\boldsymbol{AB}$ 与 $\boldsymbol{A}+\boldsymbol{B}$ 都正定　　(B) $\boldsymbol{AB}$ 正定, $\boldsymbol{A}+\boldsymbol{B}$ 非正定

(C) $\boldsymbol{AB}$ 非正定, $\boldsymbol{A}+\boldsymbol{B}$ 正定　　(D) $\boldsymbol{AB}$ 不一定正定, $\boldsymbol{A}+\boldsymbol{B}$ 正定

(3) 矩阵(　　)合同于$\begin{pmatrix} -2 & 0 & 0 \\ 0 & \frac{1}{2} & 0 \\ 0 & 0 & 5 \end{pmatrix}$.

(A) $\begin{pmatrix} 1 & 0 & 0 \\ 0 & 1 & 0 \\ 0 & 0 & -1 \end{pmatrix}$　　(B) $\begin{pmatrix} 3 & 0 & 0 \\ 0 & 2 & 0 \\ 0 & 0 & 0 \end{pmatrix}$

(C) $\begin{pmatrix} -1 & 0 & 0 \\ 0 & -1 & 0 \\ 0 & 0 & 1 \end{pmatrix}$　　(D) $\begin{pmatrix} 2 & 0 & 0 \\ 0 & 2 & 0 \\ 0 & 0 & 1 \end{pmatrix}$

(4) 矩阵 $\boldsymbol{A}=\begin{pmatrix}1&1\\1&1\end{pmatrix}$ 与 $\boldsymbol{B}=\begin{pmatrix}2&0\\0&0\end{pmatrix}$ 的关系是(　　).

(A) 合同但不相似　　(B) 合同且相似

(C) 相似但不合同　　(D) 不合同也不相似

2. 设 $\boldsymbol{A}=\begin{pmatrix}0&0&1\\0&1&0\\1&0&0\end{pmatrix},\boldsymbol{x}=\begin{pmatrix}x_1\\x_2\\x_3\end{pmatrix},\boldsymbol{E}=\begin{pmatrix}1&0&0\\0&1&0\\0&0&1\end{pmatrix}$,

(1) 求正交矩阵 $\boldsymbol{C}$ 和对角矩阵 $\boldsymbol{B}$,使 $\boldsymbol{C}^{\mathrm{T}}\boldsymbol{AC}=\boldsymbol{B}$;

(2) 用正交变换把实二次型 $f(x_1,x_2,x_3)=\boldsymbol{x}^{\mathrm{T}}(\boldsymbol{A}+\boldsymbol{E})\boldsymbol{x}$ 化为标准形,并给出所用的正交变换.

3. 证明:若 $\boldsymbol{A}$ 既是正定矩阵,又是正交矩阵,则 $\boldsymbol{A}$ 是单位矩阵.

4. 设 n 阶实对称矩阵 $\boldsymbol{A}$ 与 $\boldsymbol{B}$ 相似,证明:存在正交矩阵 $\boldsymbol{Q}$,使得 $\boldsymbol{Q}^{\mathrm{T}}\boldsymbol{AQ}=\boldsymbol{B}$.

5. 设 $\boldsymbol{A}$ 是 n 阶正定矩阵,$\boldsymbol{Q}$ 是 n 阶矩阵,证明:$\boldsymbol{A}^{-1}+\boldsymbol{Q}^{\mathrm{T}}\boldsymbol{Q}$ 是正定矩阵.

6. 设 $\begin{pmatrix}a_{11}&a_{12}&\cdots&a_{1n}\\a_{21}&a_{22}&\cdots&a_{2n}\\\vdots&\vdots&&\vdots\\a_{n1}&a_{n2}&\cdots&a_{nn}\end{pmatrix}$ 是正定矩阵,证明:对任意非零实数 $b_1,b_2,\cdots,b_n$,矩阵

$$\begin{pmatrix}a_{11}b_1b_1&a_{12}b_1b_2&\cdots&a_{1n}b_1b_n\\a_{21}b_2b_1&a_{22}b_2b_2&\cdots&a_{2n}b_2b_n\\\vdots&\vdots&&\vdots\\a_{n1}b_nb_1&a_{n2}b_nb_2&\cdots&a_{nn}b_nb_n\end{pmatrix}$$

也是正定矩阵.

7. 证明:$\boldsymbol{A}$ 是正定矩阵的充分必要条件是存在可逆对称矩阵 $\boldsymbol{B}$,使得 $\boldsymbol{A}=\boldsymbol{B}^2$.

8. 证明:若 $R(\boldsymbol{A}_{m\times n})=n$,则 $\boldsymbol{A}^{\mathrm{T}}\boldsymbol{A}$ 是正定矩阵.

第　七　章

应用问题

Ⅰ　教学基本要求

1. 了解二次方程化标准形.
2. 了解递归关系式的矩阵解法.
3. 了解投入产出数学模型.

Ⅱ　典型方法与范例

一、二次方程化标准形

例 1　将二次圆锥曲线方程 $f(x,y)=6x^2-6xy+6y^2-12x+9y+1=0$ 化为标准形,并指出它的形状.

解　记 $\boldsymbol{A}=\begin{pmatrix}6&-3\\-3&6\end{pmatrix}$, $\boldsymbol{\alpha}=\begin{pmatrix}x\\y\end{pmatrix}$, $\boldsymbol{\beta}_0=\begin{pmatrix}-12\\9\end{pmatrix}$, 则

$$f=\boldsymbol{\alpha}^{\mathrm{T}}\boldsymbol{A}\boldsymbol{\alpha}+\boldsymbol{\beta}_0^{\mathrm{T}}\boldsymbol{\alpha}+1,\ |\lambda\boldsymbol{E}-\boldsymbol{A}|=(\lambda-3)(\lambda-9),$$

$\boldsymbol{A}$ 的特征值为 $\lambda_1=3,\lambda_2=9$. $\lambda_1=3$ 的特征向量 $\boldsymbol{\alpha}_1=\begin{pmatrix}\frac{1}{\sqrt{2}}\\\frac{1}{\sqrt{2}}\end{pmatrix}$, $\lambda_2=9$ 的特征向量 $\boldsymbol{\alpha}_2=\begin{pmatrix}\frac{1}{\sqrt{2}}\\-\frac{1}{\sqrt{2}}\end{pmatrix}$.

作正交变换 $\begin{pmatrix} x \\ y \end{pmatrix} = \begin{pmatrix} \frac{1}{\sqrt{2}} & \frac{1}{\sqrt{2}} \\ \frac{1}{\sqrt{2}} & -\frac{1}{\sqrt{2}} \end{pmatrix} \begin{pmatrix} x_1 \\ y_1 \end{pmatrix}$，则有

$$f = 3\left(x_1 - \frac{1}{2\sqrt{2}}\right)^2 + 9\left(y_1 - \frac{7}{6\sqrt{2}}\right)^2 - \frac{11}{2},$$

即方程的标准形为

$$3\left(x_1 - \frac{1}{2\sqrt{2}}\right)^2 + 9\left(y_1 - \frac{7}{6\sqrt{2}}\right)^2 = \frac{11}{2}.$$

它表示的是一个椭圆.

例 2　将二次曲面方程 $f(x_1, x_2, x_3) = 4x_1^2 - 6x_2^2 - 6x_3^2 - 4x_2x_3 - 4x_1 + 4x_2 + 4x_3 - 5 = 0$ 化为标准形，并指出它的形状.

解　记 $\boldsymbol{A} = \begin{pmatrix} 4 & 0 & 0 \\ 0 & -6 & -2 \\ 0 & -2 & -6 \end{pmatrix}$，$\boldsymbol{x} = \begin{pmatrix} x_1 \\ x_2 \\ x_3 \end{pmatrix}$，$\boldsymbol{\alpha} = \begin{pmatrix} -4 \\ 4 \\ 4 \end{pmatrix}$，则

$$f = \boldsymbol{x}^{\mathrm{T}}\boldsymbol{A}\boldsymbol{x} + \boldsymbol{\alpha}^{\mathrm{T}}\boldsymbol{x} - 5,\ |\lambda\boldsymbol{E} - \boldsymbol{A}| = (\lambda - 4)(\lambda + 4)(\lambda + 8),$$

$\boldsymbol{A}$ 的特征值为 $\lambda_1 = 4, \lambda_2 = -4, \lambda_3 = -8$.

$\lambda_1 = 4$ 的特征向量 $\boldsymbol{\alpha}_1 = \begin{pmatrix} 1 \\ 0 \\ 0 \end{pmatrix}$，$\lambda_2 = -4$ 的特征向量 $\boldsymbol{\alpha}_2 = \begin{pmatrix} 0 \\ \frac{1}{\sqrt{2}} \\ -\frac{1}{\sqrt{2}} \end{pmatrix}$，$\lambda_3 = -8$ 的特征向量 $\boldsymbol{\alpha}_3 = \begin{pmatrix} 0 \\ \frac{1}{\sqrt{2}} \\ \frac{1}{\sqrt{2}} \end{pmatrix}$.

作正交变换 $\begin{pmatrix} x_1 \\ x_2 \\ x_3 \end{pmatrix} = \begin{pmatrix} 1 & 0 & 0 \\ 0 & \frac{1}{\sqrt{2}} & \frac{1}{\sqrt{2}} \\ 0 & -\frac{1}{\sqrt{2}} & \frac{1}{\sqrt{2}} \end{pmatrix} \begin{pmatrix} y_1 \\ y_2 \\ y_3 \end{pmatrix}$，则有

$$f = 4\left(y_1 - \frac{1}{2}\right)^2 - 4y_2^2 - 8\left(y_3 - \frac{\sqrt{2}}{4}\right)^2 - 5,$$

标准形方程为

$$4\left(y_1 - \frac{1}{2}\right)^2 - 4y_2^2 - 8\left(y_3 - \frac{\sqrt{2}}{4}\right)^2 = 5.$$

它表示双叶双曲面.

二、递归关系式的矩阵解法

例 3 在某国,每年有比例为 p 的农村居民移居城镇,有比例为 q 的城镇居民移居农村. 假设该国总人口数不变,且上述人口迁移的规律也不变. 把 n 年后农村人口和城镇人口的比例依次记为 x_n 和 y_n($x_n+y_n=1$). 设目前农村人口与城镇人口相等,即 $\begin{pmatrix} x_0 \\ y_0 \end{pmatrix} = \begin{pmatrix} 0.5 \\ 0.5 \end{pmatrix}$,求 $\begin{pmatrix} x_n \\ y_n \end{pmatrix}$.

解 由题意知

$$\begin{cases} x_n = (1-p)x_{n-1} + qy_{n-1}, \\ y_n = px_{n-1} + (1-q)y_{n-1}, \end{cases}$$

令 $\boldsymbol{\alpha}_n = \begin{pmatrix} x_n \\ y_n \end{pmatrix}$, $\boldsymbol{A} = \begin{pmatrix} 1-p & q \\ p & 1-q \end{pmatrix}$, 即有

$$\boldsymbol{\alpha}_n = \boldsymbol{A}\boldsymbol{\alpha}_{n-1},$$

从而 $\boldsymbol{\alpha}_n = \boldsymbol{A}^n\boldsymbol{\alpha}_0$.

经计算可得 $\boldsymbol{A}$ 的特征值为 $\lambda_1 = 1, \lambda_2 = 1-p-q$, 对应的特征向量分别为

$$\boldsymbol{\beta}_1 = \begin{pmatrix} q \\ p \end{pmatrix}, \qquad \boldsymbol{\beta}_2 = \begin{pmatrix} 1 \\ -1 \end{pmatrix}.$$

易知

$$\boldsymbol{\alpha}_0 = \begin{pmatrix} 0.5 \\ 0.5 \end{pmatrix} = \frac{1}{p+q}\boldsymbol{\beta}_1 + \frac{1}{2}\frac{p-q}{p+q}\boldsymbol{\beta}_2,$$

$$\begin{aligned} \boldsymbol{\alpha}_n &= \boldsymbol{A}^n\boldsymbol{\alpha}_0 = \boldsymbol{A}^n\left(\frac{1}{p+q}\boldsymbol{\beta}_1 + \frac{1}{2}\frac{p-q}{p+q}\boldsymbol{\beta}_2\right) \\ &= \frac{1}{p+q}\boldsymbol{A}^n\boldsymbol{\beta}_1 + \frac{1}{2}\frac{p-q}{p+q}\boldsymbol{A}^n\boldsymbol{\beta}_2 \\ &= \frac{1}{p+q}\boldsymbol{\beta}_1 + \frac{1}{2}\frac{p-q}{p+q}(1-p-q)^n\boldsymbol{\beta}_2 \end{aligned}$$

$$=\begin{pmatrix}\dfrac{q}{p+q}+\dfrac{1}{2}\dfrac{p-q}{p+q}(1-p-q)^n\\ \dfrac{p}{p+q}-\dfrac{1}{2}\dfrac{p-q}{p+q}(1-p-q)^n\end{pmatrix}.$$

三、投入产出数学模型

例 4　设某一经济系统在某生产周期内的直接消耗系数矩阵 $\boldsymbol{A}$ 和最终产品列向量 $\boldsymbol{Y}$ 如下：

$$\boldsymbol{A}=\begin{pmatrix}0.25&0.1&0.1\\0.2&0.2&0.1\\0.1&0.1&0.2\end{pmatrix},\quad \boldsymbol{Y}=\begin{pmatrix}245\\90\\175\end{pmatrix}.$$

求该系统在这一生产周期内的总产值列向量 $\boldsymbol{X}$ 和中间产品 $x_{ij}(i,j=1,2,3)$.

解　(1) 用消元法直接解线性方程组 $(\boldsymbol{E}-\boldsymbol{A})\boldsymbol{X}=\boldsymbol{Y}$ 或用公式 $\boldsymbol{X}=(\boldsymbol{E}-\boldsymbol{A})^{-1}\boldsymbol{Y}$ 便可求得 $\boldsymbol{X}=(400,250,300)^{\mathrm{T}}$.

(2) 由 $x_{ij}=a_{ij}\boldsymbol{x}_j(i,j=1,2,3)$，按 $\boldsymbol{x}_1=400,\boldsymbol{x}_2=250,\boldsymbol{x}_3=300$ 便可求得

$$x_{11}=100,x_{12}=25,x_{13}=30,x_{21}=80,x_{22}=50,$$
$$x_{23}=30,x_{31}=40,x_{32}=25,x_{33}=60.$$

四、基于二次型理论的最优化问题

1. 正定性在求极值问题中的应用

设 n 元函数 $f(x_1,x_2,\cdots,x_n)$ 在点 $P_0(x_1^0,x_2^0,\cdots,x_n^0)$ 的某个邻域内有二阶连续偏导函数,黑塞矩阵

$$\boldsymbol{A}=\begin{pmatrix}\dfrac{\partial^2 f}{\partial x_1^2}&\dfrac{\partial^2 f}{\partial x_1\partial x_2}&\cdots&\dfrac{\partial^2 f}{\partial x_1\partial x_n}\\ \dfrac{\partial^2 f}{\partial x_2\partial x_1}&\dfrac{\partial^2 f}{\partial x_2^2}&\cdots&\dfrac{\partial^2 f}{\partial x_2\partial x_n}\\ \vdots&\vdots&&\vdots\\ \dfrac{\partial^2 f}{\partial x_n\partial x_1}&\dfrac{\partial^2 f}{\partial x_n\partial x_2}&\cdots&\dfrac{\partial^2 f}{\partial x_n^2}\end{pmatrix}.$$

$f(x_1,x_2,\cdots,x_n)$ 在点 $P_0(x_1^0,x_2^0,\cdots,x_n^0)$ 取得极值的必要条件为

$$\left(\frac{\partial f}{\partial x_1},\frac{\partial f}{\partial x_2},\cdots,\frac{\partial f}{\partial x_n}\right)^{\mathrm{T}}_{P_0}=\boldsymbol{0},$$

此时,

(1) $\boldsymbol{A}$ 正定,$f(x_1,x_2,\cdots,x_n)$ 在 $P_0(x_1^0,x_2^0,\cdots,x_n^0)$ 取得极小值;

(2) $\boldsymbol{A}$ 负定,$f(x_1,x_2,\cdots,x_n)$ 在 $P_0(x_1^0,x_2^0,\cdots,x_n^0)$ 取得极大值.

2. 二次型

$f=\boldsymbol{x}^{\mathrm{T}}\boldsymbol{A}\boldsymbol{x}$ 在 $\|\boldsymbol{x}\|=1$ 时的最大值为对称阵 $\boldsymbol{A}$ 的最大特征值,此时 $\boldsymbol{x}$ 为最大特征值对应的单位特征向量.

例 5 求函数 $f=3xy-x^3-y^3$ 的极值.

解
$$\begin{cases}\dfrac{\partial f}{\partial x}=3y-3x^2=0,\\[2mm] \dfrac{\partial f}{\partial y}=3x-3y^2=0,\end{cases}$$

解得驻点 $P_1(0,0)$,$P_2(1,1)$.黑塞矩阵

$$\boldsymbol{A}=\begin{pmatrix}-6x & 3\\ 3 & -6y\end{pmatrix}.$$

在 $P_1(0,0)$ 处,$\boldsymbol{A}=\begin{pmatrix}0 & 3\\ 3 & 0\end{pmatrix}$ 既不是正定的,又不是负定的.显然,在 $P_1(0,0)$ 的任意小的 ε 邻域内总可取两点,例如 $\left(\dfrac{\varepsilon}{2},0\right)$ 和 $\left(0,-\dfrac{\varepsilon}{2}\right)$,有 $f\left(\dfrac{\varepsilon}{2},0\right)<0$,$f\left(0,-\dfrac{\varepsilon}{2}\right)>0$,故 $P_1(0,0)$ 不是极值点;在 $P_2(1,1)$ 处,$\boldsymbol{A}=\begin{pmatrix}-6 & 3\\ 3 & -6\end{pmatrix}$ 负定,函数取得极大值,其极大值为 $f(1,1)=1$.

例 6 求 $f=2x_1^2+3x_2^2+4x_2x_3+3x_3^2$ 在 $x_1^2+x_2^2+x_3^2=1$ 条件下的最大值以及取得最大值的 x_1,x_2,x_3.

解 $f=\boldsymbol{x}^{\mathrm{T}}\boldsymbol{A}\boldsymbol{x}$,其中

$$\boldsymbol{A}=\begin{pmatrix}2 & 0 & 0\\ 0 & 3 & 2\\ 0 & 2 & 3\end{pmatrix}.$$

$\boldsymbol{A}$ 的特征多项式为 $|\lambda\boldsymbol{E}-\boldsymbol{A}|=(\lambda-1)(\lambda-2)(\lambda-5)$,$f$ 在 $x_1^2+x_2^2+x_3^2=1$ 条件下的最大值为 5.求解 $(5\boldsymbol{E}-\boldsymbol{A})\boldsymbol{x}=\boldsymbol{0}$,得特征值 5 对应的单位特征向量

$$\begin{pmatrix}x_1\\ x_2\\ x_3\end{pmatrix}=\begin{pmatrix}0\\ \dfrac{1}{\sqrt{2}}\\ \dfrac{1}{\sqrt{2}}\end{pmatrix}.$$

即 f 在 $x_1^2+x_2^2+x_3^2=1$ 条件下的最大值为 5,此时 $x_1=0, x_2=\frac{1}{\sqrt{2}}, x_3=\frac{1}{\sqrt{2}}$.

Ⅲ　习题选解

习题 7-1　二次曲面方程化标准形

1. 将下列二次圆锥曲线方程化为标准形,并指出它们的形状:

(1) $f(x,y)=6x^2-6xy+6y^2-12x+9y+1=0$.

解　见例 1.

(2) $f(x,y)=x^2+4y^2-4xy+2x+6y+5=0$.

解　记 $\boldsymbol{A}=\begin{pmatrix}1&-2\\-2&4\end{pmatrix}$, $\boldsymbol{\alpha}=\begin{pmatrix}x\\y\end{pmatrix}$, $\boldsymbol{\beta}_0=\begin{pmatrix}2\\6\end{pmatrix}$,则

$$f=\boldsymbol{\alpha}^{\mathrm{T}}\boldsymbol{A}\boldsymbol{\alpha}+\boldsymbol{\beta}_0^{\mathrm{T}}\boldsymbol{\alpha}+5,\ |\lambda\boldsymbol{E}-\boldsymbol{A}|=\lambda(\lambda-5),$$

$\boldsymbol{A}$ 的特征值为 $\lambda_1=0, \lambda_2=5$.

$\lambda_1=0$ 的特征向量 $\boldsymbol{\alpha}_1=\begin{pmatrix}\frac{2}{\sqrt{5}}\\\frac{1}{\sqrt{5}}\end{pmatrix}$, $\lambda_2=5$ 的特征向量 $\boldsymbol{\alpha}_2=\begin{pmatrix}-\frac{1}{\sqrt{5}}\\\frac{2}{\sqrt{5}}\end{pmatrix}$,作正交变换

$\begin{pmatrix}x\\y\end{pmatrix}=\begin{pmatrix}\frac{2}{\sqrt{5}}&-\frac{1}{\sqrt{5}}\\\frac{1}{\sqrt{5}}&\frac{2}{\sqrt{5}}\end{pmatrix}\begin{pmatrix}x_1\\y_1\end{pmatrix}$,则有

$$f=5\left(y_1+\frac{1}{\sqrt{5}}\right)^2+2\sqrt{5}x_1+4,$$

即方程的标准形为

$$x_1+\frac{2\sqrt{5}}{5}=-\frac{\sqrt{5}}{2}\left(y_1+\frac{1}{\sqrt{5}}\right)^2.$$

它表示抛物线.

2. 将下列二次曲面方程化为标准形,并指出它们的形状:

(1) $f(x_1,x_2,x_3)=2x_1^2+x_2^2-4x_1x_2-4x_2x_3+6x_1-3x_3+1=0$;

解 记 $\boldsymbol{A}=\begin{pmatrix}2&-2&0\\-2&1&-2\\0&-2&0\end{pmatrix}$, $\boldsymbol{x}=\begin{pmatrix}x_1\\x_2\\x_3\end{pmatrix}$, $\boldsymbol{\alpha}=\begin{pmatrix}6\\0\\-3\end{pmatrix}$ 则

$$f=\boldsymbol{x}^{\mathrm{T}}\boldsymbol{A}\boldsymbol{x}+\boldsymbol{\alpha}^{\mathrm{T}}\boldsymbol{x}+1,$$

$$|\lambda\boldsymbol{E}-\boldsymbol{A}|=(\lambda-1)(\lambda-4)(\lambda+2).$$

$\boldsymbol{A}$ 的特征值为 $\lambda_1=1,\lambda_2=4,\lambda_3=-2$. $\lambda_1=1$ 对应的特征向量 $\boldsymbol{\alpha}_1=\begin{pmatrix}\frac{2}{3}\\\frac{1}{3}\\-\frac{2}{3}\end{pmatrix}$,

$\lambda_2=4$ 对应的特征向量 $\boldsymbol{\alpha}_2=\begin{pmatrix}\frac{2}{3}\\-\frac{2}{3}\\\frac{1}{3}\end{pmatrix}$, $\lambda_3=-2$ 对应的特征向量 $\boldsymbol{\alpha}_3=\begin{pmatrix}\frac{1}{3}\\\frac{2}{3}\\\frac{2}{3}\end{pmatrix}$.

作正交变换 $\begin{pmatrix}x_1\\x_2\\x_3\end{pmatrix}=\begin{pmatrix}\frac{2}{3}&\frac{2}{3}&\frac{1}{3}\\\frac{1}{3}&-\frac{2}{3}&\frac{2}{3}\\-\frac{2}{3}&\frac{1}{3}&\frac{2}{3}\end{pmatrix}\begin{pmatrix}y_1\\y_2\\y_3\end{pmatrix}$,则有

$$f=(y_1+3)^2+4\left(y_2+\frac{3}{8}\right)^2-2y_3^2-\frac{137}{16}.$$

标准形方程为

$$(y_1+3)^2+4\left(y_2+\frac{3}{8}\right)^2-2y_3^2=\frac{137}{16}.$$

它表示单叶双曲面.

(2) $f(x_1,x_2,x_3)=4x_1^2-6x_2^2-6x_3^2-4x_2x_3-4x_1+4x_2+4x_3-5=0$.

解 见例 2.

习题 7-2 递归关系式的矩阵解法

1. 某高楼共有 n 级楼梯,如果每步只能跨上一级或两级,若要登顶,问共有

多少种不同的攀登方式？

解 记 F_n 为登上 n 级台阶的不同方式数，则

$$F_1 = 1,\ F_2 = 2,\ F_{n+2} = F_{n+1} + F_n,$$

从而

$$\begin{pmatrix} F_{n+2} \\ F_{n+1} \end{pmatrix} = \begin{pmatrix} 1 & 1 \\ 1 & 0 \end{pmatrix}\begin{pmatrix} F_{n+1} \\ F_n \end{pmatrix}.$$

令 $\boldsymbol{\alpha}_n = \begin{pmatrix} F_{n+1} \\ F_n \end{pmatrix}, \boldsymbol{A} = \begin{pmatrix} 1 & 1 \\ 1 & 0 \end{pmatrix}$，则 $\boldsymbol{\alpha}_{n+1} = \boldsymbol{A}\boldsymbol{\alpha}_n$，

$$\boldsymbol{\alpha}_n = \boldsymbol{A}^{n-1}\boldsymbol{\alpha}_1,$$

易知 $\boldsymbol{A}$ 的特征值为 $\lambda_1 = \dfrac{1+\sqrt{5}}{2}, \lambda_2 = \dfrac{1-\sqrt{5}}{2}$. 对应的特征向量

$$\boldsymbol{\beta}_1 = \begin{pmatrix} \lambda_1 \\ 1 \end{pmatrix},\ \boldsymbol{\beta}_2 = \begin{pmatrix} \lambda_2 \\ 1 \end{pmatrix}.$$

$$\boldsymbol{\alpha}_1 = \begin{pmatrix} 2 \\ 1 \end{pmatrix} = \frac{5+3\sqrt{5}}{10}\boldsymbol{\beta}_1 + \frac{5-3\sqrt{5}}{10}\boldsymbol{\beta}_2,$$

故

$$\boldsymbol{\alpha}_n = \frac{5+3\sqrt{5}}{10}\lambda_1^{n-1}\boldsymbol{\beta}_1 + \frac{5-3\sqrt{5}}{10}\lambda_2^{n-1}\boldsymbol{\beta}_2,$$

$$F_n = \frac{5+3\sqrt{5}}{10}\left(\frac{1+\sqrt{5}}{2}\right)^{n-1} + \frac{5-3\sqrt{5}}{10}\left(\frac{1-\sqrt{5}}{2}\right)^{n-1}.$$

2. 用矩阵方法解递归关系式

$$u_{n+2} = u_{n+1} + 2u_n, u_1 = 0, u_2 = 1.$$

解 $\begin{cases} u_{n+2} = u_{n+1} + 2u_n, \\ u_{n+1} = u_{n+1}. \end{cases}$

令 $\boldsymbol{\alpha}_n = \begin{pmatrix} u_{n+1} \\ u_n \end{pmatrix}, \boldsymbol{A} = \begin{pmatrix} 1 & 2 \\ 1 & 0 \end{pmatrix}$. $\boldsymbol{\alpha}_1 = \begin{pmatrix} 1 \\ 0 \end{pmatrix}$，则 $\boldsymbol{\alpha}_n = \boldsymbol{A}\boldsymbol{\alpha}_{n-1}$，

$$\boldsymbol{\alpha}_n = \boldsymbol{A}^{n-1}\boldsymbol{\alpha}_1.$$

易知 $\boldsymbol{A}$ 的特征根为 $\lambda_1 = 2, \lambda_2 = -1$. 对应的特征向量分别为

$$\boldsymbol{\beta}_1 = \begin{pmatrix} 2 \\ 1 \end{pmatrix},\ \boldsymbol{\beta}_2 = \begin{pmatrix} 1 \\ -1 \end{pmatrix}.$$

$$\boldsymbol{\alpha}_1 = \begin{pmatrix} 1 \\ 0 \end{pmatrix} = \frac{1}{3}\boldsymbol{\beta}_1 + \frac{1}{3}\boldsymbol{\beta}_2,$$

从而

$$\boldsymbol{\alpha}_n = \boldsymbol{A}^{n-1}\boldsymbol{\alpha}_1 = \boldsymbol{A}^{n-1}\left(\frac{1}{3}\boldsymbol{\beta}_1 + \frac{1}{3}\boldsymbol{\beta}_2\right) = \frac{1}{3}\cdot 2^{n-1}\boldsymbol{\beta}_1 + \frac{1}{3}\cdot(-1)^{n-1}\boldsymbol{\beta}_2.$$

即有 $u_n = \frac{1}{3}[2^{n-1} + (-1)^n]$.

3. 设数列$\{a_n\}$为

$$0,\frac{1}{2},\frac{1}{4},\frac{3}{8},\frac{5}{16},\frac{11}{32},\cdots,$$

从第三个数起,每个数是前两个数的平均值,即

$$a_{n+2} = \frac{1}{2}(a_{n+1} + a_n),n = 1,2,\cdots.$$

试求 a_n及$\lim\limits_{n\to\infty} a_n$.

解 $\begin{cases} a_{n+2} = \frac{1}{2}a_{n+1} + \frac{1}{2}a_n, \\ a_{n+1} = a_{n+1}. \end{cases}$

令 $\boldsymbol{\alpha}_n = \begin{pmatrix} a_{n+1} \\ a_n \end{pmatrix}, \boldsymbol{A} = \begin{pmatrix} \frac{1}{2} & \frac{1}{2} \\ 1 & 0 \end{pmatrix}, \boldsymbol{\alpha}_1 = \begin{pmatrix} \frac{1}{2} \\ 0 \end{pmatrix}$, 则有 $\boldsymbol{\alpha}_n = \boldsymbol{A}\boldsymbol{\alpha}_{n-1}$,从而

$$\boldsymbol{\alpha}_n = \boldsymbol{A}^{n-1}\boldsymbol{\alpha}_1.$$

易知 $\boldsymbol{A}$ 的特征值为 $\lambda_1 = 1,\lambda_2 = -\frac{1}{2}$. 对应的特征向量分别为

$$\boldsymbol{\beta}_1 = \begin{pmatrix} 1 \\ 1 \end{pmatrix},\boldsymbol{\beta}_2 = \begin{pmatrix} \frac{1}{2} \\ -1 \end{pmatrix}.$$

$$\boldsymbol{\alpha}_1 = \begin{pmatrix} \frac{1}{2} \\ 0 \end{pmatrix} = \frac{1}{3}\boldsymbol{\beta}_1 + \frac{1}{3}\boldsymbol{\beta}_2,$$

从而

$$\boldsymbol{\alpha}_n = \boldsymbol{A}^{n-1}\boldsymbol{\alpha}_1 = \boldsymbol{A}^{n-1}\left(\frac{1}{3}\boldsymbol{\beta}_1 + \frac{1}{3}\boldsymbol{\beta}_2\right) = \frac{1}{3}\boldsymbol{\beta}_1 + \frac{1}{3}\cdot\left(-\frac{1}{2}\right)^{n-1}\boldsymbol{\beta}_2,$$

即有 $a_n = \frac{1}{3}\left[1 + \frac{(-1)^n}{2^{n-1}}\right]$, 进而

$$\lim_{n\to\infty} a_n = \frac{1}{3}.$$

习题 7-3 投入产出数学模型

1. 某工厂有三个车间,各车间的一年生产情况如下表所示:

单位：万元

投入		产出				
		车间			出厂产量	总产值
		Ⅰ	Ⅱ	Ⅲ		
车间	Ⅰ	100	25	30	y_1	400
	Ⅱ	80	50	30	y_2	250
	Ⅲ	40	25	60	y_3	300
新创造价值		z_1	z_2	z_3		
总产值		400	250	300		

求：(1) 各车间的出厂产量 y_1, y_2, y_3；

(2) 各车间的新创造价值 z_1, z_2, z_3；

(3) 直接消耗系数矩阵 $\boldsymbol{A}$.

解　(1) $y_1 = 400-(100+25+30) = 245, y_2 = 250-(80+50+30) = 90,$
$y_3 = 300-(40+25+60) = 175$；

(2) $z_1 = 400-(100+80+40) = 180, z_2 = 250-(25+50+25) = 150,$
$z_3 = 300-(30+30+60) = 180$；

(3) $$\boldsymbol{A} = \begin{pmatrix} 0.25 & 0.10 & 0.10 \\ 0.20 & 0.20 & 0.10 \\ 0.10 & 0.10 & 0.20 \end{pmatrix}.$$

2. 设某一经济系统在所考察期内部门投入产出情况如下表所示：

单位：万元

投入		产出				
		消耗部门			最终产品	总产品
		Ⅰ	Ⅱ	Ⅲ		
生产部门	Ⅰ	50	110	100	240	500
	Ⅱ	20	15	40	175	250
	Ⅲ	10	15	80	195	300
新创造价值		420	110	80		
总产值		500	250	300		

求：(1) 计算直接消耗系数矩阵 $\boldsymbol{A}$；

(2) 完全消耗系数矩阵 $\boldsymbol{C}$.

解　(1) $$\boldsymbol{A} = \begin{pmatrix} 0.10 & 0.44 & 0.33 \\ 0.04 & 0.06 & 0.13 \\ 0.02 & 0.06 & 0.27 \end{pmatrix};$$

(2) $\boldsymbol{C}=(\boldsymbol{E}-\boldsymbol{A})^{-1}-\boldsymbol{E}=\begin{pmatrix}0.170 & 0.571 & 0.563\\ 0.054 & 0.104 & 0.223\\ 0.035 & 0.106 & 0.391\end{pmatrix}$.

3. 已知某经济系统报告期的直接消耗系数矩阵为 $\boldsymbol{A}=\begin{pmatrix}0.2 & 0.2 & 0.3125\\ 0.14 & 0.15 & 0.25\\ 0.16 & 0.5 & 0.1875\end{pmatrix}$,如果计划期最终产品分别确定为 $y_1=60$ 万元,$y_2=55$ 万元,$y_3=120$ 万元,试求:计划期的各部门总产品 x_1,x_2,x_3.

解 已知 $\boldsymbol{Y}=\begin{pmatrix}60\\ 55\\ 120\end{pmatrix}$,将 $\boldsymbol{A},\boldsymbol{Y}$ 代入 $\boldsymbol{X}=(\boldsymbol{E}-\boldsymbol{A})^{-1}\boldsymbol{Y}$,得

$$\boldsymbol{X}=\begin{pmatrix}0.80 & -0.20 & -0.3125\\ -0.14 & 0.85 & -0.25\\ -0.16 & -0.50 & 0.8125\end{pmatrix}^{-1}\begin{pmatrix}60\\ 55\\ 120\end{pmatrix}=\begin{pmatrix}250\\ 200\\ 320\end{pmatrix},$$

故 $x_1=250,x_2=200,x_3=320$.

4. 已知某经济系统在一个生产周期内直接消耗系数矩阵 $\boldsymbol{A}$ 和最终产品 $\boldsymbol{Y}$(单位:万元)分别为

$$\boldsymbol{A}=\begin{pmatrix}0.2 & 0.3 & 0.2\\ 0.4 & 0.1 & 0.3\\ 0.3 & 0.5 & 0.2\end{pmatrix},\quad \boldsymbol{Y}=\begin{pmatrix}150\\ 200\\ 210\end{pmatrix}$$

试求:(1) 各部门的总产品 $\boldsymbol{X}$;

(2) 当最终产品分别增加 40,20 和 25 万元时的总产品.

解 (1) $\boldsymbol{X}=(\boldsymbol{E}-\boldsymbol{A})^{-1}\boldsymbol{Y}=\begin{pmatrix}879.50\\ 1\,023.85\\ 1\,232.22\end{pmatrix}$;

(2) $\Delta\boldsymbol{Y}=\begin{pmatrix}40\\ 20\\ 25\end{pmatrix}$,

调整后的总产品为 $\boldsymbol{X}+\Delta\boldsymbol{X}=\boldsymbol{X}+(\boldsymbol{E}-\boldsymbol{A})^{-1}\Delta\boldsymbol{Y}=\begin{pmatrix}1\,031.59\\ 1\,174.48\\ 1\,414.65\end{pmatrix}$.

5. 已知某经济系统报告期的直接消耗系数矩阵 $\boldsymbol{A}=\begin{pmatrix}0.35 & 0.30 & 0.25\\ 0.15 & 0.20 & 0.15\\ 0.20 & 0.10 & 0.10\end{pmatrix}$,如果该经济系统三个部门的计划期最终产品分别确定为 $y_1=216$ 万元,$y_2=176$ 万元,$y_3=120$ 万元,试编制该系统的计划期投入产出表.

解

计划期投入产出表　　　　单位:万元

投入		产出				
		消耗部门			终产品	总产品
		Ⅰ	Ⅱ	Ⅲ		
生产部门	Ⅰ	224	120	80	216	640
	Ⅱ	96	80	48	176	400
	Ⅲ	128	40	32	120	320
新创造价值		192	160	160		
总产值		640	400	320		

习题 7-4　基于二次型理论的最优化问题

2. 已知某公司生产 Q 单位的产品需使用甲、乙两种原料分别为 x 单位和 y 单位,且

$$Q=Q(x,y)=10xy+20.2x+30.3y-10x^2-5y^2.$$

已知甲原料单价为 20 元/单位,乙原料单价为 30 元/单位,产品每单位售价为 100 元,产品固定成本为 1 000 元,求该公司的最大利润.

解　由题意,利润为 $L(x,y)=100Q-20x-30y-1\,000$,即

$$L(x,y)=1\,000xy+2\,000x+3\,000y-1\,000x^2-500y^2-1\,000.$$

易知

$$\begin{cases}L'_x=1\,000y-2\,000x+2\,000,\\ L'_y=1\,000x-1\,000y+3\,000,\end{cases}$$

令 $L'_x=0,L'_y=0$,解得 $(x,y)=(5,8)$.

$$\boldsymbol{H}=\begin{pmatrix}-2\,000 & 1\,000\\ 1\,000 & -1\,000\end{pmatrix},$$

显然,$\boldsymbol{H}$ 是负定的,当 $(x,y)=(5,8)$时,公司有最大利润 16 000 元.

3. 求下列目标函数 $f(\boldsymbol{x})$ 在 $\boldsymbol{x}^{\mathrm{T}}\boldsymbol{x}=1$ 条件下的最大值,以及使 $f(\boldsymbol{x})$ 取得最大值的单位向量 $\boldsymbol{\xi}$.

(1) $f(\boldsymbol{x})=5x_1^2+6x_2^2+7x_3^2+4x_1x_2-4x_2x_3$;

解　$f(\boldsymbol{x})=\boldsymbol{x}^{\mathrm{T}}\boldsymbol{A}\boldsymbol{x}$,其中

$$\boldsymbol{A}=\begin{pmatrix}5 & 2 & 0\\ 2 & 6 & -2\\ 0 & -2 & 7\end{pmatrix}.$$

$\boldsymbol{A}$ 的特征多项式为 $|\lambda\boldsymbol{E}-\boldsymbol{A}|=(\lambda-3)(\lambda-6)(\lambda-9)$，$f(\boldsymbol{x})$ 在 $\boldsymbol{x}^{\mathrm{T}}\boldsymbol{x}=1$ 条件下的最大值为 $\boldsymbol{A}$ 的最大特征值 9. 求解 $(9\boldsymbol{E}-\boldsymbol{A})\boldsymbol{x}=\boldsymbol{0}$，得特征值 9 对应的单位特征向量

$$\boldsymbol{\xi}=\begin{pmatrix}\frac{1}{3}\\ \frac{2}{3}\\ -\frac{2}{3}\end{pmatrix}.$$

(2) $f(\boldsymbol{x})=5x_1^2+5_2^2-4x_2x_3$.

解 $f(\boldsymbol{x})=\boldsymbol{x}^{\mathrm{T}}\boldsymbol{A}\boldsymbol{x}$，其中

$$\boldsymbol{A}=\begin{pmatrix}5 & -2\\ -2 & 5\end{pmatrix}.$$

$\boldsymbol{A}$ 的特征多项式为 $|\lambda\boldsymbol{E}-\boldsymbol{A}|=(\lambda-3)(\lambda-7)$，$f(\boldsymbol{x})$ 在 $\boldsymbol{x}^{\mathrm{T}}\boldsymbol{x}=1$ 下的最大值为 $\boldsymbol{A}$ 的最大特征值 7. 求解 $(7\boldsymbol{E}-\boldsymbol{A})\boldsymbol{x}=\boldsymbol{0}$，得特征值 7 对应的单位特征向量

$$\boldsymbol{\xi}=\begin{pmatrix}\frac{1}{\sqrt{2}}\\ -\frac{1}{\sqrt{2}}\end{pmatrix}.$$

Ⅳ 补充习题

1. 若 $\boldsymbol{A}$ 是三阶正定矩阵，$\boldsymbol{x}=(x_1,x_2,x_3)^{\mathrm{T}}$，则二次曲面 $\boldsymbol{x}^{\mathrm{T}}\boldsymbol{A}\boldsymbol{x}=1$ 为(　　).

(A) 椭球面　　　　(B) 单叶双曲面

(C) 双叶双曲面　　(D) 驻面

2. 设有二次曲线方程 $ax^2+2bxy+cy^2=1(a>0)$. 证明：当 $b^2<ac$ 时，曲线为一椭圆；当 $b^2>ac$ 时，曲线为一双曲线.

3. 设某省人口总数保持不变，每年有 20% 的农村人口流入城镇，有 10% 的城镇人口流入农村，试问：该省的城镇人口与农村人口的分布是否会趋于一个稳定状态？并说明理由.

(提示：设 $\boldsymbol{\alpha}_n=\begin{pmatrix}x_n\\ y_n\end{pmatrix}$ 是第 n 年的人口分布，其中 x_n,y_n 分别为第 n 年的农村

人口与城镇人口,求出 $\boldsymbol{\alpha}_n$,并考察 $\lim\limits_{n\to+\infty}\boldsymbol{\alpha}_n$.)

4. 已知某经济系统在一个生产周期内产品的生产与分配如下表:

投入		产出				
		中间产品			最终产品	总产品
		Ⅰ	Ⅱ	Ⅲ		
生产资料补偿价值	Ⅰ	20	40	45	y_1	200
	Ⅱ	50	100	30	y_2	400
	Ⅲ	20	100	60	y_3	300
	折旧	10	10	15		
新创造价值		z_1	z_2	z_3		
总产值		200	400	300		

求:(1) 各部门的最终产品 y_1,y_2,y_3;

(2) 各部门新创造的价值 z_1,z_2,z_3;

(3) 直接消耗系数矩阵 $\boldsymbol{A}$.

补充习题参考答案

第一章　线性方程组的消元法和矩阵的初等变换

1. (1) $\begin{pmatrix}1&0&0&5\\0&0&1&-3\\0&0&0&0\end{pmatrix}$；(2) $\begin{pmatrix}1&-1&0&2&-3\\0&0&1&-2&2\\0&0&0&0&0\\0&0&0&0&0\end{pmatrix}$.

2. 提示：对增广矩阵施行初等行变换化为行最简形矩阵

$$\begin{pmatrix}1&0&1&\lambda\\0&1&-2&-3\lambda+2\\0&0&0&-\lambda+1\end{pmatrix},$$

由此得，仅当 λ 为 1 时方程组有解，其解为

$$\begin{pmatrix}x_1\\x_2\\x_3\end{pmatrix}=\begin{pmatrix}-k+1\\2k-1\\k\end{pmatrix},k\in\mathbf{R}.$$

第二章　行列式　克拉默法则

1. (1) D；(2) B；(3) A.

2. (1) $\left(a_0-\sum\limits_{i=1}^{n}\dfrac{b_ic_i}{a_i}\right)\prod\limits_{i=1}^{n}a_i$.

提示：第 $i+1$ 列乘以 $-\dfrac{c_i}{a_i}$ 加到第 1 列上去 $(i=1,\cdots,n)$，化为上三角形行列式.

(2) $(-1)^{n-1}\dfrac{n(n+1)}{2}(n-1)!$.

提示：从最后一列开始，后一列乘以 1 加到前一列上去，化为上三角形行列式.

(3) $(-1)^{n-1}n\prod\limits_{i=1}^{n-1}a_i$.

提示：从第一列开始，前一列乘以 1 加到后一列上去，化为下三角形行列式.

(4) $\left(1+\sum_{i=1}^{n}\frac{a_i}{x_i-a_i}\right)\prod_{i=1}^{n}(x_i-a_i)$.

提示:参看例 5.

(5) $\left(1+\sum_{i=1}^{5}\frac{x}{a_i-x}\right)\prod_{i=1}^{5}(a_i-x)$.

提示:参看上一题.

3. 参看例 6 的方法.

4. a_1, a_2, a_3, a_4.

提示:参看例 2.

5. $\begin{vmatrix} 1 & x & y & x^2+y^2 \\ 1 & x_1 & y_1 & x_1^2+y_1^2 \\ 1 & x_2 & y_2 & x_2^2+y_2^2 \\ 1 & x_3 & y_3 & x_3^2+y_3^2 \end{vmatrix}=0$.

6. 提示:考虑克拉默法则.

第三章　矩阵的运算

1. 提示:$\boldsymbol{A}^n-2\boldsymbol{A}^{n-1}=(\boldsymbol{A}-2\boldsymbol{E})\boldsymbol{A}^{n-1}$,$(\boldsymbol{A}-2\boldsymbol{E})\boldsymbol{A}=\boldsymbol{0}\Rightarrow\boldsymbol{A}^n-2\boldsymbol{A}^{n-1}=\boldsymbol{0}$.

2. $(\boldsymbol{A}^*)^{-1}=\frac{\boldsymbol{A}}{|\boldsymbol{A}|}=\frac{1}{10}\begin{pmatrix} 1 & 0 & 0 \\ 2 & 2 & 0 \\ 3 & 4 & 5 \end{pmatrix}$.

3. 提示:由 $|\boldsymbol{A}^*|=|\boldsymbol{A}|^{n-1}\Rightarrow|\boldsymbol{A}|^3=8\Rightarrow|\boldsymbol{A}|=2\Rightarrow\boldsymbol{A}^{-1}$ 存在,用 $\boldsymbol{A}$ 右乘矩阵方程两端,得

$$(\boldsymbol{A}-\boldsymbol{E})\boldsymbol{B}=3\boldsymbol{A},$$

由 $\boldsymbol{A}\boldsymbol{A}^*=\boldsymbol{A}^*\boldsymbol{A}=|\boldsymbol{A}|\boldsymbol{E}$,用 $\boldsymbol{A}^*$ 左乘上式的两边,并注意 $|\boldsymbol{A}|=2$,有

$$(2\boldsymbol{E}-\boldsymbol{A}^*)\boldsymbol{B}=6\boldsymbol{E},\boldsymbol{B}=6(2\boldsymbol{E}-\boldsymbol{A}^*)^{-1}=\begin{pmatrix} 6 & 0 & 0 & 0 \\ 0 & 6 & 0 & 0 \\ 6 & 0 & 6 & 0 \\ 0 & 3 & 0 & -1 \end{pmatrix}.$$

4. $\boldsymbol{B}=\mathrm{diag}(2,-4,2)$.

5. $\boldsymbol{X}=\frac{1}{4}\begin{pmatrix} 2 & 1 \\ 1 & -1 \\ 1 & 0 \end{pmatrix}$.

6. $|\boldsymbol{B}|=-2$.

7. 提示：$|A|=(k+3)(k-1)^3$，$R(A)=3\Rightarrow|A|=0\Rightarrow k=1$ 或 $k=-3$. 若 $k=1$，则 $R(A)=1$，这不可，故 $k=-3$.

第四章 线性方程组的理论

1. 由

$$(\boldsymbol{B},\boldsymbol{A})=\begin{pmatrix}-1&1&3&0&1\\0&2&2&1&1\\1&1&-1&1&0\end{pmatrix}\xrightarrow{r}\begin{pmatrix}-1&1&3&0&1\\0&2&2&1&1\\0&2&2&1&1\end{pmatrix}\xrightarrow{r}\begin{pmatrix}-1&1&3&0&1\\0&2&2&1&1\\0&0&0&0&0\end{pmatrix},$$

知 $R(\boldsymbol{B})=R(\boldsymbol{B},\boldsymbol{A})=2$. 显然在 $\boldsymbol{A}$ 中有二阶非零子式，故 $R(\boldsymbol{A})\geqslant 2$，又 $R(\boldsymbol{A})\leqslant R(\boldsymbol{B},\boldsymbol{A})=2$，所以 $R(\boldsymbol{A})=2$，从而 $R(\boldsymbol{A})=R(\boldsymbol{B})=R(\boldsymbol{A},\boldsymbol{B})$. 因此，$\boldsymbol{A}$ 组与 $\boldsymbol{B}$ 组等价.

2. (1) 由 $R(\boldsymbol{a}_2,\boldsymbol{a}_3,\boldsymbol{a}_4)=3$ 知 $\boldsymbol{a}_2,\boldsymbol{a}_3,\boldsymbol{a}_4$ 线性无关，故 $\boldsymbol{a}_2,\boldsymbol{a}_3$ 也线性无关. 又由 $R(\boldsymbol{a}_1,\boldsymbol{a}_2,\boldsymbol{a}_3)=2$ 知 $\boldsymbol{a}_1,\boldsymbol{a}_2,\boldsymbol{a}_3$ 线性相关，故 $\boldsymbol{a}_1$ 能由 $\boldsymbol{a}_2,\boldsymbol{a}_3$ 线性表示.

(2) 假如 $\boldsymbol{a}_4$ 能由 $\boldsymbol{a}_1,\boldsymbol{a}_2,\boldsymbol{a}_3$ 线性表示，则因为 $\boldsymbol{a}_1$ 能由 $\boldsymbol{a}_2,\boldsymbol{a}_3$ 线性表示，故 $\boldsymbol{a}_4$ 能由 $\boldsymbol{a}_2,\boldsymbol{a}_3$ 线性表示，从而 $\boldsymbol{a}_2,\boldsymbol{a}_3,\boldsymbol{a}_4$ 线性相关，矛盾. 因此 $\boldsymbol{a}_4$ 不能由 $\boldsymbol{a}_1,\boldsymbol{a}_2,\boldsymbol{a}_3$ 线性表示.

3. 因为 $\boldsymbol{a}_1+\boldsymbol{b},\boldsymbol{a}_2+\boldsymbol{b}$ 线性相关，故存在不全为零的数 λ_1,λ_2 使 $\lambda_1(\boldsymbol{a}_1+\boldsymbol{b})+\lambda_2(\boldsymbol{a}_2+\boldsymbol{b})=\boldsymbol{0}$，得

$$\boldsymbol{b}=-\frac{\lambda_1}{\lambda_1+\lambda_2}\boldsymbol{a}_1-\frac{\lambda_2}{\lambda_1+\lambda_2}\boldsymbol{a}_2=-\frac{\lambda_1}{\lambda_1+\lambda_2}\boldsymbol{a}_1-\left(1-\frac{\lambda_1}{\lambda_1+\lambda_2}\right)\boldsymbol{a}_2,$$

设 $c=-\dfrac{\lambda_1}{\lambda_1+\lambda_2}$，则 $\boldsymbol{b}=c\boldsymbol{a}_1-(1+c)\boldsymbol{a}_2,c\in\mathbf{R}$.

4. 设 $\boldsymbol{a}_1=(a,3,1)^{\mathrm{T}},\boldsymbol{a}_2=(2,b,3)^{\mathrm{T}},\boldsymbol{a}_3=(1,2,1)^{\mathrm{T}},\boldsymbol{a}_4=(2,3,1)^{\mathrm{T}}$. 因为

$$(\boldsymbol{a}_3,\boldsymbol{a}_4,\boldsymbol{a}_1,\boldsymbol{a}_2)=\begin{pmatrix}1&2&a&2\\2&3&3&b\\1&1&1&3\end{pmatrix}\xrightarrow{r}\begin{pmatrix}1&1&1&3\\0&1&a-1&-1\\0&1&1&b-6\end{pmatrix}\xrightarrow{r}\begin{pmatrix}1&1&1&3\\0&1&a-1&-1\\0&0&2-a&b-5\end{pmatrix},$$

而 $R(\boldsymbol{a}_1,\boldsymbol{a}_2,\boldsymbol{a}_3,\boldsymbol{a}_4)=2$，所以 $a=2,b=5$.

5. 因为 $\boldsymbol{a}_1,\boldsymbol{a}_2,\cdots,\boldsymbol{a}_m$ 线性相关，所以存在不全为零的数 $\lambda_1,\lambda_2,\cdots,\lambda_m$，使

$$\lambda_1\boldsymbol{a}_1+\lambda_2\boldsymbol{a}_2+\cdots+\lambda_m\boldsymbol{a}_m=\boldsymbol{0},$$

而且 $\lambda_2,\lambda_3,\cdots,\lambda_m$ 不全为零. 这是因为，如若不然，则 $\lambda_1\boldsymbol{a}_1=\boldsymbol{0}$，由 $\boldsymbol{a}_1\neq\boldsymbol{0}$ 知 $\lambda_1=0$，矛盾. 因此存在 $k(2\leqslant k\leqslant m)$，使

$$\lambda_k\neq 0,\lambda_{k+1}=\lambda_{k+2}=\cdots=\lambda_m=0,$$

于是

$$\lambda_1\boldsymbol{a}_1+\lambda_2\boldsymbol{a}_2+\cdots+\lambda_k\boldsymbol{a}_k=\boldsymbol{0},$$

$$\boldsymbol{a}_k = -(1/\lambda_k)(\lambda_1\boldsymbol{a}_1 + \lambda_2\boldsymbol{a}_2 + \cdots + \lambda_{k-1}\boldsymbol{a}_{k-1}),$$

即 $\boldsymbol{a}_k$能由 $\boldsymbol{a}_1,\boldsymbol{a}_2,\cdots,\boldsymbol{a}_{k-1}$线性表示.

6. 将已知关系写成

$$(\boldsymbol{\beta}_1,\boldsymbol{\beta}_2,\cdots,\boldsymbol{\beta}_n) = (\boldsymbol{\alpha}_1,\boldsymbol{\alpha}_2,\cdots,\boldsymbol{\alpha}_n)\begin{pmatrix} 0 & 1 & 1 & \cdots & 1 \\ 1 & 0 & 1 & \cdots & 1 \\ 1 & 1 & 0 & \cdots & 1 \\ \vdots & \vdots & \vdots & & \vdots \\ 1 & 1 & 1 & \cdots & 0 \end{pmatrix},$$

将上式记为 $\boldsymbol{B}=\boldsymbol{A}\boldsymbol{K}$. 因为

$$|\boldsymbol{K}| = \begin{vmatrix} 0 & 1 & 1 & \cdots & 1 \\ 1 & 0 & 1 & \cdots & 1 \\ 1 & 1 & 0 & \cdots & 1 \\ \vdots & \vdots & \vdots & & \vdots \\ 1 & 1 & 1 & \cdots & 0 \end{vmatrix} = (-1)^{n-1}(n-1) \neq 0,$$

所以 $\boldsymbol{K}$ 可逆,故有 $\boldsymbol{A}=\boldsymbol{B}\boldsymbol{K}^{-1}$. 由 $\boldsymbol{B}=\boldsymbol{A}\boldsymbol{K}$ 和 $\boldsymbol{A}=\boldsymbol{B}\boldsymbol{K}^{-1}$可知向量组 $\boldsymbol{\alpha}_1,\boldsymbol{\alpha}_2,\cdots,\boldsymbol{\alpha}_n$与向量组 $\boldsymbol{\beta}_1,\boldsymbol{\beta}_2,\cdots,\boldsymbol{\beta}_n$可相互线性表示. 因此向量组 $\boldsymbol{\alpha}_1,\boldsymbol{\alpha}_2,\cdots,\boldsymbol{\alpha}_n$与向量组 $\boldsymbol{\beta}_1,\boldsymbol{\beta}_2,\cdots,\boldsymbol{\beta}_n$等价.

7. (1) 因为

$$\begin{aligned} \boldsymbol{A}\boldsymbol{P} &= \boldsymbol{A}(\boldsymbol{x},\boldsymbol{A}\boldsymbol{x},\boldsymbol{A}^2\boldsymbol{x}) = (\boldsymbol{A}\boldsymbol{x},\boldsymbol{A}^2\boldsymbol{x},\boldsymbol{A}^3\boldsymbol{x}) = (\boldsymbol{A}\boldsymbol{x},\boldsymbol{A}^2\boldsymbol{x},3\boldsymbol{A}\boldsymbol{x} - \boldsymbol{A}^2\boldsymbol{x}) \\ &= (\boldsymbol{x},\boldsymbol{A}\boldsymbol{x},\boldsymbol{A}^2\boldsymbol{x})\begin{pmatrix} 0 & 0 & 0 \\ 1 & 0 & 3 \\ 0 & 1 & -1 \end{pmatrix}, \end{aligned}$$

所以

$$\boldsymbol{B} = \begin{pmatrix} 0 & 0 & 0 \\ 1 & 0 & 3 \\ 0 & 1 & -1 \end{pmatrix}.$$

(2) 由 $\boldsymbol{A}^3\boldsymbol{x} = 3\boldsymbol{A}\boldsymbol{x} - \boldsymbol{A}^2\boldsymbol{x}$,得 $\boldsymbol{A}(3\boldsymbol{x} - \boldsymbol{A}\boldsymbol{x} - \boldsymbol{A}^2\boldsymbol{x}) = \boldsymbol{0}$. 因为 $\boldsymbol{x},\boldsymbol{A}\boldsymbol{x},\boldsymbol{A}^2\boldsymbol{x}$ 线性无关,故 $3\boldsymbol{x} - \boldsymbol{A}\boldsymbol{x} - \boldsymbol{A}^2\boldsymbol{x} \neq \boldsymbol{0}$,即方程 $\boldsymbol{A}\boldsymbol{x} = \boldsymbol{0}$ 有非零解,所以 $R(\boldsymbol{A}) < 3$, $|\boldsymbol{A}| = 0$.

8. D.

9. B.

10. 对增广矩阵作初等行变换,

$$\boldsymbol{B} = \begin{pmatrix} 1 & 2 & -1 & 2 & -1 \\ 2 & -1 & -2 & 2 & 1 \\ 1 & 7 & -1 & 4 & 2 \end{pmatrix} \to \begin{pmatrix} 1 & 2 & -1 & 2 & -1 \\ 0 & -5 & 0 & -2 & 3 \\ 0 & 0 & 0 & 0 & 6 \end{pmatrix},$$

得到 $R(\boldsymbol{A})=2, R(\boldsymbol{B})=3$，则此线性方程组无解.

11. (1) $\begin{pmatrix}1&1&-2\\4&2&1\\1&-1&7\\3&-1&12\end{pmatrix}\to\begin{pmatrix}1&1&-2\\0&-2&9\\0&0&0\\0&0&0\end{pmatrix}$，因为 $R(\boldsymbol{A})=2<n=3$，所以必有非零解；

(2) 因为 $\begin{vmatrix}1&-1&1\\1&1&-1\\1&-1&-1\end{vmatrix}\neq 0$，所以原方程组没有非零解.

12. 原方程组的一个基础解系为 $\boldsymbol{\xi}_1=(3,3,2,0)^{\mathrm{T}}, \boldsymbol{\xi}_2=(-3,7,0,4)^{\mathrm{T}}$，通解为 $\boldsymbol{\xi}=k_1\boldsymbol{\xi}_1+k_2\boldsymbol{\xi}_2$，其中 k_1,k_2 为任意实数.

13. 由解的性质，$\boldsymbol{\alpha}_1-\boldsymbol{\alpha}_2, \boldsymbol{\alpha}_1-\boldsymbol{\alpha}_3$ 均是 $\boldsymbol{Ax}=\boldsymbol{0}$ 的解，则 $(\boldsymbol{\alpha}_1-\boldsymbol{\alpha}_2)+(\boldsymbol{\alpha}_1-\boldsymbol{\alpha}_3)=2\boldsymbol{\alpha}_1-(\boldsymbol{\alpha}_2+\boldsymbol{\alpha}_3)$ 是 $\boldsymbol{Ax}=\boldsymbol{0}$ 的解. 因为 $R(\boldsymbol{A})=3$，即 $\boldsymbol{Ax}=\boldsymbol{0}$ 的基础解系中只含有一个解向量，而 $2\boldsymbol{\alpha}_1-(\boldsymbol{\alpha}_2+\boldsymbol{\alpha}_3)=(1,9,9,6)^{\mathrm{T}}\neq\boldsymbol{0}$，则 $2\boldsymbol{\alpha}_1-(\boldsymbol{\alpha}_2+\boldsymbol{\alpha}_3)$ 即可看作 $\boldsymbol{Ax}=\boldsymbol{0}$ 的一个基础解系，所以 $\boldsymbol{Ax}=\boldsymbol{b}$ 的通解为 $k[2\boldsymbol{\alpha}_1-(\boldsymbol{\alpha}_2+\boldsymbol{\alpha}_3)]+\boldsymbol{\alpha}_1=k(1,9,9,6)^{\mathrm{T}}+(1,9,9,7)^{\mathrm{T}}$（$k$ 是任意数）.

14. 三阶非零方阵 $\boldsymbol{B}$ 的各个列向量可以看做是方程组 $\boldsymbol{Ax}=\boldsymbol{0}$ 的解，所以 $\boldsymbol{Ax}=\boldsymbol{0}$ 存在非零解，所以 $|\boldsymbol{A}|=0$，即 $\begin{vmatrix}1&2&-2\\2&-1&\lambda\\3&1&-1\end{vmatrix}=0$，解得 $\lambda=1$.

15. $$\begin{pmatrix}1&1&0&0&a_1\\0&0&1&1&a_2\\1&0&1&0&b_1\\0&1&0&1&b_2\end{pmatrix}\to\begin{pmatrix}1&1&0&0&a_1\\0&0&1&1&a_2\\0&-1&1&0&b_1-a_1\\0&0&0&0&b_2+b_1-a_2-a_1\end{pmatrix},$$

因为 $a_1+a_2=b_1+b_2$，所以 $b_1+b_2-a_1-a_2=0$，故 $R(\boldsymbol{A})=R(\boldsymbol{B})=3<n=4$，因此原方程组有无穷多解.

16. 当 $a=0, b=2$ 时 $\Rightarrow R(\boldsymbol{B})=R(\boldsymbol{A})=2<n=5$，则方程组有无穷多解，其解为

$$\boldsymbol{\eta}=k_1\begin{pmatrix}1\\-2\\1\\0\\0\end{pmatrix}+k_2\begin{pmatrix}1\\-2\\0\\1\\0\end{pmatrix}+k_3\begin{pmatrix}5\\-6\\0\\0\\1\end{pmatrix}+\begin{pmatrix}-2\\3\\0\\0\\0\end{pmatrix}.$$

当 $a \neq 0$ 或 $b \neq a+2$ 时,方程组无解.

17. 必要性:若(Ⅰ)有唯一解,则 $D\neq 0$,用 Q 表示(Ⅱ)的系数行列式,则

$$D \cdot Q = \begin{vmatrix} D & 0 & 0 & \cdots & 0 \\ 0 & D & 0 & \cdots & 0 \\ \vdots & \vdots & \vdots & & \vdots \\ 0 & 0 & 0 & \cdots & D \end{vmatrix} = D^n,$$

因为 $D \neq 0, Q = D^{n-1} \neq 0$,即得(Ⅱ)有唯一解.

充分性:若(Ⅱ)有唯一解,则 $Q\neq 0$,于是齐次线性方程组

$$(\text{Ⅲ})\begin{cases} A_{11}x_1 + A_{21}x_2 + \cdots + A_{n1}x_n = 0, \\ \cdots\cdots\cdots\cdots \\ A_{1n}x_1 + A_{2n}x_2 + \cdots + A_{nn}x_n = 0 \end{cases}$$

只有零解,从而必定 $D \neq 0$. 事实上,若 $D = 0$,则 D 的每个列向量 $(a_{j1}, a_{j2}, \cdots, a_{jn})^{\mathrm{T}}$ 都是(Ⅲ)的解,而(Ⅲ)只有零解,故 D 的每个元素 $a_{ij}=0$,推得每个 $A_{ij}=0, Q=0$,与 $Q \neq 0$ 矛盾,所以 $D \neq 0$,方程组(Ⅰ)有唯一解.

18. 考虑向量方程 $k\boldsymbol{\beta} + \sum_{i=1}^{t} k_i(\boldsymbol{\beta} + \boldsymbol{\alpha}_i) = \mathbf{0}$,即

$$\left(k + \sum_{i=1}^{t} k_i\right)\boldsymbol{\beta} = \sum_{i=1}^{t}(-k_i)\boldsymbol{\alpha}_i, \qquad (*)$$

把(*)式两边左乘以 $\boldsymbol{A}$,有 $\left(k + \sum_{i=1}^{t} k_i\right)\boldsymbol{A\beta} = \sum_{i=1}^{t}(-k_i)\boldsymbol{A\alpha}_i = \mathbf{0}$. 因为 $\boldsymbol{A\beta} \neq \mathbf{0}$,故数

$$k + \sum_{i=1}^{t} k_i = 0 \qquad (**)$$

因而,由(*)式,得 $\sum_{i=1}^{t}(-k_i)\boldsymbol{\alpha}_i = \left(k + \sum_{i=1}^{t} k_i\right)\boldsymbol{\beta} = \mathbf{0}$,即 $\sum_{i=1}^{t} k_i\boldsymbol{\alpha}_i = \mathbf{0}$. 又因 $\boldsymbol{\alpha}_1, \boldsymbol{\alpha}_2, \cdots, \boldsymbol{\alpha}_t$ 是 $\boldsymbol{AX} = \mathbf{0}$ 的一个基础解系,故该向量组线性无关,有 $k_1 = k_2 = \cdots = k_t = 0$;再由(**)可知 $k = 0$. 因此,向量组 $\boldsymbol{\beta}, \boldsymbol{\beta}+\boldsymbol{\alpha}_1, \boldsymbol{\beta}+\boldsymbol{\alpha}_2, \cdots, \boldsymbol{\beta}+\boldsymbol{\alpha}_t$ 线性无关.

19. 考虑向量方程 $l_0\boldsymbol{\alpha}+l_1\boldsymbol{A\alpha}+l_2\boldsymbol{A}^2\boldsymbol{\alpha}+\cdots+l_{k-1}\boldsymbol{A}^{k-1}\boldsymbol{\alpha}=\mathbf{0}$,分别左乘以 $\boldsymbol{A}^{k-1}, \boldsymbol{A}^{k-2}, \cdots, \boldsymbol{A}$,依次可得 $l_0=0, l_1=0, \cdots, l_{k-1}=0$(因为 $r\geqslant k$ 时,$\boldsymbol{A}^r\boldsymbol{\alpha}=\mathbf{0}$).

第五章　特征值和特征向量　矩阵的对角化

1. (1) A;(2) C;(3) C;(4) D;(5) B.

2. (1) $\boldsymbol{A}$ 的特征值为 3,0,0. 属于 3 的特征向量:$c\begin{pmatrix}1\\1\\1\end{pmatrix}, c\neq 0$;属于 0 的特征

向量：$c_1\boldsymbol{\alpha}_1+c_2\boldsymbol{\alpha}_2$，$c_1,c_2$不全为 0.

（2）$\boldsymbol{Q}=\begin{pmatrix}\frac{\sqrt{3}}{3} & 0 & -\frac{\sqrt{6}}{3}\\ \frac{\sqrt{3}}{3} & -\frac{\sqrt{2}}{2} & \frac{\sqrt{6}}{6}\\ \frac{\sqrt{3}}{3} & \frac{\sqrt{2}}{2} & -\frac{\sqrt{6}}{6}\end{pmatrix}$，$\boldsymbol{Q}^{\mathrm{T}}\boldsymbol{A}\boldsymbol{Q}=\begin{pmatrix}3 & & \\ & 0 & \\ & & 0\end{pmatrix}$.

3. **证法一**. $|\lambda\boldsymbol{E}-\boldsymbol{A}|=0\Rightarrow|\boldsymbol{A}^{\mathrm{T}}||\lambda\boldsymbol{E}-\boldsymbol{A}|=0\Rightarrow|\lambda\boldsymbol{A}^{\mathrm{T}}-\boldsymbol{A}^{\mathrm{T}}\boldsymbol{A}|=0$

$$\Rightarrow|\lambda\boldsymbol{A}^{\mathrm{T}}-\boldsymbol{E}|=0$$

$$\Rightarrow\lambda^{n}\left|\boldsymbol{A}^{\mathrm{T}}-\frac{1}{\lambda}\boldsymbol{E}\right|=0$$

$$\Rightarrow\left|\boldsymbol{A}-\frac{1}{\lambda}\boldsymbol{E}\right|=0\text{（注意 }\lambda\text{ 不为零）}.$$

证法二. $\boldsymbol{A}\boldsymbol{\alpha}=\lambda\boldsymbol{\alpha}$，两边转置得 $\boldsymbol{\alpha}^{\mathrm{T}}\boldsymbol{A}^{\mathrm{T}}=\lambda\boldsymbol{\alpha}^{\mathrm{T}}$，对 $\boldsymbol{\alpha}^{\mathrm{T}}\boldsymbol{A}^{\mathrm{T}}=\lambda\boldsymbol{\alpha}^{\mathrm{T}}$两边同右乘 $\boldsymbol{A}$ 得

$$\boldsymbol{\alpha}^{\mathrm{T}}\boldsymbol{A}^{\mathrm{T}}\boldsymbol{A}=\lambda\boldsymbol{\alpha}^{\mathrm{T}}\boldsymbol{A}\Rightarrow\boldsymbol{\alpha}^{\mathrm{T}}=\lambda(\boldsymbol{A}^{\mathrm{T}}\boldsymbol{\alpha})^{\mathrm{T}}\Rightarrow\boldsymbol{A}^{\mathrm{T}}\boldsymbol{\alpha}=\frac{1}{\lambda}\boldsymbol{\alpha},$$

即$\frac{1}{\lambda}$是 $\boldsymbol{A}^{\mathrm{T}}$的特征值，而 $\boldsymbol{A}$ 与 $\boldsymbol{A}^{\mathrm{T}}$有相同特征值.

4. $\mathrm{tr}(\boldsymbol{A})=2r$.

5. $|\boldsymbol{E}+\boldsymbol{A}+\boldsymbol{A}^2+\cdots+\boldsymbol{A}^n|=(1+n)^r$.

6. $\boldsymbol{A}^2=\boldsymbol{0}\Rightarrow\boldsymbol{A}$ 的特征值均为零，则存在正交矩阵 $\boldsymbol{P}$，使得 $\boldsymbol{P}^{\mathrm{T}}\boldsymbol{A}\boldsymbol{P}=\begin{pmatrix}0 & & \\ & \ddots & \\ & & 0\end{pmatrix}=\boldsymbol{0}$，从而 $\boldsymbol{A}=\boldsymbol{P}\boldsymbol{0}\boldsymbol{P}^{\mathrm{T}}=\boldsymbol{0}$.

7. （1）$\lambda_1=\lambda_2=-1,\lambda_3=3$.

对应 $\lambda_1=\lambda_2=-1$ 的特征向量为 $k_1\begin{pmatrix}-1\\1\\0\end{pmatrix}+k_2\begin{pmatrix}0\\0\\1\end{pmatrix}$（$k_1,k_2$ 不全为零），

对应 $\lambda_3=3$ 的特征向量为 $k_3\begin{pmatrix}1\\1\\0\end{pmatrix}$（$k_3$ 不为零）.

(2) $Q=\begin{pmatrix}-\frac{1}{\sqrt{2}} & \frac{1}{\sqrt{2}} & 0\\ \frac{1}{\sqrt{2}} & \frac{1}{\sqrt{2}} & 0\\ 0 & 0 & 1\end{pmatrix}$, $Q^{\mathrm{T}}(A^2+2A+E)Q=\begin{pmatrix}0 & & \\ & 16 & \\ & & 0\end{pmatrix}$.

8. 将 A 的 n 个两两正交的特征向量单位化,组成矩阵 P,则 P 是正交矩阵,且

$$P^{\mathrm{T}}AP=\begin{pmatrix}\lambda_1 & & \\ & \ddots & \\ & & \lambda_n\end{pmatrix},$$

从而 $A=P\begin{pmatrix}\lambda_1 & & \\ & \ddots & \\ & & \lambda_n\end{pmatrix}P^{\mathrm{T}}$,易知 A 是对称矩阵.

9. $f_A(0)=(-1)^n|A|=(-1)^n\lambda_1\cdots\lambda_n$,而 A 的特征多项式为 $a_n\lambda^n+\cdots+a_1\lambda-1$,故

$$|A|=\lambda_1\cdots\lambda_n=(-1)^{n+1},$$

由 A 的列向量组是一组两两正交的单位向量组知 A 是正交矩阵,由第五章例 5 知 -1 或 1 是 A 的特征值,故 $|E+A|=0$ 或 $|E-A|=0\Rightarrow|A^2-E|=0\Rightarrow R(A^2-E)<n$.

10. (1) 要证明 $E-A,E+A$ 均可逆,只要证明 $1,-1$ 不是 A 的特征值即可.

设 λ 是 A 的特征值,对应的特征向量为 α,即 $A\alpha=\lambda\alpha$,对 $A\alpha=\lambda\alpha$ 两边取共轭得

$$A\bar{\alpha}=\bar{\lambda}\bar{\alpha},$$

对 $A\alpha=\lambda\alpha$ 两边转置得

$$\alpha^{\mathrm{T}}A^{\mathrm{T}}=\lambda\alpha^{\mathrm{T}}\Rightarrow-\alpha^{\mathrm{T}}A=\lambda\alpha^{\mathrm{T}},$$

对 $A\bar{\alpha}=\bar{\lambda}\bar{\alpha}$ 两边同左乘 α^{T} 得

$$\alpha^{\mathrm{T}}A\bar{\alpha}=\bar{\lambda}\alpha^{\mathrm{T}}\bar{\alpha}\Rightarrow-\lambda(\alpha^{\mathrm{T}}\bar{\alpha})=\bar{\lambda}(\alpha^{\mathrm{T}}\bar{\alpha}),$$

即 $\bar{\lambda}+\lambda=0$,A 的特征值要么是虚数,要么是零. $1,-1$ 不是 A 的特征值.

(2) $(E-A)(E+A)^{-1}=(2E-(E+A))(E+A)^{-1}=2(E+A)^{-1}-E$,

$(E+A)^{-1}(E-A)=(E+A)^{-1}(2E-(E+A))=2(E+A)^{-1}-E$,

故

$$(E-A)(E+A)^{-1}=(E+A)^{-1}(E-A),$$

$$((E-A)(E+A)^{-1})^{\mathrm{T}}=((E+A)^{-1}(E-A))^{\mathrm{T}}=(E-A)^{\mathrm{T}}((E+A)^{\mathrm{T}})^{-1}$$
$$=(E+A)(E-A)^{-1},$$

从而

$$
\begin{aligned}
&((\boldsymbol{E}-\boldsymbol{A})(\boldsymbol{E}+\boldsymbol{A})^{-1})^{\mathrm{T}}(\boldsymbol{E}-\boldsymbol{A})(\boldsymbol{E}+\boldsymbol{A})^{-1}\\
=&(\boldsymbol{E}+\boldsymbol{A})(\boldsymbol{E}-\boldsymbol{A})^{-1}(\boldsymbol{E}-\boldsymbol{A})(\boldsymbol{E}+\boldsymbol{A})^{-1}=\boldsymbol{E}.
\end{aligned}
$$

第六章 二 次 型

1. (1) D;(2) D;(3) A;(4) B.

2. (1) $\boldsymbol{C}=\begin{pmatrix}\frac{1}{\sqrt{2}} & 0 & \frac{1}{\sqrt{2}}\\ 0 & 1 & 0\\ \frac{1}{\sqrt{2}} & 0 & -\frac{1}{\sqrt{2}}\end{pmatrix},\boldsymbol{B}=\begin{pmatrix}1&0&0\\0&1&0\\0&0&-1\end{pmatrix}$.

(2) $\boldsymbol{C}^{\mathrm{T}}(\boldsymbol{A}+\boldsymbol{E})\boldsymbol{C}=\boldsymbol{B}+\boldsymbol{E}$,通过正交变换 $\boldsymbol{x}=\boldsymbol{C}\boldsymbol{y}$,化 $f(x_1,x_2,x_3)=2y_1^2+2y_2^2$.

3. 存在正交矩阵 $\boldsymbol{P}$,$\boldsymbol{P}^{\mathrm{T}}\boldsymbol{A}\boldsymbol{P}=\begin{pmatrix}\lambda_1&&\\&\ddots&\\&&\lambda_n\end{pmatrix}$,其中 $\lambda_i>0\ (i=1,\cdots,n)$,

将 $\boldsymbol{P}^{\mathrm{T}}\boldsymbol{A}\boldsymbol{P}=\begin{pmatrix}\lambda_1&&\\&\ddots&\\&&\lambda_n\end{pmatrix}$两边转置得 $\boldsymbol{P}^{\mathrm{T}}\boldsymbol{A}^{\mathrm{T}}\boldsymbol{P}=\begin{pmatrix}\lambda_1&&\\&\ddots&\\&&\lambda_n\end{pmatrix}$,

从而$(\boldsymbol{P}^{\mathrm{T}}\boldsymbol{A}\boldsymbol{P})(\boldsymbol{P}^{\mathrm{T}}\boldsymbol{A}^{\mathrm{T}}\boldsymbol{P})=\begin{pmatrix}\lambda_1&&\\&\ddots&\\&&\lambda_n\end{pmatrix}^2$,即有 $\boldsymbol{P}^{\mathrm{T}}\boldsymbol{E}\boldsymbol{P}=\begin{pmatrix}\lambda_1^2&&\\&\ddots&\\&&\lambda_n^2\end{pmatrix}$,

故 $\lambda_i=1\ (i=1,\cdots,n)$,即 $\boldsymbol{P}^{\mathrm{T}}\boldsymbol{A}\boldsymbol{P}=\boldsymbol{E}\Rightarrow\boldsymbol{A}=\boldsymbol{P}\boldsymbol{E}\boldsymbol{P}^{\mathrm{T}}=\boldsymbol{E}$.

4. $\boldsymbol{A}$ 与 $\boldsymbol{B}$ 相似,则有相同的特征值,设为 $\lambda_1,\cdots,\lambda_n$,存在正交矩阵 $\boldsymbol{P},\boldsymbol{P}_1$,使得

$$
\boldsymbol{P}^{\mathrm{T}}\boldsymbol{A}\boldsymbol{P}=\begin{pmatrix}\lambda_1&&\\&\ddots&\\&&\lambda_n\end{pmatrix},\boldsymbol{P}_1^{\mathrm{T}}\boldsymbol{B}\boldsymbol{P}_1=\begin{pmatrix}\lambda_1&&\\&\ddots&\\&&\lambda_n\end{pmatrix},
$$

即有

$$
\boldsymbol{P}^{\mathrm{T}}\boldsymbol{A}\boldsymbol{P}=\boldsymbol{P}_1^{\mathrm{T}}\boldsymbol{B}\boldsymbol{P}_1\Rightarrow(\boldsymbol{P}\boldsymbol{P}_1^{\mathrm{T}})^{\mathrm{T}}\boldsymbol{A}(\boldsymbol{P}\boldsymbol{P}_1^{\mathrm{T}})=\boldsymbol{B}.
$$

5. $\boldsymbol{A}$ 正定,则特征值均大于零,从而 $\boldsymbol{A}^{-1}$ 的特征值均大于零,且 $\boldsymbol{A}^{-1}$ 是对称阵,故 $\boldsymbol{A}^{-1}$正定. 对任意的 $\boldsymbol{x}\neq\boldsymbol{0}$,有

$$x^{\mathrm T}(A^{-1}+Q^{\mathrm T}Q)x=x^{\mathrm T}A^{-1}x+x^{\mathrm T}Q^{\mathrm T}Qx=x^{\mathrm T}A^{-1}x+(Qx)^{\mathrm T}Qx>0.$$

6. 考虑顺序主子式即可.

7. $A=B^2$,且 B 可逆,则 A 的特征值均大于零,故 A 正定.

若 A 正定,则存在正交矩阵 P,使得

$$P^{\mathrm T}AP=\begin{pmatrix}\lambda_1&&\\&\ddots&\\&&\lambda_n\end{pmatrix}\Rightarrow A=P\begin{pmatrix}\lambda_1&&\\&\ddots&\\&&\lambda_n\end{pmatrix}P^{\mathrm T}$$

$$=P\begin{pmatrix}\sqrt{\lambda_1}&&\\&\ddots&\\&&\sqrt{\lambda_n}\end{pmatrix}P^{\mathrm T}P\begin{pmatrix}\sqrt{\lambda_1}&&\\&\ddots&\\&&\sqrt{\lambda_n}\end{pmatrix}P^{\mathrm T},$$

令 $B=P\begin{pmatrix}\sqrt{\lambda_1}&&\\&\ddots&\\&&\sqrt{\lambda_n}\end{pmatrix}P^{\mathrm T}$ 即可.

8. 易知 $A^{\mathrm T}A$ 是对称阵,又对任意的 $x\neq 0$,有

$$x^{\mathrm T}A^{\mathrm T}Ax=(Ax)^{\mathrm T}(Ax)=\|Ax\|^2>0\quad(R(A_{m\times n})=n\Rightarrow Ax\neq 0).$$

第七章 应用问题

1. A.

3. $\lim\limits_{n\to+\infty}\alpha_n=\begin{pmatrix}\frac{1}{3}(a_1+b_1)\\ \frac{2}{3}(a_1+b_1)\end{pmatrix}$,趋于稳定状态.

4. (1) $y_1=95, y_2=220, y_3=120$;

(2) $z_1=100, z_2=150, z_3=150$;

(3) $A=\begin{pmatrix}0.10&0.10&0.15\\0.25&0.25&0.10\\0.10&0.25&0.20\end{pmatrix}$.